Découvrez l'histoire par les archives de presse

RETRONEWS

Le site de presse de la BnF

www.retronews.fr

1re Année. — N° 1   •   1er Trimestre 1924

Association internationale de Droit pénal

Revue internationale de Droit pénal

DIRIGÉE PAR MM.

J. A. ROUX
Professeur à l'Université de Strasbourg

L. HUGUENEY
Professeur à l'Université
de Paris

H. DONNEDIEU DE VABRES
Professeur à l'Université
de Paris

PREMIÈRE ANNÉE

PREMIER NUMÉRO

MARCHAL ET BILLARD
GODDE, successeur, 27, place Dauphine, Paris

SOMMAIRE DU N° 1

Toutes les communications relatives à l'Administration de l'Association et de la Revue (adhésions, abonnements, etc.) doivent être adressées au Commandant R. Jullien, 4, rue de la Pompe, Paris (XVI°).

Toutes celles qui concernent la Rédaction doivent être adressées à M. J. A. Roux, professeur à l'Université de Strasbourg, 7a, rue Sœbert.

PROJET D'UNE
ASSOCIATION INTERNATIONALE
DE DROIT PÉNAL

L'Union internationale de droit pénal, fondée en 1889 sur l'initiative de MM. PRINS, VON LISZT, VAN HAMEL, a joué, dans le développement moderne de la science pénale, un rôle dont nul ne peut méconnaître la grandeur. Elle a donné aux études de sociologie et de politique criminelle un élan nouveau. Elle s'est mêlée, utilement, au mouvement réformateur des trente-cinq dernières années. Elle a créé, entre les criminalistes — théoriciens et praticiens — des différents pays, une solidarité bienfaisante.

Le jour où les circonstances de la crise mondiale ont mis fin à son existence, ou, du moins, ont amené sa dislocation, le jour où les juristes qui en étaient l'âme ont disparu, sans avoir assuré leur succession, elle a laissé un grand vide.

Aujourd'hui plus que jamais, la nécessité d'une collaboration internationale, dans la lutte contre le crime, s'impose à la conscience.

La guerre a développé les progrès redoutables de la criminalité. Elle a renforcé la virulence de ses facteurs ordinaires; elle en a créé de nouveaux. Le déséquilibre matériel et moral dont souffrent les Etats d'Europe, conséquence ordinaire des grandes catastrophes politiques, n'est pas une condition favorable au respect des lois. L'interpénétration des peuples, la présence, sur bien des territoires, d'éléments étrangers toujours plus nombreux ont multiplié les formes internationales du crime. Les traités de paix, en déplaçant les frontières, en appelant de nouvelles nations à la vie, ont posé d'importants problèmes de codification et de revision.

Il nous paraît opportun de reprendre, par la création d'une *Association internationale de droit pénal*, l'œu-

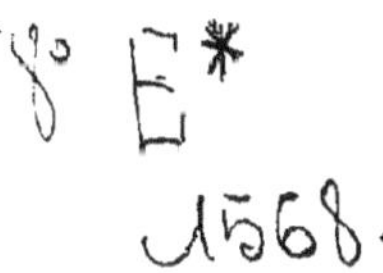

vre que *l'Union internationale* a laissé inachevée. La *Société générale des prisons* de Paris, qui, plus ancienne encore, compte à son actif tant d'efforts utiles, et qui groupe aujourd'hui, en France, et hors de France de précieuses compétences, veut bien nous prêter son concours pour cette tâche. La qualité de cette collaboratrice montre dans quel esprit nous entendons la poursuivre.

Nous ne visons aucun but politique. Nous ne subordonnons nos travaux à aucun *Credo* scientifique. Toutes les Ecoles qui luttent sur le terrain du droit pénal peuvent s'enorgueillir de posséder une part du vrai. Aucune ne saurait s'en arroger le monopole.

Nous adressant à toutes les nations loyalement pacifiées et résolument pacifistes, nous faisons appel à tous ceux que les études de droit pénal, de criminologie ou de pénologie intéressent. Les problèmes qu'elles soulèvent sont assez grands, assez angoissants pour qu'on les aborde en commun, dans un esprit scientifique, sans autre préoccupation que le souci de faire régner plus de justice et le désir de venir en aide à une humanité bouleversée et meurtrie.

H. Berthélemy, *membre de l'Institut, doyen de la Faculté de droit de Paris;* G. Leredu, *ancien ministre, président de la* Société générale des Prisons; A. Rivière, *ancien président de la* Société générale des Prisons; J. A. Roux, *professeur à l'Université de Strasbourg;* Cl R. Jullien, *secrétaire général de la* Société générale des Prisons; L. Hugueney, *professeur à la Faculté de droit de Paris;* H. Donnedieu de Vabres, *professeur à la Faculté de droit de Paris.*

ASSOCIATION INTERNATIONALE
DE DROIT PÉNAL

ASSEMBLÉE GÉNÉRALE CONSTITUTIVE

TENUE LE VENDREDI 28 MARS 1924
A LA FACULTÉ DE DROIT DE PARIS

La séance est ouverte à 16 heures, sous la présidence de M. L. BARTHOU, sénateur, président de la Commission des Réparations, ancien président du Conseil.

M. LE PRÉSIDENT évoque ses souvenirs d'étudiant à la Faculté des Droits de Paris. Il souhaite la bienvenue aux savants étrangers et donne la parole à M. BERTHÉLEMY, *membre de l'Institut, Doyen de la Faculté de Droit.*

Nous sommes réunis aujourd'hui pour reconstituer une Association internationale de Droit pénal.

D'où cette idée nous est-elle venue? Je vais vous le dire en toute simplicité: Nous la devons à l'initiative de M. le Professeur Saldaña et à notre jeune collègue de l'Université de Paris, M. Donnedieu de Vabres.

M. Saldaña n'est pas un inconnu pour vous. Ses nombreux travaux, et la réputation de son enseignement ont franchi et les Pyrénées et l'Océan Atlantique. Il est estimé de quiconque s'adonne à l'étude du droit criminel des nations et civilisations occidentales.

M. Saldaña a connu les grands services rendus jadis, avant la terrible guerre mondiale, par l'Union internationale que présidait l'éminent et regretté professeur Prins, de Bruxelles, et dont le savant maître allemand Von Liszt fut, durant un quart de siècle, le secrétaire général et le véritable directeur.

Les plus vieux et même les moins jeunes d'entre nous ont gardé le souvenir de ses brillants congrès où les dépositaires de la science universelle se rencontraient pour échanger leurs vues sur les grands problèmes qui nous intéressent et où se sont nouées de solides amitiés internationales.

Il y a des noms que nul n'oublie, portés par ceux qui ont tenu les premiers rôles dans l'ancienne Union; ceux de Prins, de Van Hamel de Voïnitski, de Desajinski, Engelen, de notre ami Garçon, de Dyckel, Dorado. etc...

Je ne parle ici que des morts; au nombre des vivants, nous ne pouvons oublier le rôle de Garraud, de Cuche, et d'autres même qui sont ici présents et dont je ne veux pas blesser la modestie.

Avec l'autorité que lui donne sa célébrité, avec l'aisance que lui procure le fait que sa patrie a gardé la neutralité dans la conflagration générale, M. Saldaña s'est trouvé bien placé pour provoquer sous une forme nouvelle la résurrection de l'Union. Il s'en est entretenu avec M. Donnedieu de Vabres, qui m'a transmis cette idée sans me dissimuler les difficultés de sa réalisation.

Si l'on tenait compte des difficultés de ce genre, on s'immobiliserait dans l'impuissance; nous nous sommes donc bravement mis à l'ouvrage.

Nous avons reçu de très précieux encouragements et de très solides appuis: à Paris d'abord, celui de M. le Président Poincaré qu'on trouve prêt à accueillir avec faveur toutes les idées généreuses susceptibles d'apporter un peu plus de paix et de courtoisie entre les peuples et de favoriser le développement de la civilisation; celui de M. Barthou, que je suis heureux de pouvoir remercier ici publiquement. Je demandais à notre Président sa recommandation très précieuse et les conseils de son expérience. « Je veux faire beaucoup plus, me répondit-il! Je vous offre mon concours sans réserve, parce que votre proposition est infiniment raisonnable. » M. Barthou nous donne aujourd'hui de l'intérêt qu'il nous porte un témoignage dont nous lui sommes tous infiniment reconnaissants. (*Applaudissements.*)

Hors de France, nous avons immédiatement trouvé l'aide

de M. Carton de Wiart, Ministre d'Etat, ancien Président du Conseil du Royaume de Belgique. Tous ici connaissent les grands et nobles services qu'il a rendus en ces temps difficiles. M. Carton de Wiart a conquis l'affection et la reconnaissance de tous dans les peuples amis, l'estime de tous dans les autres. Nous avons obtenu également le concours de M. le Ministre Jaspar, celui de M. le Président Benes, de M. d'Amélio, premier Président de la Cour de cassation italienne, de M. Nowodworski, premier Président du Tribunal Supérieur de Varsovie, de M. le Professeur Rappaport, de M. le Doyen Wigmore, de l'Université américaine du N. O., de MM. Leroy Jones, de Chicago, Corl Torp, de Copenhague, Boleza dos Santos, de Coimbre. Nous vous donnerons plus tard la liste complète des savants, des hauts magistrats, des grands professeurs d'Europe et des deux Amériques qui offrent ou acceptent de se joindre à nous. J'enregistre tout de suite avec une satisfaction particulière deux noms illustres parmi nos adhérents de l'autre côté des Alpes, ceux du professeur Enrico Ferri et du premier Président Garofalo. (*Applaudissements.*)

Une Commission a été instituée par nos soins. Mes fonctions administratives et l'intérêt que j'ai toujours pris aux questions pénitentiaires m'ont désigné pour diriger les travaux préparatoires. Ils ont consisté surtout dans de nombreuses démarches presque toutes bien accueillies, et dans la rédaction d'un projet de statuts. Pour assurer l'existence matérielle et financière de l'organisation nouvelle, nous nous sommes entendus avec nos amis si nombreux ici de la Société générale des Prisons, M. Leredu, qui en est le président actuel, M. Albert Rivière (qui si longtemps en a été l'âme), M. le Commandant Jullien, qui en est le distingué secrétaire général; nous nous sommes assuré le concours dévoué de notre collègue de Strasbourg à qui nous avons confié la fonction provisoire de secrétaire et que sa valeur scientifique et ses travaux qualifient pour devenir le directeur de la nouvelle Revue. Tels sont, avec nos dévoués collègues Hugueney et Donnedieu de Vabres, ceux que nous nous permettrons d'appeler les organisateurs de la victoire.

Vous allez juger de leur œuvre, puisque nous la soumettons à votre ratification.

Auparavant, je tiens à adresser mes remerciements cordiaux à ceux de nos amis venus de très loin pour nous apporter leur précieuse adhésion, à M. le Ministre Carton de Wiart, à M. le Professeur Saldaña, à M. le Professeur Rappaport qui représente M. le Président du Tribunal Supérieur dont il fait partie, M. Nowodworski, à M. le Doyen Mercier, de l'Université de Lausanne, à M. le professeur Pella, de Jassy, à mon cher ami Politis qui se trouve représenter dans son pays d'adoption la science de son pays d'origine. (*Applaudissements.*)

Et maintenant, Monsieur le Président, je laisse la parole à notre collègue Roux pour vous soumettre notre projet de Statuts.

La délibération est ouverte sur le projet de statuts. (On trouvera plus loin le texte des statuts qui, après discussion, ont été adoptés à l'unanimité des voix.)

Il est procédé à l'élection de 11 membres du Conseil de Direction. Sont élus, à l'unanimité des 52 votants :

MM. D'AMELIO, CALOYANNI, CARTON DE WIART, MERCIER, MIRICKA, NOWODWORSKI, RIVIÈRE, ROUX, SALDAÑA, TEODORESCU, WIGMORE.

L'élection du Bureau donne, à l'unanimité des votants, les résultats suivants :

Président : M. CARTON DE WIART.
Vice-présidents : MM. D'AMELIO, NOWODWORSKI, SALDAÑA.
Secrétaire général : M. J. A. ROUX.

M. CARTON DE WIART, *Ministre d'Etat, président de l'Association internationale de Droit pénal.* — Vous me mettez dans un grand embarras. Je n'ai pas besoin de vous dire le sentiment de confusion que j'éprouve, et je reporte tout l'honneur qui m'est fait à mon pays, auquel vous avez voulu sans doute rendre hommage. Je ne puis m'empêcher de dire aussi qu'il y a dans votre choix quelque chose qui s'adresse également au souvenir que vous évoquiez tout à l'heure, M. le Doyen, le souvenir de Prins, que nous avons tous connu et apprécié, que j'ai eu l'honneur moi-même d'avoir pendant de longues années comme collaborateur au Ministère de la Justice, lorsqu'il y exerçait les fonctions d'inspecteur général des prisons.

Ce n'est que sous les plus expresses réserves que je puis accepter votre choix, si flatteur qu'il soit; c'est dans la pensée que je serai secondé, dans la tâche que j'assume, par le concours des savants éminents qui ont entrepris de ressusciter l'Union internationale de Droit pénal. Je crois que leur initiative fut très opportune. La grande secousse par laquelle nous avons tous passé, comme acteurs ou comme témoins, a été non seulement une révolution dans l'ordre matériel, mais aussi dans l'ordre moral. Les valeurs se sont modifiées; vous connaissez le mot de Heine sur la guerre, et toujours est-il qu'à côté des âmes et des peuples fortifiés, il est demeuré quelque chose de ces mauvais instincts déchaînés, de cette confusion qui s'établit pendant ces heures tragiques entre le tien et le mien. Nous constatons que le respect des contrats, les scrupules entre les employeurs et les employés, entre les producteurs et les consommateurs, tout cela, y compris les lois d'expédient que les peuples sont réduits à voter, tout cela indique une situation un peu trouble, et tout cela rend peut-être plus opportune que jamais l'initiative à laquelle nous voulons tous nous associer.

Non seulement des problèmes nouveaux ont apparu, mais des remèdes nouveaux se discernent aussi, et c'est une grande joie pour ceux qui n'ont pas perdu confiance dans le progrès humain, que de constater, dans les peuples que nous avons l'honneur de représenter ici, ces mouvements qui se sont manifestés soit dans l'ordre des patronages, soit dans l'ordre de la défense et de la protection des familles nombreuses, soit aussi dans la lutte contre le néo-malthusianisme, l'alcoolisme et tous les maux qui menacent l'humanité et s'attaquent spécialement à l'enfance. De grandes initiatives ont été prises en ces dernières années, et il est utile, je crois, que nous associons nos études, que nous pratiquions ce libre échange qui, dans le domaine moral et social, ne peut pas et ne doit pas connaître de frontières.

Vous ne vous étonnerez pas que je rende un hommage ému à l'initiative prise par les organisateurs de cette réunion. Ils ont compris les besoins que j'essaie de traduire à l'instant, et ils ont, en agissant ainsi, prouvé une fois de plus que la France est vraiment le peuple conducteur, que l'on trouve toujours, aux heures décisives, sur le chemin du progrès dans la marche ascendante de l'humanité.

Je félicite ceux qui ont pris cette initiative, et je leur apporterai tout mon concours personnel, qui n'est malheureusement que trop peu de chose. Tout à l'heure, M. le Président Barthou, avec son éloquence toujours charmante et spirituelle, nous rappelait qu'il était ici un revenant. J'ose à peine dire que je suis, moi aussi, un revenant dans cette vieille maison de l'Ecole de Droit de Paris. J'ai comparu, il y a quelque trente ans, ici, quand j'étais encore de l'autre côté de la barricade, et je ne me doutais pas alors que j'y rentrerais un jour avec la dignité de professeur, que je ne mérite pas, mais qui néanmoins ne laisse pas de me remplir de quelque fierté.

De cette fierté je vous suis débiteur, et avec infiniment de gratitude, mais ma gratitude va surtout à ce noble pays qui a pris l'initiative de reconstituer l'Union internationale de Droit pénal.

Nous allons donc tâcher que l'enfant que vous avez mis au monde soit digne de ses parents, et nous pouvons envisager, je crois, l'avenir de notre nouvelle union avec une grande confiance.

D'ailleurs, si on n'avait pas confiance dans l'avenir, on ne ferait jamais rien. C'est dans la correspondance récemment publiée de Montalembert et Guizot, que je lisais: « Vous avez raison d'être optimiste, disait Guizot à Montalembert, les pessimistes ne sont que des spectateurs, les optimistes seuls sont des constructeurs. »

Nous tâcherons de construire, pour le plus grand bien de l'humanité. (*Vifs applaudissments prolongés.*)

M. LE PRÉSIDENT. — Mon cher Président, votre compétence est égale à votre modestie. Vous avez bien voulu reporter sur votre pays l'hommage qui vous était rendu, et certes, on a bien pensé, ce faisant, à la Belgique; mais il ne faut cependant pas donner à la manifestation qui s'est faite sur votre nom un caractère impersonnel. C'est bien vous qu'on a voulu désigner, car tout le monde, ici, a apprécié votre courage civique, votre droiture, votre haute conscience, votre sentiment du devoir et votre vif souci de l'intérêt public. C'est donc bien vous qu'on a voulu appeler à la présidence de cette union, et vos éloquentes paroles ont montré que vous étiez digne d'un honneur que nous vous remercions d'avoir accepté. — (*Vifs applaudissements.*)

L'ordre du jour appelle les déclarations des représentants des groupes nationaux.

M. Leredu, *ancien ministre, président de la Société générale des prisons.* — Au nom de la Section Française, je viens apporter à l'Association Internationale de Droit Pénal, à la création de laquelle nous assistons aujourd'hui, notre adhésion formelle et sincère.

C'est la *Société Générale des Prisons*, qui constitue la Section Française. Connue de tous ceux qui, en France, s'occupent des questions pénitentiaires comme des questions de droit pénal, connue à l'étranger par tant de savants, dont beaucoup ont tenu et tiennent à honneur de lui appartenir, la Société Générale des Prisons apporte à la nouvelle Association son concours le plus absolu.

Ses 48 ans d'âge lui laissent assez de jeunesse pour qu'elle se complaise à unir ses efforts à ceux que va développer immédiatement la jeune Association, qui n'a encore que quelques instants d'existence.

Notre Société vous apporte un avenir plein de promesses, un présent plein d'activité, un passé plein d'expérience.

Notre but a toujours été et continuera d'être celui que vous voulez poursuivre: la recherche des moyens de prévenir le mal, de réprimer la faute, de relever le coupable.

Pour accomplir une telle mission, nous saurons unir constamment nos efforts aux vôtres.

Mais voici que pour consacrer plus intimement une telle union, ce sera la *Revue Pénitentiaire et de Droit Pénal*, c'est-à-dire le *Bulletin de la Société Générale des Prisons*, qui abritera les travaux mêmes de l'Association Internationale de Droit Pénal.

Libre chez nous, comme nous serons libres auprès de vous, l'Association Internationale conservera son entière autonomie, comme la nôtre sera respectée.

Mais quel lien puissant, fait de concorde, de sympathie et d'amitié, dans l'effort d'un travail commun, que cette existence intellectuelle menée dans le même Bulletin!

Cette communauté d'existence apparaît précieuse à la Société Générale des Prisons; aussi est-ce d'enthousiasme qu'elle a accepté de former la Section Française de l'Association Internationale. Deux de nos chers disparus, Emile Garçon et Alfred Le Poittevin, dont les noms sont aimés des criminalistes du monde entier comme de nous-mêmes, éprouveraient en ce jour d'union une joie profonde.

Eux qui ont été les chefs de notre Société, qui ont connu et partagé sa vie de labeur incessant, seraient heureux de la voir se mêler à tant d'activité en préparation, parce qu'ils savaient combien ce travail mené en commun peut bien servir l'humanité, au grand avantage de la solidarité internationale et de la paix universelle. (*Vifs applaudissements*).

M. Rappaport, *professeur à l'Université de Varsovie, juge à la Cour suprême, Secrétaire général de la Commission de Codication.* — Au nom de la Société polonaise de législation criminelle (section polonaise de l'Association Internationale de Droit pénal), j'ai le grand plaisir de présenter nos meilleurs souhaits de succès pour la nouvelle organisation internationale.

La nécessité de reprendre la coopération scientifique après la grande guerre, sur le terrain du droit pénal, est si évidente, qu'après le beau manifeste du Comité d'organisation, je n'ose pas insister. Je me bornerai à quelques observations d'un caractère particulier.

Si l'étude scientifique de la lutte contre le crime est importante pour tous les pays qui observent avec angoisse l'accroissement de la criminalité contemporaine, cette étude a une importance plus grande encore pour les Etats de l'Europe Centrale ressuscités, comme la Pologne, ou transformés par les Traités de paix. Ici la théorie se mêle directement à la pratique. Ces Etats sont actuellement occupés à la réforme de leurs codes pénaux ou à l'élaboration de codes nouveaux: ainsi la Pologne, la Tchécoslovaquie, la Roumanie, les pays de la Baltique tels que la Livonie et l'Esthonie.

En favorisant la coopération scientifique des criminalistes de l'Occident et du centre de l'Europe, la France suit une tradition. N'a-t-elle pas été, pendant des siècles, l'auteur des grandes initiatives dans le domaine du droit comparé ? Elle a jeté dans le monde des idées nouvelles et hardies. Dans un esprit de transaction et de prudence, elle fuit les conséquences extrêmes. C'est ainsi qu'elle évite, et veut éviter, pour la nouvelle Association, le parti-pris d'une école criminaliste quelconque. Le foyer d'études de la nouvelle organisation internationale, en droit pénal, est ouvert à tout le monde, à tous ceux qui, d'une manière loyale et pacifique, veulent travailler à l'achèvement de l'édifice juridique de l'Europe d'après guerre et, en particulier, contribuer à la codification du droit pénal moderne en quelque pays que ce soit.

La volonté, nettement affirmée dans le manifeste du Comité d'organisation, de travailler à l'élaboration d'un droit pénal commun, d'un droit pénal international, caractérise l'effort de la nouvelle organisation. Voilà la promesse qu'elle nous apporte!

Nous sommes sûrs que l'Association Internationale de Droit Pénal saura la tenir.

La vieille *Union internationale de Droit pénal* est morte, Vive la nouvelle Association! (*Vifs applaudissements*).

M. Pella, *député professeur de Droit criminel à la Faculté de Droit de l'Université de Jassy.* — Ma qualité d'ancien élève au certificat de Sciences pénales, et actuellement de Professeur dans une chaire de droit criminel en Roumanie, m'imposait comme le plus agréable des devoirs de me rendre en France, afin de participer à votre Assemblée constitutive.

Pour les pays qui ont subi la crise d'ordre moral déterminée par la guerre, et spécialement pour les Etats récemment créés ou agrandis par les traités de paix, le projet d'une Association internationale de Droit pénal présente un intérêt tout à fait particulier.

Je ne crois pas qu'on aurait pu choisir un moment plus favorable pour la formation d'une pareille Association.

Etant donné que dans beaucoup d'Etats, comme la Roumanie, la Pologne, la Tchéco-Slovaquie, la Yougoslavie, on procède actuellement à l'élaboration de nouveaux codes répressifs, j'estime que l'Association que vous créez aujourd'hui pourra contribuer utilement à l'établissement de bases communes de répression, de manière à ce que ces codes correspondent aux aspirations de la conscience juridique contemporaine. (*Applaudissements.*)

Dès le premier moment de sa constitution, l'Association aura donc la possibilité de traduire dans le domaine des législations positives les nouveaux principes du droit pénal international et de réaliser ainsi une étape importante vers le but éloigné, mais suprême, que nous devons tous poursuivre : *l'universalité de la répression !*

Il est tout naturel que la France, à laquelle revient l'honneur d'avoir, dans le passé, provoqué ou fortifié tous les mouvements idéologiques qui ont contribué au progrès moral et intellectuel de l'humanité, ait pris aujourd'hui l'initiative d'une Association internationale de Droit pénal.

En ce qui concerne les jurisconsultes roumains, nous adhérons avec enthousiasme à la nouvelle Association. A cet égard, j'ai la satisfaction de vous faire connaître que le Cercle d'Etudes pénales de Bucarest, dans sa séance de fin mars, a constitué un groupe roumain au sein de l'Association, et a manifesté son désir de participer en grand nombre au premier Congrès dont vous allez fixer la date.

Les liens d'amitié qui nous unissent à la France, l'esprit juridique français dont nous sommes tous animés par le fait que la plupart de nos jurisconsultes ont achevé leurs études supérieures à la Faculté de Droit de Paris, nous donnent la certitude que nous allons trouver parmi vous l'atmosphère favorable pour la réalisation d'une collaboration des plus intimes! (*Applaudissements.*)

Et si je parle de cette atmosphère, c'est que, même dans le domaine objectif et abstrait de la science pure, on ne pourrait, à mon sens, obtenir des résultats positifs, si les personnes appelées à collaborer n'étaient pas animées de sentiments de sympathie et de bienveillance réciproques. (*Applaudissements.*)

Et maintenant, après avoir rendu hommage à Monsieur le Doyen et à tous les Professeurs de droit criminel qui ont pris l'initiative de l'Association internationale de Droit pénal, permettez-moi d'espérer que la date d'aujourd'hui, où nous posons les bases de cette union, aura une signification particulière dans l'histoire du Droit criminel.

Cette date marquera le commencement d'une ère nouvelle de sincère et d'étroite collaboration internationale dans le domaine du droit pénal.

Elle représentera le désir unanime de tous les Etats animés par des sentiments pacifiques, d'unir leurs forces afin de mieux défendre l'humanité contre le flot envahissant d'une criminalité de plus en plus redoutable! (*Applaudissements prolongés.*)

M. SALDAÑA, *professeur à la Faculté de Droit de Madrid, vice-président de l'Association internationale de droit pénal.* Au nom du Groupe espagnol de l'Association international de Droit pénal et en mon nom propre, je vous remercie profondément de l'honneur que vous voulez bien me faire de m'appeler à une vice-présidence de l'Association.

Vous venez de réaliser, en constituant cette Association,

une idée à laquelle je suis attaché depuis bien longtemps, et à laquelle je consacrerai à l'avenir, avec joie, tous mes efforts et tout mon enthousiasme.

Pour nous, les anciens membres de l'Union internationale de Droit pénal, cette œuvre nouvelle constitue l'accomplissement d'un devoir sacré.

Je félicite l'Assemblée de la manière heureuse dont elle a su réaliser cette œuvre d'intérêt mondial. Puisse-t-elle être le point de départ d'une nouvelle ère pour le développement et le perfectionnement du Droit pénal universel et, partant, de la Justice universelle. (*Vifs applaudissements*).

M. ROUX, *professeur à l'Université de Strasbourg, Secrétaire général de l'Association internationale de Droit pénal.* — Messieurs, je suis profondément touché du grand honneur que vous me faites, en me désignant comme Secrétaire Général de votre Association.

Cet honneur ne me revenait pas.

Et je ne puis m'empêcher de songer en ce moment à une figure qui manque douloureusement à la cérémonie de ce jour, et qui eut éprouvé une joie si intense au projet que nous réalisons aujourd'hui, à Emile Garçon, Président du groupe français de l'Union internationale, à qui il aurait appartenu de relever le drapeau qui avait glissé d'autres mains.

Par la maîtrise de son talent, par le grand renom de sa haute personnalité, il était le Secrétaire Général tout indiqué — et il eût été un Secrétaire Général idéal — de votre Association.

Au lieu de réalités, vous n'aurez qu'une promesse. Je ne puis que vous assurer de mon complet dévouement à l'œuvre importante que vous venez de fonder, œuvre féconde non seulement pour le Droit pénal, qu'elle se propose de rénover, mais féconde aussi pour le bien général de l'humanité, en affirmant entre les nations le sens de la solidarité universelle.

Et c'est pour nous, Français, un juste sentiment de fierté et un heureux présage que cette œuvre ait pour berceau l'Université de Paris, cette Université de la Mon-

tagne Sainte-Geneviève, de la Montagne de Gerson
et de Saint Thomas-d'Aquin, où depuis tant de siècles brille
un phare jamais éteint de lumière, de sciences et d'arts,
vers lequel les peuples ont toujours tourné leurs regards
et dirigé leurs pas. (*Applaudissements*).

M. LE PRÉSIDENT. — Messieurs, vous avez entendu et
applaudi de très fermes et éloquentes déclarations; je
ne veux pas en rompre le charme par un discours qui
serait tout à fait inutile, mais comme Président, je dois
remplir un doux devoir, en vous présentant des excuses
et des vœux.

Les excuses sont celles du Gouvernement. Je tiens à
dire que M. le Président du Conseil, avec la haute
conscience qu'il a de tous les intérêts publics, avait compris l'importance de cette réunion, et avait chargé le
Garde des Sceaux de l'y représenter. Mais une crise indépendante de votre présence s'est produite hier, le Mi-
nitre de la Justice, démissionnaire, n'a pas cru pouvoir
remplir ici des fonctions qu'il n'exerce plus, et le nom
du nouveau Ministre de la Justice n'a pas encore paru
au *Journal Officiel*, de sorte que le Gouvernement n'est
pas représenté. Mais je connais la pensée de M. le Président du Conseil, je la suis de très près, je vous présente ses excuses et en même temps ses vœux. (*Applaudissements.*)

A ces vœux, j'associe les miens. Du reste, si je n'avais
eu l'intention de le faire, l'ordre du jour rigoureux que
j'ai sous les yeux m'en aurait imposé la loi. Je me sou-
mets très volontiers à cette obligation. Vous êtes bien
partis, vous êtes bien nés, vous êtes bien préparés à la
plus utile et à la plus féconde des actions. Mon éminent
ami M. Carton de Wiart rappelait tout à l'heure le passage d'une lettre de Guizot à Montalembert. Guizot disait
à son illustre confrère que les pessimistes sont des spectateurs Je vous rappelle une autre parole de Guizot, exprimant la même pensée sous une forme plus nette encore: il disait à un jeune homme que les pessimistes sont
des impuissants.

Vous voulez aujourd'hui être une puissance d'action,
et vous voulez l'exercer au profit de la grande cause

de la lutte internationale contre le mal. Au début de
cette réunion; je vous ai souhairé une cordiale bienvenue,
en levant la séance je vous souhaite un plein succès,
et de ce succès je suis assuré. (*Applaudissements répétés.*)

M. Roux. — Je demande la parole pour une motion
d'ordre. Le Conseil de direction doit, à l'issue de la
séance, procéder à la nomination de deux secrétaires et
d'un trésorier français, qui ont voix consultative dans
le Conseil, et qui seront chargés de la rédaction de la
revue et de l'administration de l'Association.

J'ai une autre communication à faire. M. Berthélemy
présentera le Bureau et les savants étrangers à M. le
Président de la République, demain samedi à 11 h. 30.

La séance est levée à 18 h. 20.

*A l'issue de la réunion; le Bureau de l'Association s'est
complété, en désignant pour secrétaires*: MM. Hugueney
et Donnedieu de Vabres, professeurs à l'Université de
Paris; *trésorier*: M. E. Auger, ancien avocat au Conseil
d'Etat et à la Cour de Cassation.

*La « Société Générale des Prisons », Section française de
l'Association internationale de Droit pénal a désigné
comme délégués au Conseil de direction*: MM. BERTHELEMY,
membre de l'Institut, doyen de la Faculté de Droit de
Paris; LEREDU, ancien Ministre, président de la Société
générale des Prisons; le Commandant JULLIEN, Secrétaire Général de la Société générale des Prisons.

STATUTS
DE L'ASSOCIATION INTERNATIONALE
DE DROIT PÉNAL

ARTICLE PREMIER. — Il est fondé une *Association internationale de droit pénal*.

Elle a pour but :

1° d'établir un rapprochement et une collaboration plus étroite entre ceux qui, dans les différents pays, se consacrent à l'étude théorique du droit criminel, ou participent à son application ;

2° d'étudier la criminalité et ses causes, les moyens propres à la combattre, les réformes qu'il convient d'apporter au droit pénal, au régime pénitentiaire, à la procédure criminelle ;

3° de favoriser le développement théorique et pratique du Droit pénal international, en vue d'arriver à la conception d'un Droit pénal universel, à la coordination des règles de procédure et d'Instruction criminelle.

Elle ne prend pas parti entre les diverses Ecoles de criminalistes.
Sa durée est illimitée.
Elle a son siège social à Paris.

ART. 2. — Les moyens d'action de l'Association sont :

la réunion de Congrès où sont examinées les questions de doctrine et de pratique relatives à l'objet de l'Association ;

la publication d'une *Revue*, destinée à contenir des articles de doctrine, le compte rendu des travaux de l'Association, l'exposé du mouvement législatif et jurisprudentiel dans les différents Etats ;

l'édition d'une « Bibliothèque internationale de droit pénal » avec deux séries :

a) législative, contenant tous les Codes pénaux, Projets de Codes pénaux de tous pays et leurs lois pénales les plus importantes, en deux langues ;

b) doctrinale, comprenant les traductions françaises des livres originaux notables publiés à l'étranger sur des sujets de droit pénal et de criminologie.

La date de réunion des Congrès, le choix des questions qu'on y discute sont arrêtés par le Conseil de direction.

Art.3.—Pour être membre de l'Association, il faut :

1° être présenté par 2 membres de l'Association et agréé par le Conseil de direction;

2₀ payer une cotisation annuelle de 20 francs français.

Peuvent, aux mêmes conditions, être admis comme membres titulaires de l'Association les collectivités ou les corps qui en feront la demande.

Les membres français de la *Société générale des prisons* ainsi que les membres étrangers qui en font partie au 28 mars 1924 sont, de droit et sans cotisation supplémentaire (1), membres titulaires de l'Association internationale.

Le titre de membre d'honneur peut être décerné par le Conseil de direction aux personnes qui rendent ou qui ont rendu des services signalés à l'Association. Ce titre confère aux personnes qui l'ont obtenu le droit de faire partie de l'Assemblée générale, sans être tenues de payer une cotisation.

Les membres titulaires et les membres d'honneur de l'Association reçoivent les publications de l'Association.

Art. 4. — La qualité de membre de l'Association se perd :

1° par la démission,

2° par la radiation prononcée pour non-paiement de la cotisation ou pour motifs graves, par le Conseil de direction, le membre intéressé ayant été, au préalable, appelé à fournir des explications, sauf recours à l'Assemblée générale.

Art. 5. — Il peut être créé, dans chaque pays, un groupe particulier dépendant de l'Association. Il se compose exclusivement de membres titulaires ou de membres d'honneur de l'Association. Il élit son bureau. Il peut déléguer trois de ses membres auprès du Conseil de direction de l'Association.

---

(1) L'avantage d'ordre financier accordé, ainsi qu'il dit est au texte, aux membres de la Société des prisons, se justifie par la collaboration active de cette Société qui prend à sa charge les frais de publication de la *Revue*.

(Note de la Rédaction).

Administration et fonctionnement

Art. 6. — L'administration de l'Association est confiée à un Conseil de direction et à un Bureau.

Art. 7. — Le Conseil de direction est composé de 12 membres, élus au scrutin secret, pour neuf ans, par l'Assemblée générale, parmi les membres titulaires.

En cas de vacance, le Conseil pourvoit provisoirement au remplacement de ses membres. Il est procédé à leur remplacement définitif par la plus prochaine Assemblée générale. Les pouvoirs des membres ainsi élus prennent fin à l'époque où devait normalement expirer le mandat des membres remplacés.

Art. 8. — Le Bureau se compose d'un Président, trois Vice-Présidents, un Secrétaire général (celui-ci : de nationalité française), élus parmi les membres du Conseil par l'Assemblée générale. Il s'adjoint, pour diriger la rédaction de la Revue et administrer l'Association, deux Secrétaires et un Trésorier, tous trois de nationalité française.

Art. 9. — Au Conseil de direction sont adjoints avec voix consultative les délégués des groupes nationaux.

Art. 10. — Le renouvellement des membres titulaires du Conseil de direction a lieu, tous les trois ans, par quart. A l'exception du secrétaire général, les membres du Conseil ne sont pas immédiatement rééligibles.

Art. 11. — Le Conseil de direction se réunit de préférence à Paris ou à Genève, sur la convocation du Secrétaire général, d'accord avec le Président. La convocation doit être faite au moins un mois à l'avance.

La présence du tiers des membres du Conseil de direction est nécessaire pour la validité de ses délibérations. Les absents peuvent se faire représenter par mandat spécial donné à un autre membre du Conseil.

Il est tenu procès-verbal des séances. Les procès-verbaux sont signés par le Président et le secrétaire général ou le secrétaire.

Art. 12. — Le Bureau a la gestion des ressources et biens de l'Association. Il rend compte de cette gestion au Conseil de direction. Le trésorier représente l'Association en justice, et dans tous les actes de la vie civile. Il n'acquitte aucune dépense si elle n'a été préalablement autorisée par le secrétaire général.

Art. 13. — Les ressources de l'Association se composent :

1° des cotisations et souscriptions de ses membres;
2° des subventions qui pourraient lui être accordées ;
3° du revenu de ses biens et valeurs de toute nature.

Art. 14. — Les membres de l'Association ne peuvent recevoir aucune rétribution à raison des fonctions qui leur sont confiées.

Toutefois, le Secrétaire général de l'Association, chargé de diriger la rédaction du bulletin, peut être indemnisé de ses frais par une rétribution forfaitaire.

Art. 15. — L'Assemblée générale de l'Association comprend les membres titulaires et les membres d'honneur. Elle se réunit chaque fois qu'elle est convoquée par le Conseil de direction, ou sur la demande du 1/4 au moins de ses membres.

Son ordre du jour est réglé par le Conseil de direction.

Son bureau est celui de l'Association.

Elle entend les rapports sur la situation financière et morale de l'Association.

Elle approuve les comptes, délibère sur les questions mises par le Conseil de direction à l'ordre du jour du Congrès, et pourvoit, s'il y a lieu, au renouvellement des membres du Conseil de direction et du Bureau.

Le vote par correspondance n'est admis que pour l'élection du Président, du Secrétaire général, des membres du Conseil de direction. Les décisions sont prises à la majorité des suffrages exprimés.

Modification des statuts et dissolution

Art. 16. — Les statuts ne peuvent être modifiés que sur la proposition du Conseil de direction ou sur la demande de 20 Membres, soumise au Bureau au moins 3 mois à l'avance. La modification ne peut être prononcée que par une Assemblée générale représentant la majorité des membres de l'Association. La résolution est prise à la majorité des membres présents.

ART. 17. — Il en sera de même et dans les mêmes conditions, en cas de demande de dissolution.

ART. 18. — Un règlement intérieur, adopté par l'Assemblée générale, arrête les conditions de détail propres à assurer l'exécution des présents statuts. Il peut toujours être modifié dans la même forme.

ASSOCIATION INTERNATIONALE
DE DROIT · PÉNAL

Conseil de Direction

M. CARTON DE WIART, Ministre d'Etat, *Président.*

M. D'AMELIO, Premier Président de la Cour de Cassation de Rome, *Vice-président.*

M. NOWODWORSKI, Premier Président de la Cour suprême de Pologne, *Vice-président.*

M. SALDAÑA, Professeur à la Faculté de Droit de Madrid, *Vice-président.*

M. ROUX, Professeur à l'Université de Strasbourg, *Secrétaire général.*

M. CALOYANNI, Ancien Conseiller à la Haute Cour d'Appel d'Egypte.

M. MERCIER, Doyen honoraire de la Faculté de Droit de Lausanne.

M. MIRICKA, Professeur à la Faculté de Droit de Prague.

M. RIVIÈRE, Ancien magistrat, Président honoraire de la *Société générale des Prisons.*

M. TEODORESCU, Doyen de la Faculté de Droit de Bucarest.

M. WIGMORE, Doyen de la Faculté de Droit de Chicago *(North Western University).*

Bureau

Président : M. CARTON DE WIART.

Vice-présidents : MM. D'AMELIO, NOWODWORSKI, SALDAÑA.

Secrétaire général : M. J. A. ROUX.

Secrétaires : MM. HUGUENEY et DONNEDIEU DE VABRES, Professeurs à l'Université de Paris.

Trésorier : M. Emile AUGER, Ancien Avocat au Conseil d'Etat et à la Cour de Cassation.

CONSIDÉRATIONS SUR LA RÉFORME
DU CODE PÉNAL SUÉDOIS

CONFÉRENCE FAITE A LA FACULTÉ DE DROIT DE PARIS
LE 15 NOVEMBRE 1923
SUR L'INVITATION DE L'INSTITUT D'ÉTUDES SCANDINAVES

Par M. THYRÉN
Recteur de l'Université de Lund

Après quelques mots d'introduction, prononcés par M. Verrier, Président du Comité de Direction de l'Institut d'Etudes scandinaves, et par M. Berthélemy, Doyen de la Faculté de Droit de Paris, la parole est donnée à M. le Recteur Thyrén :

Mesdames,
Messieurs,

Le Gouvernement suédois ayant confié à mes soins la préparation d'un avant-projet de Code pénal, j'ai publié, il y a quelques années, la partie générale de ce projet. La partie spéciale n'est pas encore achevée.

C'est donc uniquement de la partie générale que j'aurai l'honneur de vous entretenir. Toutefois un aperçu de toutes les questions qui s'y rattachent resterait nécessairement trop superficiel et je bornerai mon examen au système des pénalités, en approfondissant certaines questions qui me paraissent offrir un intérêt particulier.

Ces questions sont les suivantes: la criminalité dite chronique, « l'arrière-traitement » consécutif aux peines de longue durée, la criminalité altruiste, l'emprisonnement de courte durée, et enfin la peine de l'amende.

Je commencerai par la criminalité dite chronique. Cette criminalité a des racines très profondes, jusqu'au point de paraître congénitale. Elle se révèle dès l'enfance, par certaines manifestations d'insensibilité ou de cruauté, par exemple, et elle est susceptible de prendre par la suite des formes très diverses: le caractère distinctif de cette criminalité n'est pas, en effet, la domination d'une passion plutôt que d'une autre, mais la domination absolue, sans qu'aucun sentiment altruiste y mette un frein, d'une passion quelconque.

Toujours en quête d'occasions, le criminel n'a pas besoin d'être tenté. D'assez bonne heure, il a l'habitude de son métier; n'étant guère rongé de scrupules qui puissent troubler son sang-froid, il a des chances sérieuses, non seulement de parvenir à consommer le crime, mais de se soustraire aux recherches. Devant le Tribunal, il nie le plus souvent. Si parfois il avoue, en jouant le repentir, ce n'est, de sa part, qu'un calcul pour obtenir une réduction de peine.

Certes, la présomption est très forte que ces criminels de type chronique soient, en réalité, des aliénés. Mais leur aliénation mentale n'est pas une règle sans exception; d'ailleurs il y a des cas où la maladie mentale, quoiqu'existant en germe, n'est pas encore si développée qu'elle soit susceptible d'être constatée légalement.

On ne pourra donc, tout simplement, envoyer tous ces criminels, en bloc, dans un hospice d'aliénés. Mais il est naturellement à désirer que les individus de cette classe, qui doivent être considérés, du moins provisoirement, comme normaux au point de vue mental, puissent être réprimés plus effectivement que cela ne peut se faire dans la plupart des cas avec la peine ordinaire; il y a lieu d'envisager pour eux un internement à vie ou de très longue durée, mais comportant un traitement moins rigoureux que celui des criminels ordinaires.

Quant à l'organisation de ce mode spécifique de répression, il convient de faire les deux remarques suivantes: L'infraction actuelle, qui sera la base de la condamnation à l'internement, ne doit être ni des plus graves, ni des plus légères. Si le délinquant a mérité, par exemple, la peine de la réclusion à perpétuité, il serait déraisonnable d'administrer à ce criminel grave, par la seule raison qu'il est plus complètement incorrigible, un traitement en somme plus indulgent que celui du criminel ordinaire qui a été condamné à la réclusion à perpétuité.

D'autre part, on ne saurait, uniquement à raison d'une légère infraction quelconque, interner à vie ou pour une très longue durée un criminel même incorrigible. Cette remarque s'applique non seulement au délinquant qui commet sans cesse de petits larcins renouvelés, mais encore au criminel vraiment dangereux à juger de ses antécédents, mais qui, en dernier lieu, n'a commis qu'une infraction peu grave. Il en va autrement bien entendu s'il a commis cette légère infraction, après avoir été libéré conditionnellement à la suite d'une peine prononcée à raison d'une infraction grave.

J'ai proposé, dans l'avant-projet, d'établir deux degrés de cet internement: le premier pour 25 années et le second à vie.

Dans l'un et l'autre cas, il est indispensable que l'inculpé ait subi auparavant douze années de réclusion, et qu'actuellement une condamnation nouvelle à la réclusion soit prononcée. Cette condamnation n'est pas exécutée; elle est transformée par le Tribunal même en internement. Toutefois, il faudra que le Tribunal, tout en gardant les mains libres, consulte certaines autorités administratives, médicales et pénitentiaires.

La durée de la peine une fois écoulée, l'interné pourra être conditionnellement libéré de l'internement. Cette durée marque donc le minimum de l'internement et les 25 années le maximum. (Je parle ici du premier degré.) Ainsi, un coupable est condamné à dix ans de réclusion: la réclusion est transformée en internement: cela veut dire qu'il est interné pour dix années au moins et pour 25 années au plus.

L'internement à vie ne pourra être appliqué qu'aux coupables ayant déjà été condamnés à l'internement du premier degré. L'interné à vie ne pourra être libéré que par voie de grâce.

Je n'ai donc pas cru devoir, pour ma part, admettre le cumul de la peine et de l'internement, adopté par certaines législations et vivement recommandé de plusieurs côtés. Il est possible qu'on puisse obtenir avec cette combinaison presque les mêmes résultats qu'avec le système que je préconise. Mais il faut se rappeler que le condamné dont il s'agit maintenant, va subir, selon toutes probabilités, une privation de liberté bien plus longue que la durée de la peine ordinaire, car on présume, et on doit présumer, qu'il est toujours dangereux, tant qu'il n'y aura pas de très fortes preuves en sens contraire. C'est pourquoi il m'a paru équitable de lui administrer un traitement aussi doux que possible, c'est-à-dire aussi doux que le permettent le souci des intérêts de la prévention générale, celui du respect de la peine et la nécessité de neutraliser le danger menaçant de sa personne.

Je passe maintenant à la seconde question: l'arrière-traitement du libéré qui a subi une peine de longue durée. Pour qu'une telle peine atteigne son but, il est indispensable que le libéré soit, dès sa mise en liberté, soumis à un arrière-traitement. Il ne faut pas l'abandonner aussitôt après lui avoir ouvert les portes de la prison. Il faut qu'une période intermédiaire s'intercale entre la longue période qui s'est écoulée en prison et l'état de pleine liberté.

On sait que cette idée a été consacrée par la plupart des législations pénales. Elle est toutefois généralement combinée avec l'idée d'un pardon qu'il est au pouvoir du détenu d'obtenir lui-même par une bonne conduite en prison. Ainsi conçue, cette institution est des plus fécondes; c'est un moyen de donner du ressort à la volonté du détenu, en lui suggérant l'espoir d'une abréviation de la peine. C'est aussi un moyen de répression, en ce sens que le détenu craindra de perdre cet espoir par une mauvaise conduite.

Mais, à mon avis, c'est une très grave erreur d'avoir ainsi restreint l'arrière-traitement à l'élite des détenus. Aucun détenu n'en a plus besoin que celui qui n'a pas été influencé par la peine. Par cela même qu'il n'a pu obtenir une réduction rémunératrice, il a montré qu'il faut absolument le soumettre à un arrière-traitement, si on ne veut pas le revoir bientôt en prison.

D'autre part, il est nécessaire, dans l'exécution de la peine, d'avoir recours à une réduction qui soit susceptible d'être obtenue seulement par la bonne conduite.

Dans ces conditions l'arrière-traitement obligatoire et la

réduction rémunératrice apparaissent comme deux institutions distinctes, reposant sur des bases différentes. Celle-ci doit être restreinte à l'élite des détenus; celle-là doit être commune à toutes les peines de longue durée, et n'est jamais plus indiquée qu'à l'égard des détenus non amendés qui, sans cela, seront exposés presque fatalement à une rechute.

Pour ce qui est de la durée de l'arrière-traitement, c'est un fait presque partout constaté que le gros des rechutes se produit dans les deux ou trois années qui suivent la libération. Si le libéré a passé heureusement ce « terme d'incubation du récidivisme », comme on l'a appelé, alors ses chances de relèvement sont bien plus grandes qu'au moment de sa mise en liberté.

A raison de cette expérience, j'ai proposé de fixer à trois ans la durée de l'arrière-traitement.

En ce qui concerne la nature de l'arrière-traitement, il ne comporte pas seulement des soins humanitaires, un soutien économique, la fourniture d'un travail convenable, à un endroit convenable. Même pour celui à qui sa bonne conduite en prison a valu une abréviation de la peine, il est à désirer que sa bonne conduite hors de prison soit garantie par une menace de répression pénale, et sa liberté doit rester révocable tout le temps que dure l'arrière-traitement. A plus forte raison, cette mesure est donc nécessaire à l'égard du détenu qui, par suite de son inconduite en prison, n'a pu obtenir la réduction rémunératrice.

Ces observations conduisent à admettre en pratique la solution suivante: de chaque peine de longue durée il faudra détacher une fraction déterminée, soit un an, qui ne sera jamais exécutée immédiatement, mais dont la menace planera sur le libéré pendant toute la durée de l'arrière-traitement. S'il fait preuve, au cours de la période en question, d'une mauvaise conduite, alors cette portion de la peine sera exécutée. Il s'ensuit que le détenu qui se comporte bien en prison, obtiendra deux réductions de peine: l'une déterminée, soit un an, et obligatoire, et l'autre indéterminée, qui dépendra de sa conduite. La somme totale de ces deux réductions ne doit

pas excéder une certaine fraction de la peine prononcée, soit la moitié.

Ainsi, un coupable est condamné à dix ans de réclusion: il pourra être libéré au plus tôt après cinq ans et il faudra le libérer au plus tard après neuf années.

Si la libération est révoquée, la réintégration dans la prison aura lieu pour toute la durée de la peine non subie, au cas où cette durée n'atteindrait pas neuf années. Dans le cas contraire, elle sera réglée de la même manière que la première exécution de la peine, c'est-à-dire que le détenu sera de nouveau libéré au plus tard quand il ne restera de la peine qu'une année à subir.

Cette institution ne porte aucune atteinte à la chose jugée, quoi qu'on en ait dit. Le Tribunal, en prononçant la peine, fixe d'abord la durée qu'il estime correspondre au danger causé par le délinquant, à sa culpabilité, la peine normale pour ainsi dire; puis, il prolonge cette peine normale d'une année; ce complément de peine ne sera subi effectivement que si, par la suite, la peine normale apparaît insuffisante.

A l'appui de ces solutions on peut invoquer des considérations basées sur l'idée de prévention générale. Dans chaque délinquant grave vivant hors de prison, il faut (surtout, naturellement, s'il approche du type du délinquant chronique) voir ou soupçonner une source de contagion, un danger pour l'entourage.

C'est une raison de plus pour ne pas l'abandonner à lui-même durant cette période consécutive à l'emprisonnement.

Si la crainte de réintégration dans la prison est un moyen de répression dont on ne saurait se passer pendant la période de transition, il ne faut pas en conclure que la surveillance nécessaire doit être confiée à la police officielle. S'il y a des cas où la surveillance de la haute police est indispensable, en principe on doit confier ce soin à d'autres organismes. L'essentiel, ce sont toujours les soins humanitaires. Pour parer à une rechute, il faudra, avant tout, qu'il soit possible au libéré de pourvoir à sa subsistance sans commettre d'infraction. Or, à ce point de vue, surtout si le libéré a subi une privation de liberté prolongée, on se heurtera à de très grandes difficultés, la vie machinale de la prison n'étant nullement faite pour lui donner l'initiative nécessaire.

Les soins humanitaires ne devront pas finir avec le temps d'épreuve, avec l'arrière-traitement proprement dit. Non que le délinquant grave libéré puisse prétendre à plus de pitié qu'un autre. Mais il représente, s'il se dévoie, un danger social permanent.

Avant d'aborder la troisième question, j'aurai l'honneur de vous lire les articles de l'avant-projet qui se rapportent à cet arrière-traitement dont j'ai parlé, dans une traduction française, que j'ai publiée en même temps que l'avant-projet suédois.

« Quiconque, ayant été condamné à une peine privative « de liberté non inférieure à six années, aura subi la peine « prononcée moins un an, sera libéré conditionnellement.

« S'il y a des raisons de croire que le détenu, une fois « mis hors de prison obéira aux lois, la libération condi-« tionnelle pourra lui être accordée plus tôt. Néanmoins il « faudra toujours qu'il ait subi la moitié de sa peine.

« Quiconque, ayant subi une peine privative de liberté, « est libéré conditionnellement, sera soumis à une surveil-« lance durant un temps d'épreuve de trois ans à compter « du jour de la libération.

« Il sera tenu, durant cette période, de se conformer « aux conditions qui lui auront été imposées au moment « de sa libération ou plus tard.

« En cas d'infraction à ces conditions, le bénéfice de la « libération pourra lui être retiré ». (Chapitre XII, articles 1er et 2).

Je passe maintenant à la troisième question: la criminalité altruiste.

Que les infractions, pour la plupart, remontent à des motifs immoraux et égoïstes, cela est évident et constitue la règle générale.

Mais à part ces infractions, pour ainsi dire ordinaires, il y a aussi des infractions découlant d'une volonté altruiste. Tel individu veut travailler au bien public, il a même peut-être pour but de régénérer la société. Mais son opinion sur le bien public diffère essentiellement de celle qui prédomine dans la Société. Qu'il ait — d'un point de vue impartial — raison ou non, dans le milieu donné il paraîtra inévitablement dangereux, « anti-social ». On sait comment la civilisation accroît et multiplie ces déviations. La Société primitive est homogène quant aux idées et aux mœurs; ses conceptions sur le bien et le mal, sur le juste et l'injuste, sur l'utile et le nuisible sont inébranlables. La Société plus développée, tout en rendant peut-être les hommes extérieurement plus uniformes, laisse le champ libre aux opinions les plus diverses. Des religions, des idées tout à fait contraires sont tolérées: la liberté de penser devient un des droits de l'homme.

Mais cette liberté infinie de former son opinion et de l'exprimer ne correspond pas et ne saurait correspondre à la même liberté quant à l'action.

La tolérance de la Société qui supporte une critique, dirigée par exemple contre le droit de propriété, prendra fin nécessairement le jour où l'idée, se concrétisant, aboutira à une attaque de fait. Dans certaines situations politiques, il peut arriver que la volonté criminelle altruiste s'accorde avec l'opinion de la plupart des citoyens. Ce sera le cas, si la soi-disant volonté de la Société, la volonté de l'Etat n'est, en réalité, que la volonté d'un pouvoir despotique. Il va sans dire qu'en pareil cas, la concordance pour ainsi dire des infractions en question avec l'opinion publique n'est nullement faite pour en atténuer le danger aux yeux des détenteurs du Pouvoir. Tant que l'autorité de ceux-ci subsistera, ces actions garderont donc leur nature d'infractions. Il est vrai toutefois que le pouvoir, en punissant ces infractions, courra lui-même la chance d'un recul, la discordance entre le pouvoir et l'opinion augmentant, et l'individu frappé d'une peine devenant un martyr, non seulement de sa cause, mais encore de celle d'un grand nombre de citoyens.

Quoi qu'il en soit, que l'altruisme en question soit plus ou moins fondé, plus ou moins raisonnable, il nous interdira toujours de conclure de l'infraction à l'existence de mobiles vils, la fausseté des idées ne prouvant pas l'infériorité du caractère. C'est pourquoi le

législateur, tout en gardant le droit de punir cette infraction au besoin sévèrement, à cause du caractère dangereux qu'il lui attribue, agira prudemment s'il institue
pour ces cas une peine spéciale, présentant des différences marquées avec la peine ordinaire. Renfermer avec
des faussaires ou avec des escrocs un criminel politique,
dont la criminalité s'épuise dans la réalisation d'une
idée, même dangereuse, c'est miner plus ou moins la
confiance dans l'impartialité des pouvoirs publics, sans
que cet inconvénient soit racheté par aucun avantage.
Mieux vaut, tout en mettant ce criminel honnête hors
d'état de nuire, avouer hautement que son caractère, les
motifs qui l'ont poussé à agir n'ont rien de commun
avec ceux du criminel ordinaire.

En conséquence, il faudra instituer pour lui, comme je
l'ai dit, une peine spéciale privative de liberté, qui se distinguera autant que possible, dans son mode d'exécution, de la peine ordinaire, mais dont la durée maxima
devra être la même que celle de cette peine ordinaire,
les raisons de prévention générale étant les mêmes, le
danger étant au moins égal dans les deux cas.

On a souvent objecté contre cette « custodia honesta ».
que la peine ordinaire privative de liberté ne doit pas être
infamante du tout; que précisément, en détachant de cette
peine la « custodia honesta », on la rend vraiment infamante; que, pour atteindre le but qu'on se propose, il
faudrait plutôt changer la règle en exception, c'est-à-dire
frapper les individus les plus dégradés d'une peine particulièrement infamante. Mais cette objection est purement
théorique, on ne saurait nier qu'au fond la peine ordinaire
privative de liberté est nécessairement plus ou moins infamante, parce que les infractions, pour la plupart, sont
des actions moralement condamnables. Dans ces conditions le légistateur aura le devoir, s'il le peut, de sauver
de cette infamie la petite minorité de ceux qui, quoiqu'ayant commis des infractions, ne sont pas moralement
condamnables.

Quelles sont les infractions auxquelles est susceptible
de s'appliquer la « custodia honesta »? S'autorisant de
l'exemple du Code norvégien, on a souvent soutenu que le
Tribunal doit être toujours laissé libre d'appliquer cette

peine à sa guise, et qu'elle ne doit pas être restreinte à certaines catégories d'infractions, parce que, dit-on, dans toutes les catégories d'infractions, on pourra trouver des cas où la qualité morale du coupable n'est point compromise par l'infraction.

Cette manière de voir n'est guère admissible. Certes, on peut imaginer, par exemple, un vol avec effraction commis dans certaines circonstances qui n'excluent pas, de la part du délinquant, tout sentiment d'honnêteté. Mais alors le caractère dangereux du coupable, tel qu'il se manifeste dans l'infraction, est relativement insignifiant. Tout autre est le cas du délinquant politique. Quelqu'honnêtes que soient ses sentiments, son anti-socialité et le péril que court la Société pourront être extrêmes, et exiger une riposte proportionnée au danger, de la part de l'Etat. En pareille hypothèse la peine spéciale est nécessaire, et elle pourra même être, au besoin, perpétuelle. Mais le voleur honnête et ses semblables ne pourront en revanche prétendre à une peine spéciale. Dans la plupart de ces cas, du reste assez rares, la peine de l'amende élargie dans des conditions que j'indiquerai plus tard, sera probablement la peine convenable. Et, d'ailleurs une mesure de grâce pourra toujours intervenir.

Si la « custodia honesta » doit être ainsi restreinte aux infractions qui sont susceptibles d'être commises par des hommes d'un caractère à la fois très respectable et très dangereux, il ne faut pas oublier (comme beaucoup l'ont fait) que ces mêmes infractions peuvent aussi, exceptionnellement, avoir été déterminées par des motifs vils, tels que l'âpreté au gain. Certes, on ne devra pas faire l'honneur au criminel politique qui a *vendu* son pays de lui infliger la peine de la « custodia honesta ». C'est pourquoi il faudra toujours donner à cette peine le caractère d'une peine alternative et ne la prévoir dans aucune catégorie d'infractions, comme seule peine privative de liberté.

Je passe maintenant aux deux questions qui me restent à examiner, questions qui sont étroitement connexes: l'emprisonnement de courte durée et la peine de l'amende.

L'emprisonnement de courte durée a souvent été qualifié de « talon d'Achille » du système pénal moderne, et, en réalité, il n'y a que la peine de l'amende pour lui disputer cet honneur. La peine privative de liberté, une fois introduite comme peine principale, séduisit le législateur de prime abord, par son caractère quasi mathématique, la gravité de la peine étant susceptible de tous les degrés, depuis un jour jusqu'à perpétuité. On croyait ainsi (et certains croient encore) avoir découvert dans cette peine le remède idéal contre la criminalité, susceptible de graduer presque à l'infini suivant les nuances infiniment variées de la culpabilité et aussi de s'adapter aux théories criminalistes les plus disparates, ainsi qu'aux divers buts assignés à la peine.

Toutefois, on ne tarda pas à être désillusionné, en s'apercevant combien ces espérances se réalisaient peu, surtout en ce qui concerne la peine de courte durée. Que cette peine n'ait point d'effet au point de vue de l'amendement, cela est indiscutable. En supposant même qu'un emprisonnement de quelques jours produisît un commencement d'amélioration, cette amélioration, infailliblement, s'évaporerait aussitôt la peine finie. Qui pis est, cette peine n'est pas de nature non plus à intimider le criminel ordinaire. Tout au contraire, plus la condition sociale du délinquant est basse, et plus il trouvera le séjour de la prison, quant à la table et au logement, plus attrayant que la vie ordinaire hors de prison. La perte de la liberté, qu'un séjour prolongé lui rendrait sensible, est pour lui de peu de poids, étant de peu de durée.

Ce qu'on devrait faire, c'est ménager la peur de la prison que ressentira l'individu, tant qu'il ignorera ce qui se cache derrière ses murs. Ce qu'on fait, c'est l'accoutumer méthodiquement à la prison, et en diminuer chez lui la crainte, en lui infligeant une peine d'abord courte, puis de plus en plus prolongée.

Bien plus, cet emprisonnement de peu de durée s'exécute souvent en commun; le délinquant se trouve mêlé à d'autres délinquants, en partie plus endurcis que lui. Dans ces conditions les pires sont le levain qui fait fermenter la pâte.

Ces inconvénients se rapportent aux délinquants du type moyen.

D'autres apparaissent quand il s'agit d'un délinquant dont le caractère anti-social est moins accentué, qui conserve encore le respect de lui-même. Ayant commis une légère infraction, il est puni d'un emprisonnement de peu de durée. Ses sentiments d'honneur s'affaiblissent; évité, ou se croyant évité par ses anciennes connaissances, il en fréquente de nouvelles, de mauvaises, acquises peut-être dans la prison commune.

Au point de vue de la prévention individuelle, il faut donc désapprouver la prison de courte durée. Elle ne vaut guère mieux au point de vue de la prévention générale. Il est vrai que cette mesure gardera toujours assez du caractère de la peine pour imprimer au détenu une marque de déchéance. Mais cela n'empêche pas que le prestige des peines sévères ne soit essentiellement compromis ,si la peine privative de liberté, sous une forme ou une autre, plus ou moins rigoureuse, est commune à toutes les infractions, graves ou légères. Certes, la criminalité se manifeste à des degrés innombrables. Mais il serait d'une mauvaise politique, même si la gradation des effets de la peine correspondait réellement à la gradation de sa durée — ce qui n'est pas le cas — de souligner l'homogénéité des infractions par l'homogénéité des peines. Le législateur a été prudent en ne punissant pas tous les délits civils, la rareté relative des peines les rendant plus efficaces; il sera encore prudent, du moins quand il s'agit des délinquants à leurs débuts, en établissant, par une hétérogénéité des peines, une différenciation artificielle, si l'on veut, entre les infractions légères et les infractions graves.

Même au point de vue de l'expiation, la peine de courte durée est de peu de valeur. Il ne faut pas se laisser duper par une illusion. Si deux délinquants, un délinquant endurci et un autre jusqu'ici irréprochable, ont commis la même petite infraction, et en sont punis tous les deux d'un emprisonnement de trois semaines, ces deux peines sont en apparence identiques, mais, en fait, elles ne sont guère moins inégales qu'une amende qui est la même pour le riche que pour le pauvre. Le délinquant endurci n'en est pas atteint, il n'est point souillé par la prison qui lui donne, pour la vingtième fois, de la nourriture et un logement gratis pendant ces trois semaines. Tout autre est le cas du condamné jusque là irréprochable: l'emprisonnement produira peut-être une crise fatale dans son existence. Il est vrai que la même objection peut être faite contre la peine de longue durée aussi, mais celle-ci apparaît, tout bien considéré, comme indispensable dans tout système pénal.

Donc, il faut que la peine privative de la liberté soit si longue qu'elle soit vraiment améliorante, c'est-à-dire que son effet favorable à l'amendement l'emporte sur les effets accessoires nuisibles qui ne peuvent jamais être écartés Il faudra en conséquence qu'elle soit restreinte aux cas de culpabilité assez graves pour permettre un emprisonnement de quelque durée. On ne saurait objecter que l'emprisonnement en devenant moins fréquent, par cela même deviendrait plus flétrissant. En effet il serait peu raisonnable de sacrifier le grand nombre des délinquants légers pour adoucir un peu, — très peu, — l'effet de la peine sur le petit nombre des délinquants graves.

L'emprisonnement de peu de durée étant éliminé, quelle peine faudra-t-il lui substituer? Comme on ne peut se servir trop fréquemment du sursis à l'exécution, il ne reste guère que la peine de l'amende. Mais la peine de l'amende, telle qu'elle est organisée à l'heure actuelle par la plupart des législations, est tout aussi critiquable que l'emprisonnement de courte durée.

L'amende n'est vraiment admissible, qu'à deux conditions: cette peine doit être égalisée, de manière à frapper, à culpabilité égale, le riche et le pauvre avec la même sévérité. Et, d'autre part, l'amende doit être exécutée comme amende, sans être remplacée par une peine subsidiaire.

Qu'est-ce qu'égaliser l'amende? C'est la proportionner aux ressources pécuniaires du condamné. Le Code pénal portugais pose en principe que la condamnation à l'amende consistera dans la condamnation à un multiple du revenu d'une journée du condamné. Mais une fraction donnée du revenu annuel, soit un trois centième, n'est pas une charge identique pour un budget de 500 francs et pour un budget de 500.000 francs. Il faut augmenter considérablement la quotité dans le dernier cas si l'on veut égaliser la souffrance. Ajoutez qu'il y a une grande différence entre le revenu d'un capital et le revenu provenant du travail, entre le revenu durable et le revenu occasionnel; entre la situation des individus vivant à la ville et celle des individus habitant à la campagne, etc.

C'est pourquoi il faudra proportionner l'amende, non pas au patrimoine, ni au revenu, mais aux facultés de payement, aux ressources économiques réelles, dans la mesure où il est possible de les constater.

L'objection tirée de ce qu'il serait choquant d'infliger une amende de plusieurs milliers de francs, à raison d'une petite contravention (ce serait le cas pour un multimillionnaire), repose sur le principe désuet de l'expiation matérielle, qui consiste à fixer la peine d'après le dommage) et non pas d'après son effet sur la volonté coupable.

Il est vrai, d'ailleurs, qu'il y a des contraventions de police où le principe de proportionnalisation poussé jusqu'au bout, deviendrait insupportable; mais cela ne prouve pas que le principe soit faux si on restreint son application au véritable domaine du droit pénal. Il prouve que la contravention en question n'est pas du ressort du droit pénal, qu'elle n'est pas de même nature que les infractions proprement dites. Au reste, même pour ces contraventions là, il n'y aurait pas lieu d'exclure tout à fait le principe de la proportionnalisation.

J'ai essayé, dans l'avant-projet, de résoudre ce problème de la proportionnalisation de l'amende, en introduisant une unité artificielle, que j'ai appelée en suédois « *dagsbot* », c'est-à-dire en français *jour-amende*, si l'on veut. Cette unité est fixée arbitrairement par le Tribunal, elle peut donc être supérieure ou inférieure au revenu d'une journée, d'après les circonstances. Le Tribunal ayant ainsi fixé cette unité, d'après la faculté de payement du condamné, en inflige un certain multiple, depuis une unité jusqu'à 200, suivant le degré de la culpabilité, suivant la gravité de l'infraction.

Ainsi, deux délinquants ont commis la même contravention, leur culpabilité est la même, et ils sont condamnés, disons à 20 unités. Pour l'un, l'unité est fixée à 5 francs; pour l'autre, plus riche, elle est fixée à 50 francs. Le premier paiera donc $20 \times 5 = 100$ francs, quand le second paiera $20 \times 50 = 1.000$ francs.

Ainsi, il est entendu qu'un même nombre d'unités correspond non seulement au même degré de culpabilité, mais aussi approximativement, au même degré de souffrance économique, quelle que soit la fortune du condamné.

Cependant, ce n'est pas assez que d'égaliser la peine de l'amende. Il faut aussi que cette peine soit exécutée. Certes, on facilitera le recouvrement de l'amendement, rien qu'en établissant le principe de la proportionnalité, mais cela ne suffit pas: il faut encore que l'amende soit rendue payable par acomptes, et puis que le condamné soit indirectement forcé à payer par une peine subsidiaire qui doit être, en cas d'amende légère, bien plus intimidante qu'elle ne l'est à l'heure actuelle dans la plupart des législations. En effet on ne saurait guère douter que la relation fixe établie par beaucoup de législations entre le montant de l'amende et la durée de la peine subsidiaire, ne doive être abolie, et que la peine subsidiaire doive être prononcée *ex post*, c'est-à-dire quand il sera établi que l'amende n'est pas payée et quand on aura pu connaître la cause du non-paiement. Si, sans doute, le Tribunal, en prononçant la peine subsidiaire, doit tenir compte de la nature de l'infraction originaire, cause de l'amende, il doit aussi avoir égard au degré d'insoumission ou d'indifférence du condamné, manifesté par le non-paiement de l'amende.

Etablir le paiement en acomptes, c'est admettre un délai avant que la peine subsidiaire ne soit prononcée. J'ai proposé un délai variable depuis un mois jusqu'à un an, suivant le nombre des unités infligées, ce nombre devant indiquer, comme je l'ai dit déjà, le degré auquel la fortune du condamné est atteinte par la peine.

Pourtant le Tribunal, si le condamné tentait de s'évader, ou était soupçonné de méditer une évasion, aurait le droit de prononcer la peine subsidiaire, sans attendre l'expiration de ce délai, pourvu naturellement que la condamnation à l'amende soit irrévocable.

Rien ne semble s'opposer à ce qu'un condamné et son patron aient la faculté de s'entendre avec le Tribunal de manière que les acomptes soient déduits par semaine ou par mois du salaire du condamné. Sans le consentement du condamné, cette mesure ne serait guère applicable.

Pour ce qui est de la libération par un travail d'une valeur équivalente au montant de l'amende, idée bien connue, il serait difficile, vu la très grande différence d'état de choses dans les diverses communes d'un grand pays, d'établir en principe ce mode de libération. Toutefois, il est à prévoir que les grandes communes pourront, au besoin, fournir l'occasion de s'acquitter de la sorte aux condamnés qui y sont domiciliés. Rassembler dans des établissements centraux des condamnés venus de toute parts, qui se libèrent en y travaillant, ne vaut rien. De tels établissements ne sauraient être que des prisons dégénérées, avec les inconvénients de la prison ordinaire et sans ses avantages.

Pourvu que l'exécution de l'amende soit réglée de manière à ce qu'il soit toujours possible, ou disons *presque* toujours possible, au condamné qui veut vraiment s'acquitter, de se libérer, on aura le droit de procéder sévèrement contre le condamné qui peut s'acquitter, et qui ne le veut pas. C'est que la condamnation à l'amende devient, en quelque sorte, une épreuve de l'anti-socialité de la volonté. Un réel effort pour s'acquitter démontre que cette anti-socialité n'est pas très grave; l'insoumission et l'indifférence indiquent une anti-socialité plus sérieuse.

La sévérité nécessaire de la peine subsidiaire pourra être obtenue par deux moyens: ou en aggravant la peine subsidiaire, ou en la prolongeant. La première alternatives se heurte à de graves inconvénients; des éléments d'aggravation d'un caractère afflictif ne sont guère applicables qu'à une petite fraction tout au plus des condamnés dont il s'agit. Reste donc la seconde alternative: la prolongation de l'emprisonnement. Si, par exemple, le minimum de la peine subsidiaire est porté à un mois, on peut espérer que le condamné aura recours à son travail ou à son crédit et fera de son mieux pour s'acquitter, à supposer toutefois que l'amende soit judicieusement proportionnée à ses ressources pécuniaires; ainsi la fréquence d'application de la peine subsidiaire diminuera de beaucoup, avantage qui compense bien l'inconvénient du procédé de la double condamnation: d'abord, condamnation à l'amende, et puis condamnation à la peine subsidiaire, inconvénient pratique, qui certes ne saurait être tenu pour négligeable, mais qui n'est pas insurmontable. Fixer en même temps, sans connaître encore si l'amende sera payée ou non, le montant de l'amende et la durée de la peine subsidiaire, c'est infliger la même peine à celui qui est vraiment rebelle à la volonté de la Société, et à celui qui fait de son mieux pour s'y conformer, mais qui ne le peut pas. Dans ce dernier cas, si le condamné tombe malade, par exemple, on peut concevoir un abaissement du minimum ordinaire de la peine subsidiaire, et puis on aura toujours la ressource de recourir au droit de grâce.

Vous me permettrez d'ajouter que ce règlement de la peine de l'amende par l'introduction du *dagsbot* est maintenant, depuis deux années, admis par une législation pénale, celle de la Finlande. Toutefois si, dans ce pays, le procédé de la double condamnation a été approuvé en principe, sa mise en pratique a été différée.

Je terminerai par la lecture des articles de l'avant-projet concernant la peine de l'amende; ces trois articles sont ainsi conçus:

ART. 20

Lorsqu'une amende sera prononcée, le juge fixera une somme d'argent qui sera regardée, pour ce condamné, comme l'unité d'amende (*jour-amende*), fixée en considération du patrimoine, du revenu net, des devoirs d'alimentation du condamné ainsi que des autres circonstances modifiant ses capacités économiques. L'amende sera prononcée par multiple de ces unités, depuis une jusqu'à deux cents, selon la gravité de l'infraction.

ART. 21.

Lorsque l'amende encourue excède cinq unités (*jour-amende*) le condamné pourra s'en acquitter par acomptes en payant soit une, soit plusieurs unités entières chaque fois. Si, après quatre payements par acomptes, le condamné ne s'est pas acquitté entièrement, il lui faudra payer le reste sans fractionnement.

ART. 22.

Encore que la condamnation à une amende soit devenue irrévocable, il n'y aura pas, excepté dans le cas prévu dans le § 2 de l'art. 24 ci-dessous, lieu à saisie, avant l'expiration des délais suivants à partir de la date de la condamnation:

Un mois, lorsque l'amende n'excède pas 10 unités;

Trois mois lorsqu'elle est supérieure à 10 unités et qu'elle n'excède pas 50 unités;

Six mois, lorsqu'elle excède 50 et qu'elle ne dépasse pas cent unités;

Un an lorsqu'elle s'élève à plus de cent unités.

(*Applaudissements prolongés.*)

LA MÉTHODE PRÉVENTIVE
EST-ELLE UTILISABLE PRATIQUEMENT?

par **M. J. A. ROUX**
Professeur à l'Université de Strasbourg

On ne discute plus, semble-t-il, que si la répression est nécessaire, si même elle est indispensable à la défense sociale, la prévention est néanmoins fort utile à l'organisation de cette même défense[1].

Et, en effet, à un triple point de vue, on l'aperçoit supérieure à la répression.

Cette supériorité se manifeste d'abord en ce sens que, empêchant l'infraction d'être commise, la prévention répond tout à la fois aux exigences de l'intérêt public et à celles de l'intérêt privé que léserait le crime, alors que les sanctions répressives, si elles donnent satisfaction au premier, laissent le plus souvent la victime sans la réparation du préjudice à laquelle elle a droit, et parfois même rendent plus difficile cette réparation.

Elle se montre ensuite en ce sens qu'en faisant obstacle à la perpétration du délit, la prévention agit efficacement sur l'ensemble de la criminalité, aussi bien sur celle, qui, laissée libre d'accomplir ses desseins criminels, aurait réussi à demeurer ignorée et impunie, qu'à l'égard de celle, qui, moins heureuse ou moins habile, aurait été démasquée et condamnée, tandis qu'on ne peut guère attendre des peines une action efficace qu'à l'encontre de cette dernière et vis-à-vis des criminels, que l'on parvient à découvrir et à poursuivre, et qui sont loin de former la totalité.

Enfin, elle se présente encore en ce sens, qu'en intervenant avant que le délinquant ait abandonné la so-

---

[1] V. notre ouvrage : *La défense contre le crime. — Répression et prévention,* Paris, Alcan 1922.

ciété des honnêtes gens et commis l'action immorale que celle-ci réprouve, la prévention empêche le déclassement que produit fatalement toute condamnation, plus ou moins complètement. Faire qu'un homme ne porte pas cette tunique de Nessus, aussi douloureuse que l'autre, et qui s'appelle un casier judiciaire, c'est, à quelque point de vue que l'on se place, préférable à l'obligation où l'on sera de lui en donner un.

Sans qu'il soit nécessaire d'insister davantage sur la comparaison, ce qui précède suffit certainement pour · marquer les avantages de la méthode préventive.

Aussi bien, n'est-ce pas ceux-ci que l'on conteste. On ne disconvient pas, en effet, du mérite théorique de cette méthode. Ce que l'on met en doute, c'est seulement que son emploi permette d'obtenir des résultats quelque peu importants. Ce que l'on conteste, en d'autres termes, c'est qu'en dehors de quelques applications, dont on a vite fait le tour, la méthode préventive puisse être d'une réalisation pratique étendue.

Qu'en est-il réellement? Faut-il suivre l'opinion de ceux qui jugent cette méthode sans faveur? Ou bien convient-il au contraire de se ranger à l'avis de ceux qui croient difficilement qu'une doctrine, qui présente une supériorité théorique aussi indiscutable, puisse être d'une complète infériorité dans son utilisation pratique ?

Il y a là, très certainement, un problème qui mérite d'être abordé et dont il convient de tenter la solution, alors même qu'on ne parviendrait pas à en saisir tous les contours.

Peut-être même, ne sera-t-il pas sans intérêt, ne serait-ce que pour faire préjuger favorablement de son application, de rappeler l'emploi de cette méthode que l'on trouve dans le Code pénal, et de montrer que, lorsque celui-ci, en matière de faux, de vol ou de mendicité, punit des faits qui ne lèsent aucun droit et ne causent encore aucun dommage à autrui, tels que la fabrication de fausse monnaie, l'altération ou la contrefaçon de clefs, le déplacement de bornes de champs, la possession de déguisements entre les mains de mendiants ou de vagabonds, ou le fait même de vagabondage, le légis-

lateur a fait en réalité de la prévention, et même de
l'excellente prévention.

Mais, il serait possible d'objecter que ce sont là précisément les quelques applications que cette méthode autorise, et qu'il serait difficile de les multiplier.

La réponse ne serait probablement pas topique. Car,
si les applications de la prévention sont, en effet, en petit
nombre dans le Code pénal, elles se rencontrent, au contraire, beaucoup plus fréquentes dans les matières spéciales. Par exemple, la prévention apparaît tout au long
dans la loi du 1er août 1905, qui est comme le Code de la
fraude en matière de vente de marchandises, et qui ne
s'est point contentée de punir la tromperie, mais qui
s'est également attachée à empêcher sa réalisation, en réprimant ce qui, sans nuire directement au consommateur
ou à l'acheteur, pouvait l'aider, la faciliter ou la contenir en germe.

Au surplus, n'est-ce pas également, sans qu'il faille
aller chercher plus loin, de la prévention que toute la
réglementation administrative, qui a précisément pour
but, en limitant l'exercice que chacun peut faire de ses
droits, d'empêcher qu'il ne nuise ou ne préjudicie autrui?
Et, n'est-ce pas encore un fait, que bien souvent on punit,
à titre de contraventions de simple police, des actes
d'omission ou de commission, pour prévenir et n'avoir
pas à réprimer des faits délictuels plus graves?

Ce ne sont là que des exemples, indiqués en passant;
car, à tout prendre, ce n'est pas ainsi, pensons-nous du
moins, que le problème doit être examiné. Il convient de
le placer sur un autre terrain, et de rechercher directement ce que la méthode préventive permet d'opposer à
la criminalité agissante.

Mais, une observation préalable est nécessaire. La criminalité, en effet, n'est pas uniforme; elle n'est pas homogène. Et pour savoir comment la prévention peut contribuer à la combattre, il est indispensable de substituer
les *criminalités spéciales* à la criminalité en général.

Or, à ce premier point de vue, il est une première distinction qui mérite d'être formulée. La criminalité est
constituée de deux manières différentes: ou par des faits
d'imprudence ou par des faits intentionnels.

Rechercher quelle peut être l'action de la prévèntion à l'encontre des criminels revient donc à déterminer la contribution qu'elle peut fournir, pour diminuer le nombre soit des délits d'imprudence, soit des délits intentionnels, qui se commettent chaque année.

A l'égard des premiers, pour les prendre d'abord, il paraît utile de descendre à un peu plus de précision et d'envisager une nouvelle distinction.

L'imprudence, qui donne naissance à la responsabilité pénale peut, en effet, être une imprudence involontaire ou une imprudence volontaire: involontaire, quand l'agent ne croit pas être imprudent; volontaire, quand il sait qu'il commet une imprudence, mais espère que son action ne comportera pas de suites dommageables.

En ce qui touche la première sorte d'imprudence, qui blesse ou trouble la paix publique, il est visible que la tâche de la prévention peut être considérable.

C'est ici que le droit réglementaire peut fort utilement intervenir, pour diminuer les délits d'imprudence. Devant le développement que l'homme a donné à l'utilisation des forces aveugles et redoutables de la nature, il est nécessaire, pour éviter des catastrophes, qui peuvent prendre des proportions considérables, que la règlemention administrative se fasse minutieuse, prévoyante et avisée.

C'est de l'étendue et de la sagesse de cette règlementation que l'on pourra attendre, avec une vraisemblance raisonnable, la diminution du nombre des actes d'imprudence.

Il serait vain cependant, semble-t-il, de se fier uniquement à la règlementation administrative, et de croire que tout le problème de la sécurité sociale peut être ramené à une question de règlement.

Il y a également une éducation personnelle à faire et une habileté moyenne à exiger de ceux qui manient ces forces puissantes de la nature. Ainsi, devant la fréquence des accidents d'automobiles, et aussi devant l'évidence de la solution, on a imposé l'obtention d'un brevet de chauffeur, avant la délivrance du permis de conduire et comme condition de celle-ci. La mesure est excellente; sans elle, on aurait à constater annuellement un nombre beaucoup plus élevé d'accidents d'automobiles. Ce qui est regrettable, c'est seulement que les prévisions législatives ne soient pas plus étendues, et qu'elles ne concernent pas tous ceux qui ont entre leurs mains le pouvoir de mettre en action une force de la nature.

Et, pour citer un exemple, il paraît fâcheux que l'exigence mise à la délivrance du permis de conduire, ne se rencontre pas aussi, sous prétexte qu'il s'agit d'une plus vieille institution, pour le permis de port d'armes. Arrivé à l'âge de 16 ans, le jeune Français est présumé savoir se servir d'un fusil, et être capable de le porter d'une manière convenable, qui ne nuise ni à lui-même ni à autrui. Peut-être reconnaîtra-t-on que ce n'est malheureusement qu'une présomption, et que cette présomption, démentie par les faits, est la cause d'un certain nombre d'accidents de chasse, qu'il serait possible d'éviter, si, avant de remettre un permis qui donne le droit de tuer le gibier, on s'assurait que le postulant et son arme ne sont un danger de mort ni pour lui ni pour les autres.

Passons à la seconde sorte d'imprudence, l'imprudence volontaire, qui, précisément parce qu'elle est consciente et voulue, met en défaut la règlementation la plus complète et la plus prévoyante.

Contre elle est-on donc désarmé? Ce serait une erreur de le croire. Seulement, pour agir sur elle, il paraît nécessaire de faire intervenir d'autres procédés; car, il est très certain qu'une règlementation, qui ne sera pas écoutée, demeurera inopérante et stérile. C'est donc sur l'imprudent lui-même qu'il faut faire pression, c'est à lui qu'il faut donner un motif de ne pas commettre l'acte imprudent qu'il projette, et que sa conscience, qui peut être affaiblie ou simplement légère, ne suffit pas à retenir.

Or, la méthode préventive n'est pas à court de moyens. Et ici, elle propose deux mesures qui sont susceptibles d'une application assez étendue: la responsabilité pénale du fait d'autrui; et l'interdiction de s'exonérer complètement, au moyen d'une assurance, du risque d'accident.

Il ne paraît pas douteux, en effet, qu'en faisant remonter, par une meilleure incidence de la peine et au risque de remplacer la faute par une présomption de faute, jusqu'au directeur d'usine, jusqu'à l'entrepreneur et au patron, dans les industries réglementées, la responsabilité pénale du délit commis par l'ouvrier, on obtient une observation plus certaine de la règlementation légale. Le bras sera moins souvent dangereux, si on atteint la tête qui commande ou qui laisse faire. Et, s'il est des patrons qu'une responsabilité pécuniaire laisse indifférents, il n'en est aucun que la menace d'un emprisonnement laisse insensible.

Et, d'un autre côté, il apparaît non moins clairement que les accidents de toutes sortes, accidents d'automobiles, explosions de machines... deviendraient moins fréquents, si, comme on l'a proposé pour les accidents d'automobiles, ceux qui font usage d'une voiture automobile ou qui emploient une machine, étaient dans l'impossibilité de s'endormir dans une fausse tranquillité, et de reporter entièrement, sur une compagnie d'assurances, la totalité du risque d'accident, que leur insouciance accepte trop aisément. Il est regrettable que de leur bouche puissent sortir ces paroles inquiétantes pour la sécurité publique: « Après tout, si un accident arrive, ce n'est pas moi; c'est la compagnie d'assurances qui paiera; je suis assuré ». L'absence de responsabilité pécuniaire est mère de la légèreté; et celle-ci, à son tour, engendre l'imprudence qui peut devenir délictuelle.

En somme, la criminalité par imprudence peut être attaquée de divers côtés. Ce qui a été fait contre elle peut être important. Il ne semble pas cependant que cela soit complet; et on peut dire que, dans l'existence de cette criminalité, il y a encore une part qui peut être réduite, ou sous une autre forme, une part d'imprévoyance, dont il appartient à la Société de se débarrasser.

Qu'en est-il maintenant, en ce qui concerne l'autre catégorie de faits délictuels qui sont accomplis, les faits intentionnels?

Ici encore, il paraît nécessaire de proposer une autre distinction, et d'en venir à une précision plus grande.

La criminalité intentionnelle ne constitue pas, en effet, une masse compacte et homogène: elle comporte et elle comprend des divisions.

Sans les rechercher toutes, ce qui serait cependant nécessaire pour l'étude complète du problème, il en est une qui s'impose: c'est celle qui répartit les criminels en deux classes:

> les criminels d'occasion
> et les criminels d'habitude ou naturels.

Les premiers sont ceux qui, sans présenter de prédispositions accusées pour le crime, en arrivent cependant à le commettre, à raison d'une occasion ou de circonstances qui s'offrent à eux, qu'ils ne savent pas repousser, et qui dominent leur nature veule et à faible ressort moral.

Et, les seconds sont tous ceux qui, au lieu d'être provoqués au crime, viennent volontairement à lui, le recherchent et font naître l'occasion de le commettre, à cause de leur nature vicieuse, de leur immoralité profonde, de leur ignominie acquise ou native. C'est la foule des chevaliers d'industrie, des escrocs, des usuriers, des proxénètes, des souteneurs, en un mot de tous les parasites immondes et ignobles, qui vivent et entendent vivre au détriment des autres individus, en exploitant leur bêtise ou leurs vices, ou en prenant de force ce qu'on leur refuse de bon gré.

Mais, lorsqu'on parle, à leur sujet, de foule ou de multitude, il faut s'entendre, et se mettre en garde contre cette exagération. De l'avis unanime des criminalistes, ces délinquants, quelques dangereux et nuisibles qu'ils soient pour la Société, ne forment, en effet, heureusement qu'une minorité dans l'armée du crime. Ce ne sont pas eux, tant s'en faut, qui en constituent les gros effectifs. Le nombre, la masse est formé par les délinquants d'occasion.

Et, c'est là une constatation qui paraît précieuse à retenir. Car, si la criminalité intentionnelle provient pour une large part de l'occasion, il en résulte qu'en s'attachant à diminuer le nombre des occasions délictuelles, et en s'efforçant de restreindre les facilités criminelles, qui sont une autre forme de la tentation criminelle, on peut, non sans quelque raison, espérer arriver à rendre moins considérable le chiffre, vraiment impressionnant, de ceux qui deviennent des délinquants et des ennemis de la Société, moins par la perversité de leur être que par la faiblesse de leur caractère ou la médiocrité de leur nature morale.

C'est ce qu'a parfaitement compris, sur un point particulier, le législateur français. Devant la proportion inquiétante que prenait la fraude dans la vente des engrais, il s'est préoccupé du danger que celle-ci faisait courir à la richesse agricole et à la fortune nationale. Mais, dans la loi du 4 février 1888, il ne s'en est pas tenu à sa répression. Apercevant toute la difficulté qu'il y avait à la saisir au moment où elle essaye d'envelopper un acheteur d'engrais, il s'est efforcé de prévenir ce moment, et d'empêcher son arrivée. Et, par la règlementation des appellations, par l'obligation qu'il a imposée au vendeur de faire connaître sur sa facture la composition exacte en principes fertilisants de sa marchandise, il a élevé des barrières solides et puissantes, qui ont découragé la fraude, et permis d'assainir un commerce où naguère elle régnait en maîtresse.

Mais, ce qui a été fait sur un terrain particulier de la criminalité d'occasion, ne pourrait-on pas l'essayer, avec un semblable succès, sur d'autres, soit avec l'emploi du même procédé soit avec des mesures différentes? Il est peut-être permis de le penser, puisqu'à la base de cette criminalité, il y a la même cause, l'occasion criminelle, la facilité criminelle.

Et, pour prendre un exemple, n'est-ce pas encore un fait d'expérience, que, depuis qu'un décret qui remonte à quelques années, a obligé les notaires à déposer dans une caisse publique les fonds qui leur sont remis, on entend parler moins souvent de notaires qui se sont enfuis, ayant détourné ou dissipé la fortune de leurs clients? Les notaires sont-ils aujourd'hui plus moraux qu'autrefois? Non, mais ils sont moins tentés d'abuser des dépôts qui leur sont confiés. L'homme, en effet, est rarement un être pervers et mauvais; il est plus souvent un être faible, qui ne sait pas suffisamment résister à la tentation.

Or, cette tentation existe, ces facilités criminelles qui sont la vraie cause de toutes ces chûtes, se rencontrent en nombre considérable. Et, c'est parce qu'elles ont été plus grandes et plus nombreuses depuis l'armistice, que l'on a assisté depuis cette époque à une recrudescence

effrayante de la criminalité. Sans doute, il y a à celle-ci
des causes multiples; et nous n'entendons nier ni leur
variété ni leur importance. Mais, il y a aussi, à n'en
pas douter, pour la criminalité d'occasion, qui est seule
en discussion pour l'instant, celle qui vient d'être indiquée. N'en a-t-on pas la preuve dans les vols si nombreux,
qui furent commis, au lendemain de la guerre, au détriment des compagnies de chemin de fer désorganisées et
manquant de personnel, et qui se chiffrèrent annuellement
par des dizaines de millions que le Trésor dut rembour-
ser? N'en a-t-on pas, aujourd'hui encore, la preuve dans
les scandales que provoquent, un peu partout, les car-
nets médicaux, et dans les procès retentissants auxquels
a donné lieu la liquidation des stocks de guerre, sans
parler des justes appréhensions que fait naître maintenant les évaluations des dommages de guerre?

Ici encore, il semble donc que des espérances soient fondées, et qu'une large tâche puisse revenir à la méthode
préventive, besogne d'ailleurs différente et diverse suivant
les infractions qu'il s'agit d'empêcher, pour asseoir le
respect de l'ordre public sur des garanties plus fortes.

Est-ce que, par exemple, l'avortement criminel, qui est
une véritable plaie sociale, et qui constitue une cause importante de la dépopulation, ne ferait pas de moindres
ravages, s'il ne trouvait pas autant de facilités à se
commettre, devant le mutisme du médecin que lie le secret professionnel et en présence d'un corps de sages-fem-
mes, dont on vérifie la capacité, mais dont aucune chambre de discipline ne contrôle la moralité ou ne surveille
les agissements?

Avec cet exemple, nous pénétrons déjà, au moins par
un certain côté, dans la seconde forme de la criminalité
intentionnelle, celle que nous avons appelée d'habitude ou
naturelle, et qui peut se présenter soit comme criminalité frauduleuse ou comme criminalité violente.

Celle-ci, à raison de son immoralité et de sa perversité,
paraît devoir se jouer des obstacles que l'on voudrait élever
sur sa route. Ceux-ci seraient rapidement emportés comme
la digue que l'on oppose à la furie d'un torrent. Car, bien
souvent, cette criminalité, surtout sous sa forme violente, ressent à l'inassouvissement de ses passions et

à l'abstention du crime, qu'elle a projeté, une souffrance plus grande que le serait pour elle le mal de la peine qui la menace.

L'observation est exacte; mais, elle n'est vraie cependant qu'à moitié. Si la prévention ne peut, en effet, agir que faiblement sur cette criminalité, parce qu'elle est déjà formée, elle peut, au contraire, avoir plus d'action pour empêcher sa formation.

Or, tout en elle n'est pas dû à la naissance; il y a une portion, peut-être encore plus considérable et plus grande qui a pour cause des habitudes vicieuses acquises.

C'est sur cette portion que la méthode préventive peut avoir une action certaine, réelle et efficace.

Et, d'abord, il y a un grand nombre de malfaiteurs d'habitude, qui ont commencé par être de simples délinquants occasionnels, et qui ne sont devenus des malfaiteurs d'habitude que parce que les occasions se sont multipliées devant eux, qu'elles sont devenues trop fréquentes, et parce que les nombreuses condamnations qui ont été prononcées contre eux, en ont fait des dévoyés, des déclassés, et finalement des parias, obligés de demander au délit ce que le travail honnête, qui leur était refusé, ne pouvait plus leur fournir. Or, pour cette catégorie de criminels, le méthode préventive, en empêchant un certain nombre d'entre eux d'être des délinquants occasionnels, évite qu'on les retrouve ici comme malfaiteurs d'habitude.

Et d'un autre côté, il est difficile de contester qu'à s'attaquer directement à l'alcoolisme, à la prostitution, à la misère, à tous les facteurs de décomposition morale et de désorganisation sociale, qui sévissent dans les villes industrialisées à l'excès, et qui exposent l'enfant, la jeune fille, la femme et l'homme à la corruption et à la débauche, on ne parvienne pas à diminuer la fréquence et l'importance de la criminalité d'habitude. Avec juste raison, on a indiqué, dans la formation de cette criminalité, l'influence du milieu. L'homme peut porter en lui le microbe du mal. Ce microbe demeure inoffensif, s'il ne trouve pas un milieu favorable pour se développer. Il faut donc agir sur le milieu, le purifier et l'assainir, s'il est délétère. Et, de même que l'on s'est efforcé et que l'on s'efforce encore d'assurer la santé physique des individus par une observation plus étroite des lois de l'hygiène publique, de même aussi il convient de multiplier les efforts pour ne pas laisser péricliter leur moralité, et d'assurer le respect des lois non moins inéluctables de l'hygiène morale. Autrement, pour ne pas remonter jusqu'aux causes du mal qu'elle réprime, la justice criminelle donne le spectacle, quelque peu attristant, d'être occupée à un travail, sans cesse renaissant et toujours renouvelé.

En somme, et c'est la conclusion à laquelle conduit l'examen des diverses criminalités, la méthode préventive n'apparaît pas seulement comme excellente au point de vue théorique; elle est aussi susceptible d'applications pratiques importantes. Dès lors, la mission du législateur s'amplifie. Lorsqu'en effet, il se propose, dans l'intérêt de la sécurité sociale, de réprimer un fait qu'il juge dangereux et immoral, il est indispensable qu'il ne borne pas son examen à ce fait pour le préciser et le définir, mais qu'il s'élève à une vue plus haute de la question, et qu'il dégage, d'une part, les facilités qui peuvent exciter à le commettre, pour les supprimer, et, d'autre part, les causes qui peuvent contribuer à sa production, pour les diminuer ou les tarir, si cela est en son pouvoir, ayant toujours devant les yeux cette vérité supérieure: que si punir est nécessaire, prévenir est mieux encore.

LA PEINE
DANS LE SYSTÈME DES SANCTIONS JURIDIQUES

Par M. G. BATTAGLINI
Professeur à l'Université de Pavie

1. La *peine* est la conséquence dommageable de l'acte illicite en droit pénal; elle constitue l'idée centrale de ce droit. On peut dire que la peine est la *sanction* de l'acte illicite puisque conséquence et sanction sont deux termes équivalents. Il convient toutefois de rappeler que, dans la terminologie juridique, la sanction s'entend toujours comme une conséquence dommageable, comme un mal. Au contraire, en philosophie, au point de vue moral, la sanction peut être soit un châtiment, soit une récompense.

En quoi consiste la peine, au sens technique du droit pénal?

Si l'on néglige les définitions superficielles, dont on se contente parfois (1), la réponse à cette question paraît difficile, quand il s'agit de marquer la différence entre la sanction pénale et les autres sanctions juridiques (particulièrement civiles et administratives). Je me suis efforcé d'atteindre la plus grande précision, et la définition que je donne ici est le résultat de toute l'analyse qui va suivre.

La peine est la conséquence de caractère afflictif que l'État, en tant qu'interprète de la réprobation sociale, attache à l'infraction; cette peine est comminée dans une règle juridique fixe et précise; elle est infligée par le moyen de la sentence pénale, proportionnellement à la gravité du fait en soi et à la responsabilité de l'agent.

Si l'on sort de ces données caractéristiques, on ne peut plus parler de peine. Aussi, très logiquement, les criminalistes qui s'en écartent, n'en prononcent pas le mot.

---

(1) Par ex. Mario Pagano. (*Principi del Codice Penale*, ch. 1°) définit la peine : « La peine est la perte d'un droit, que la loi enlève au délinquant, perte que prononcent les magistrats, exécuteurs de la Loi. »

Arrêtons-nous un instant sur quelques points essentiels de cette définition:

a) La peine est une conséquence de caractère afflictif c'est-à-dire une souffrance. Le degré de cette souffrance peut varier *suivant le degré de sensibilité physique et morale* des différentes époques et des différents pays. Même ce qui est considéré comme cruel, peut devenir nécessaire. Toutefois, l'on peut dire que les peines approchent de leur perfection, en raison directe de leur *douceur* (2) parce qu'alors elles arrivent à détacher l'homme du mal de la manière qui est la plus digne de l'homme.

La souffrance consiste dans la privation ou dans la diminution de la jouissance de certains biens, protégés par le droit, c'est-à-dire de certains biens juridiques, qui peuvent essentiellement se ramener à deux: la vie ou la liberté. Il est vrai qu'elle peut frapper le délinquant même dans son patrimoine. Mais, en tant qu'elle est une sanction qui doit fonctionner à l'encontre des non-possédants, la peine, dans le sens propre du terme, est toujours une sanction qui vise à frapper les *biens juridiques de valeur majeure, et non pas seulement ceux de caractère économique.* Aussi, la peine pécuniaire rentre, elle-aussi, dans la forme la plus pure de la peine, parce qu'elle est *convertible* en peine restrictive de liberté (art. 11, C. pén. it.). Au contraire les peines restrictives de la capacité juridique n'ont qu'un caractère accessoire.

b) La peine est d'abord comminée, ensuite infligée proportionnellement à la gravité du fait en soi, et à la responsabilité subjective de l'agent. Ceci ne peut être contesté qu'à la condition de supprimer toute notion morale de justice à la base de l'action de l'Etat contre la criminalité.

D'abord, en effet, la peine n'a pas une valeur fixe en soi, elle n'est que la *compensation du délit.* Comme le dit Pellegrino Rossi: « La peine est la souffrance infligée au coupable à raison du délit commis. Il y a donc un rapport

---

étroit de quantité entre le mal du délit et le mal de la peine (3) ».

Ensuite, on tient compte du *caractère particulier du délinquant*. Cependant, on ne peut le faire que d'une manière relative et secondaire, puisque la loi procède par règles générales et abstraites. Ce n'est que pendant *l'exécution* de la peine qu'on pourra s'attacher aux conditions physiques et psychiques de l'individu.

Enfin, pour mieux individualiser la peine, on utilise aussi sa *divisibilité*, c'est-à-dire la possibilité de, l'augmentei ou de la diminuer, soit dans sa durée, soit dans son intensité.

2. — Au degré de civilisation qui est le nôtre, punir est une des fonctions de l'Etat (4). Aucune école ne mit ce point en doute. Mais quelle est cette fonction? est-ce une fonction *administrative* ou une fonction *juridictionnelle?*

L'Etat a le *droit de punir* (5). Ce droit est purement théorique tant qu'aucun délit n'est commis (6). Il l'est encore lorsqu'un citoyen est simplement inculpé pendant tout le cours du procès pénal. Il ne prend naissance à titre concret, qu'avec la sentence qui met fin aux poursuites. Cela revient à dire que *le droit de punir appartient à l'Etat-administration*, lequel en fait déclarer l'existence concrète par le pouvoir juridictionnel. La reconnaissance de ce droit est poursuivie précisément par un organe administratif: le Ministère Public.

3. — Quel est le but de la peine? Cette question soulève d'âpres controverses. On en comprend la raison: *Avant de préparer un Code pénal, le législateur doit avoir répondu à cette question.* « Suivant le résultat qu'il

---

(3) P. Rossi, *Traité de Dr. pén.* liv. III, ch. IV.

(4) Le geste du « fascio » d'Alessandria qui, en décembre 1922, convoqua 200 voleurs habituels pour tenter de les obliger à travailler sous la menace de châtiments qu'il leur infligerait de sa propre initiative à la première récidive, n'a pas eu de suite.

(5) V. Rocco, *Sul concetto del diritto subiettivo di punire,* extr. des *Studi in onore di V. Scialoja,* Prato, 1904.

(6) Manzini, *Tratt. di dir. penale.* 2ᵉ édit, vol. 1, n° 45; Sabatini, *Principii di scienza del dir. pen.* 1ʳᵉ partie, Catanzaro, 1918. p. 252 et suiv.; Thon, *Rechtsnorm und subjektives Recht,* Weimar, 1878, p. 156.

se propose d'atteindre, écrit CIVOLI, les règles seront différentes sur l'imputabilité..., différent sera le critérium de la distinction entre faits punissables ou non..., et différente la méthode suivant laquelle on groupera les définitions légales dans la partie spéciale du Code (7) ».

A mon avis, on ne peut pas répondre à cette question, si l'on ne résoud pas d'abord le *problème de la finalité de l'Etat*, puisque la peine est un des moyens employés par l'Etat pour atteindre son but. Je ne puis entrer ici dans des développements qui sont étrangers au droit pénal, et je me bornerai à poser les principes: L'Etat, selon moi, a deux buts essentiels:

1° donner la sécurité aux citoyens (but négatif);

2° réaliser le bien dans la personne des citoyens et le développement de la civilisation (but positif).

Cette conception est très éloignée de celle qui ne voit dans l'Etat qu'un gendarme, ou une institution d'assurance, et aussi de celle qui, niant les droits individuels, fait de l'Etat un être tout-puissant (8).

Par suite, la peine a deux buts qui doivent se concilier entre eux: un but négatif, *donner la sécurité aux citoyens*, c'est-à-dire les garantir contre les usurpations étrangères dans les droits qui leur appartiennent; un but positif, le plus important, qui consiste à *pousser les citoyens à vivre honnêtement*. Plus la société est avancée en civilisation, plus cette seconde fonction de la peine est apparente. Ainsi l'Italie, il y a cinquante ans, se contentait beaucoup plus facilement qu'aujourd'hui d'un Etat qui se bornait à protéger le droit (9).

Mais, dira-t-on, la peine ne doit-elle pas se proposer l'amendement du délinquant? Oui, sans aucun doute, mais

---

(7) CIVOLI, *Tratt. di dir. pen.* vol. 1. Milan 1912. p. 168.

(8) BONUCCI, *Il fine dello Stato*, Rome, Atheneum, 1915, p. 355 et suiv., sur les différentes théories proposées au sujet des fins idéales de l'Etat.

(9) CARRARA rejoint l'école philosophique qui affirme l'autonomie de l'individu et assigne à l'Etat un but purement passif, en disant (*Programma*, Partie générale, vol. 2. Introduction) : « Le but de l'autorité sociale n'est plus d'écraser sous les impôts, ou de martyriser les criminels, mais celui bien plus sublime *d'assurer tous les concitoyens dans la jouissance de la liberté individuelle* avec le moins possible de restriction à la liberté d'autrui ».

Cependant la formule de la garantie juridique peut devenir très élastique : voir L. ROSSI (*La moderna scienza del diritto costituzionale nelle nazioni latine*, extr. de l'*Archivio di diritto pubblico* 1898, p. 46).

cela, c'est un but de caractère particulier et accessoire, qui rentre dans le but général que nous avons indiqué en second lieu. Une peine, qui se propose non seulement la garantie des droits, mais encore l'accroissement du bien, ne peut pas ne pas tendre, en même temps, à l'amendement du délinquant. Et ce caractère social et général de l'institution amène à ne pas se préoccuper uniquement de ce but particulier de l'amendement du condamné: par conséquent, la peine doit avoir une *durée fixe*, car la sentence indéterminée présente trop de dangers.

4. — Quelle est l'efficacité de la peine?

Elle *intimide* par sa nature, en tant qu'elle est une souffrance, un mal sensible, d'une gravité particulière. Demander autre chose à la peine, c'est lui demander ce qu'elle ne peut donner; certes l'école positiviste, partant du déterminisme, affirme que la peine n'intimide personne, puisque les délits sont commis par une fatalité de la constitution psycho-physique du délinquant (10). Cependant, c'est un fait que nombreux sont ceux qui s'abstiennent de mal faire par peur de la peine: tous ceux qui sont poussés dans leurs actes, non par des motifs purement moraux, mais par la crainte d'une souffrance interne. La statistique ne nous permet pas de connaître ce phénomène; il n'est d'ailleurs pas démontré que dans certains cas, l'influence intimidatrice de la peine n'agisse pas *sur les délinquants incorrigibles eux-mêmes*.

C'est *en matière de récidive* que se pose la question de l'efficacité de la peine. On a coutume de dire que c'est à ce point de vue qu'on peut juger de la valeur d'un Code pénal. Il faut cependant se rendre compte que la peine ne peut pas faire des miracles. Mais, telle qu'elle est, elle forme un *moyen de retarder* (11) la nouvelle infraction; d'autre part, l'énervement de la répression peut amener

---

(10) Romagnosi (*Genesi del diritto penale*, 3 partie, liv. 2, ch. I, § 557) observe : « S'il (le délit) n'était pas un acte *libre*, émanant d'un être *intelligent*, bien qu'il soit injuste et nuisible, il ne pourrait pas être l'objet d'une *peine*..... [la souffrance] se réduirait à une douleur « frustratoire » et vaine de celui à qui on l'infligerait ».

(11) Vervaen H. *L'évolution des idées médicales sur la responsabilité des délinquants*. Paris. Flammarion, 1923, p. 199.

une augmentation *encore plus dangereuse* de la récidive (12). Certes, la peine ne réussit pas à supprimer le
crime, mais c'est qu'elle est une sanction, qui, à la différence de la nullité du droit civil, *laisse possible la violation de la règle posée*. Elle n'intervient que pour réta-
blir l'équilibre rompu par l'infraction.

Enfin il ne faut pas tout attendre de l'Etat et, même
en matière pénale, un large champ est ouvert à *l'initiative
privée (organisation privée contre le vol*, par ex.). Un
bon Code pénal est de bien peu d'importance, si les délinquants et ceux qui sont portés à commettre des délits
ne trouvent pas, en face d'eux, une organisation de police
qui leur inspire de la crainte.

5. — Quand on rapproche les sanctions civiles des sanctions pénales, la première idée à laquelle on pense est la
différence entre peine et réparation du dommage. Mais
on oublie toujours certaines institutions complexes du
droit privé, dont les caractères doivent être précisés
par rapport à la peine. Nous étudierons successivement
ces deux problèmes.

6. — On connaît bien de nos jours les différences entre
peine et réparation (13), mais la question mérite d'être
encore approfondie.

Toutes deux sont des *maux sensibles*, des *souffrances*,
conséquences d'un acte illicite (14). Mais les différences
sautent au yeux:

a) La souffrance de la peine est d'une *gravité* particulière, puisqu'elle frappe la *liberté de l'individu*, l'amende
pouvant toujours, en ce qui la concerne, se ramener à
une peine privative de liberté (art. 19, C. pén. it.);

---

(12) Roux. *C. de dr. pén. et de procéd. pén.* Paris 1920, p. 286.

(13) Alimena, *Princ. di dir. pen.*, vol. i., Naples, 1910, p. 134 et suiv. — Battaglini, *Le norme del diritto penale e i loro destinatari*, Rome, 1910, p. 79 et s., 232
et s.; Binding, *Die normen und ihre Nevertretung*, vol. i, 3ᵉ éd. Leipzig, 1916,
p. 284 et s.; Brunetti, *Il delitto civile*, Firenze, 1906. p. 349 et s.; Manzini, *op.
cit.*, vol. iii, nᵒ 552; Rocco, *L'oggetto del reato e della tutela giuridica penale*,
Turin, 1913, p. 424 et s.; id., *La pena e le altre sanzioni giuridiche*, dans *Riv.
Pen.* vol. lxxxv, fasc. 4.

(14) Sauf les cas exceptionnels où la réparation du dommage peut-être la
conséquence d'une conduite licite, (par ex. art. 713, c. civ. italien).

b) La peine frappe le délinquant dans un but général, sans exiger une *réparation*, ce qui fait dire à certains qu'elle aggrave le mal qu'elle veut réparer (15);

c) Elle est une *sanction de caractère individuel et étroitement personnel;*

d) Au contraire de la peine qui suppose un coupable, la réparation existe même dans le cas de *responsabilité sans faute;*

e) la sanction pénale est susceptible d'une *application absolue*, puisque les biens qu'elle frappe existent chez tous; la sanction civile, au contraire, n'est susceptible que d'une *application relative* puisqu'elle cesse de fonctionner si le patrimoine est insuffisant.

7. — Mais arrivons à la controverse *de jure condendo*, qui existe sur ce point: elle vise la pertinence de l'obligation de réparation dans le domaine du droit privé. Elle a encore figure d'actualité, puisque le projet FERRI (art. 90 et suiv.) a voulu concrétiser au point de vue législatif la vieille aspiration de l'école de Lombroso (16) et transformer la réparation du dommage en une *obligation de droit public au même titre que la peine.*

Il suffit de remarquer que le droit pénal tend à la garantie d'un *intérêt social*, et qu'il faut maintenir la différence entre le droit public et le droit privé. Les *besoins et les intérêts privés* ne peuvent entrer dans le champ du droit public. Il est vrai que la sanction civile a, elle aussi, un caractère d'intimidation (17), mais nulle part il n'est dit qu'on doive lutter contre l'illicite par le seul moyen du droit public.

En outre la pauvreté est l'élément qui pousse le plus à la criminalité. Par suite la réparation n'aura pas grande importance pratique dans la lutte contre le délit. Le projet FERRI répond en proposant de garantir la réparation, en cas d'insolvabilité par des sanctions privatives de

---

(15) BINDING. *Op. cit.*, p. 288 ; THON, *op. cit.*, p. 69.

(16) V. GAROFALO. *Riparazione alle vittime del delitto*, Turin, 1887.

(17) CARNELUTTI note (*Lezioni di dir. process. civ.*, Padoue, 1920, p. 114 et s.) que « le voleur qui déploie tant de ruses pour s'emparer de la chose d'autrui est puni d'une manière manifeste par la simple restitution de la *res furtiva* ».

liberté (art. 96, 2e al.). Ainsi il y aurait une *double punition pour les non-possédants*! (18)

8. — Mais *ce n'est pas assez de distinguer peine et
réparation*. Il faut établir encore la différence entre la
peine réelle, et certaines peines privées.

a) la clause pénale dans les obligations (art. 1209 et
suiv., C. civ. ital.) n'est pas une peine mais une forme de
la réparation (19); elle tend à la « compensation du dommage » (art. 1212, C. civ.).

b) les peines disciplinaires des règlements d'ateliers,
autorisées soit par le contrat du travail, soit par
l'usage (20), *n'ont en aucune manière le caractère de
réparation*. Cependant elles constituent des *sanctions
civiles*. Il ne faut pas dire, en effet, qu'elles présentent
quelque analogie avec la peine proprement dite parce que,
par exemple, elles ne seraient pas transmissibles aux hé-
ritiers. Cette intransmissibilité dérive de ce fait qu'il s'agit
de *sanctions étroitement inhérentes à un rapport de
louage de services*, et que ces sanctions ne peuvent plus
existér quand ce rapport vient à cesser.

9. — Plus difficile, et plus importante, est la recherche
des différences qui existent entre la peine véritable et ce
qu'on appelle les *peines administratives.*
On peut cependant individualiser assez facilement une
de celles-ci; « la peine disciplinaire publique », qui est la
sanction, non d'un devoir général de tous les citoyens,
mais d'un devoir spécial dérivant de *rapports particuliers* de subordination (21).
Il n'y a pas là une peine, car ce n'est pas l'Etat
seul qui la prononce, mais encore des personnes morales
publiques ou même des individus investis de fonctions
publiques. En outre, les faits auxquels elle s'applique
ne constituent pas un trouble porté à la sécurité sociale,

---

(18) En ce sens, v. PEREGO, *Il tramonto di una dottrina et l'alba di una riforma
penale*, Bologne, 1923, p. 133.
(19) BRUNETTI, *Op cit.*, p. 486 et suiv.
(20) BARASSI, *Il contratto di lavoro*, vol. II, 2e édit.. Milan, 1917, page 595 et suiv.
(21) ROMANO, *Princ. di dir. amministr. ital.*, 3e édit., Milan, 1912, p. 74.

mais des *manquements à certains devoirs particuliers,
qui ne sont pas inhérents à l'existence et au développement de la Société en général.*

Ce n'est donc que par une impropriété de langage qu'on
l'appelle une peine; il faut y avoir de simples *sanctions
administratives.*

10. — Plus délicate encore est la distinction de la peine
et des sanctions de police ou des sanctions fiscales. La
sanction de police est la conséquence dommageable attachée à un acte contraire à la police, c'est-à-dire, à cette
fonction particulière de l'Etat, qui vise à *prévenir les
dommages sociaux dérivant de l'activité privée.*

La *sanction fiscale* est celle qui punit les actes contraires à cette fonction de l'Etat, qui a pour but la recherche des *moyens économiques nécessaires pour la
satisfaction des besoins publics.*

Ces deux types de sanctions peuvent, *suivant le cas, être
ou n'être pas des peines proprement dites* (22), et le critère de la distinction est utile surtout, en pratique, pour
les sanctions fiscales.

Au point de vue *substantiel,* ces sanctions s'analysent en
un pur et simple *fait de désobéissance.* L'Etat, en effet,
ne *veut pas être entraîné dans les difficultés d'une recherche juridique d'intention.*

D'autre part la sanction correspondant à une pareille
désobéissance, a souvent, à première vue, un caractère
très éloigné de celui qui est propre aux peines véritables,
car le montant de cette sanction se calcule *sur la base
d'une taxe* (surtaxe, multiple des impôts... etc.). Il est
clair en effet que lorsque la loi déclare que la « peine »
sera le sextuple de telle taxe fiscale, *on néglige complètement tout idée de rapport entre la nature de l'infraction et la culpabilité de l'agent* (23).

---

(22) En matière de police, on peut aussi trouver des sanctions purement administratives, lesquelles ne sont pas *des peines* au sens du droit pénal, parce qu'elles
sont appliquées par le Préfet, ou plus souvent par l'intendant des finances. La
législation de guerre ou d'après-guerre en offre différents exemples. (v. Zanobini, *Le sanzioni amministrative,* Turin, 1924, p. 58 et suiv.).

(23) C. de Cass. 15 nov. 1918 (*Dizionario penale, Leggi speciali,* 1920, p. 39) :
« les peines *comminées contre la contravention et non contre le contrevenant...* ont
le caractère d'une *indemnité due au Trésor...* et non d'une *compensation pénale
d'un délit.* »

Aussi, très souvent, a-t-on recours à un *criterium formel* tiré de la compétence et de la procédure pour distinguer les peines de ces sanctions particulières (24). Seront considérées comme relevant du droit pénal, les seules infractions qui sont poursuivies dans un procès pénal.

Mais souvent ce critérium disparaît, quand certains faits peuvent devenir « illicites-administratif », ou « illicites-pénal » *suivant la volonté du délinquant*. Par exemple l'art. 28 de la loi sur la taxe des poudres (texte unique, 2 mars 1902) décide: « Les amendes portées dans la présente loi seront appliquées indépendamment des autres peines établies par le Code pénal... Lorsque le fait constituant la contravention ne tombe pas sous les sanctions du Code pénal ou de la loi de sûreté publique, et avant que le juge ordinaire n'ait prononcé la sentence ou que celle-ci ne soit devenue définitive, *le contrevenant peut demander que l'amende soit prononcée par le tribunal administratif* ».

Si l'on arrive à exclure tout caractère pénal des sanctions de police ou des sanctions fiscales, alors on y verra des sanctions administratives (25), applicables suivant les critères propres de la « responsabilité administrative ». Par suite ces sanctions d'ordre purement administratif pourront atteindre une personne morale, un mineur, un héritier; la peine pécuniaire ne sera pas convertible en peine restrictive de la liberté; on résoudra d'une manière différente les problèmes de la prescription (26), de l'amnistie (27), etc...

---

(24) Utilisent exclusivement l'élément extrinsèque de la compétence et de la procédure comme ligne de démarcation entre l'illicite-pénal et l'illicite-administratif : Longhi, *Sul cosidetto diritto penale amministrativo* (*Riv. dir. publico*, I, 1911); Raggi, *Svolgimento del diritto penale amministrativo* (*Filangieri*, XXXIII, 1907) ; Zanobini, *op. cit.*, p. 40 et suiv.

(25) Pour Zanobini, les sanctions administratives sont des « *peines au sens technique* » (*op. cit.*, p. 38). Pour moi, au contraire, il n'existe pas de « droit pénal administratif ». Ce n'est qu'une expression impropre, mais commode. Voy. à ce sujet : Raneletti, *Princ. di dir. amministrativo.*, vol. 1, Naples, 1912, p. 501, note; Rocco, *Sul cosidetto diritto penale amminisr.* (*Riv. dir. pubbl.*, 1909, I, p. 394 et s.).

(26) Cass., 4 janv. 1917 (*Riv. Pen.*, Vol. LXXXV, p. 569), « La contravention fiscale consistant dans le non-paiement de la taxe de port d'armes est soumise à la prescription fixée par le Code civil, et non à celle prévue par le Code pénal. »

(27). Cass., 22 déc. 1920 (*Proc. Pen. Ital.*, 1920, col. 489) « L'extinction de l'action pénale par amnistie... n'a aucun effet sur ce qui [dans le délit] constitue une *contravention à la loi fiscale*, et se trouve par suite exclu de l'amnistie aux termes de l'art. 14 du Décret royal du 21 février 1919 ».

C'est donc d'une manière tout à fait impropre qu'on peut appeler « peines » des sanctions de cette nature. MANCINI disait exactement dans le rapport sur le projet de Code pénal de 1876: « Parmi les peines pécuniaires, il peut se trouver des institutions *auxquelles fait défaut le caractère de peine*, quand elles ne sont pas comminées dans une loi pénale. Ainsi ne sont pas des peines les surtaxes ou amendes en matière d'impôts, prononcées par les tribunaux civils ».

11. — Pour bien déterminer la peine, il faut la distinguer encore de certaines *mesures de police*, consécutives ou non au délit, et qui doivent être soigneusement mises à part. On les appelle aussi *mesures de sûreté*; elles n'ont d'ailleurs rien à faire avec les « peines de police » dont nous venons de parler. Le plus souvent *elles n'ont nullement le caractère de sanctions* au sens technique et juridique du terme, parce qu'elles ne peuvent être considérées comme la compensation du délit. Ainsi en est-il des mesures purement éducatrices ou de correction.

12. — L'école positiviste a toujours combattu la distinction entre peines et mesures de sûreté. Le rapport sur le projet FERRI reprend encore la pensée fondamentale de l'école: « Le projet, y lit-on, élimine toute différence entre les peines et les soi-disant mesures de sûreté qui ont été organisées dans ces dernières années soit dans des lois spéciales (contre les délinquants d'habitude, les fous, etc...) ou dans les projets les plus récents de Code pénal. Evidemment, comme l'a déjà soutenu la doctrine positiviste, une fois éliminée toute prétention de rétribution de la faute morale dans le délit, les mesures de sûreté ont la même fonction et la même nature que les peines. Par suite, en les comptant parmi celles-ci, on supprime en premier lieu l'expédient purement empirique et illogique qui consiste à faire d'abord exécuter une peine fixe par le condamné, et à le maintenir ensuite pendant un temps indéterminé sous un régime de sûreté; de plus on soustrait ainsi les soi-disantes mesures de sûreté à l'arbitraire du pouvoir administratif pour les soumettre aux garanties juridictionnelles comme toute autre forme de sanctions ».

Tout ceci est parfaitement cohérent dans le système positiviste, où l'on conçoit la peine seulement comme une *mesure dirigée contre un péril déterminé*, le péril de lésion de l'ordre juridique, et *où par suite la peine doit durer autant que dure le péril.*

Les « sanctions » dont parle le projet Ferri (qui, bien qu'il s'appelle encore projet de Code « pénal », n'emploie plus le mot « peine »), ne sont donc rien d'autre que des *mesures de sûreté de prévention médiate.* Ainsi le droit pénal *devient un chapitre du droit administratif.*

13 — Les mesures de police ont ceci de commun avec les peines qu'elles poursuivent le double but de pourvoir à la sécurité de l'Etat et de réaliser le bien public. Mais les incertitudes qui se trouvent chez de nombreux auteurs au sujet de la différenciation des deux institutions proviennent de ce qu'on n'a pas approfondi les notions de droit administratif nécessaires à ce sujet (28).

a) la mesure de police peut être la conséquence d'un délit, ou être *indépendante de toute manifestation délictueuse.* La peine au contraire est exclusivement la conséquence juridique de l'infraction (*punitur postquam peccatum est*).

b) le *caractère afflictif* n'est pas essentiel dans la mesure de sûreté; elle n'est pas, en soi, un mal, une souffrance, comme la peine. Elle peut avoir le caractère d'une mesure d'éducation ou d'élimination.

c) la mesure administrative de sûreté n'a pas, comme la peine, une *fonction caractéristique de menace*; elle n'a pas pour but d'intimider. La menace implique l'idée de liberté, de vouloir; la mesure de sûreté s'applique même aux incapables.

d) la mesure de sûreté ne peut frapper que la liberté, la peine peut atteindre la vie du coupable.

---

(28) Sauer (*Grundlagen des Strafrechts*, Berlin et Leipzig, 1921, p. 189 et suiv.) dit que peine et mesure de sûreté sont des concepts antithétiques *dans l'abstrait mais non au point de vue concret*. La mesure de sûreté est en effet souvent une souffrance, bien que ce ne soit pas de son essence. Mais, cela suffit à les distinguer.

e) la peine ne peut être infligée que par les organes de la justice pénale, la mesure de sûreté ne l'est pas nécessairement, et quand elle l'est, c'est par simple raison d'opportunité.

f) la mesure de sûreté n'entraîne pas la *réprobation sociale*; souvent elle est dictée par un but de compassion ou de charité.

g) elle n'est pas proportionnelle au délit, puisqu'elle n'en est pas la rétribution. Elle n'est proportionnelle qu'au danger social couru (28 *bis*).

h) si le droit pénal finit là où s'arrête la *responsabilité*, il n'en est pas de même des mesures de sûreté qui n'impliquent pas d'évaluation morale.

i) la mesure de sûreté *n'a pas un caractère individuel*, comme la peine. Elle peut frapper des personnes morales.

j) elle peut se proposer des *buts particuliers, visant des catégories de personnes* (mineurs, alcooliques, etc...), la peine a toujours un but général.

k) alors que la peine est fixée par la loi (*nulla pœna sine lege*), la mesure de sûreté peut être discrétionnaire, et, même quand elle est fixée par le juge, elle dépend de son arbitraire.

14. — Les mesures de sûreté peuvent être accessoires, alternatives, ou remplacer la peine.

Le mesure de sûreté a un *caractère accessoire* quand elle s'applique en plus de la peine: ex. l'art. 248, — 3º, C. pén. ital. sur le délit d'association de malfaiteurs.

Elle a un *caractère alternatif* quand le juge peut choisir entre la peine et la mesure de sûreté; ex. l'art. 132 du projet de Code pénal allemand de 1919 dispose que les mesures d'éducation peuvent, si le juge le décide, être seules prononcées contre un mineur, à l'exclusion de toute peine.

(28bis) Assurément aussi la proportion pénale ne doit pas être *purement abstraite*, mais elle doit être complétée *par la connaissance du délinquant*. v. Conti, *La pena e il sistema penale del cod. ital.*, dans l'*Enciclopédia* de Pessina, vol. IV, p. 54.

Enfin, elle *remplace la peine* quand elle s'applique à la place de celle-ci; par ex., le renvoi dans un asile d'aliénés dans le cas de l'art. 46, C. pén. ital.

15. — Il semble que notre époque pose au législateur ce dilemme: ou bien faire une part plus grande aux mesures de sûreté, ou voir toujours plus diminuer la fonction répressive de l'Etat.

Toutefois l'augmentation du nombre des mesures de sûreté exige l'institution d'organismes nouveaux; d'où un triple problème portant sur la *réelle efficacité pratique* des moyens proposés (colonies de travail, colonies agricoles, navires-écoles, etc...), sur les *personnes capables* et sur les *moyens financiers* nécessaires. Ce sont là des détails dans lesquels nous n'entrerons pas.

16. — Nombreuses sont encore les théories présentées sur le problème de la peine, suivant les différentes conceptions philosophiques des auteurs. Nous ne nous en occuperons pas, nous tenant seulement au côté pratique de la question, que nous devons apprécier à la fois quant à l'interprétation des lois, et quant à la politique législative la mieux adaptée à notre race.

Dans le domaine juridique, les sanctions et les moyens de lutte contre le délit peuvent être essentiellement ramenés à trois:

la réparation du dommage (droit civil);
la mesure de police ou de sûreté (droit administratif);
la peine (droit pénal).

De nos recherches, il résulte que la peine a des caractères qui lui sont propres, et qui la distinguent des autres. Ce n'est que par ceux-là qu'on peut dire qu'elle est vraiment une « peine ».

Cette distinction a d'abord une valeur particulièrement importante en ce qui concerne l'interprétation de la loi. En effet, la *peine* peut se cumuler avec les autres moyens et les autres sanctions de nature civile et administrative, et si celles-ci étaient des peines, on violerait par là la règle *non bis in idem*, en punissant deux fois pour le même fait (29). Par exemple, le port d'armes prohibées donne lieu à une *peine* (art. 464, C. pén. ital.) et à une « *surtaxe* » (transgression de règlements administratifs) (30), dans ce second cas, il suffit, pour appliquer la sanction, qu'il y ait une *simple désobéissance*, alors que dans le premier il se pose avant tout un *problème juridique.*

De nos jours, nombreux sont les auteurs qui déclarent que le concept de la peine doit se modifier; elle est devenue, disent-ils, une mesure plus *préventive* que répressive. C'est une erreur: *le concept de la peine ne peut pas se modifier*, ses buts, ses moyens d'exécution varient mais ses éléments essentiels ne sauraient être changés sans le détruire. Et le projet *Ferri* le montre bien, puisque le terme « peine » n'y a pas été employé.

La peine est par essence *rétributive*: Le caractère préventif peut être un de ses effets, il n'est pas de sa nature. Dire que le concept de peine s'est modifié, c'est dire plus exactement: 1º) qu'aujourd'hui on veut donner à la peine une *finalité différente*; 2º) qu'on veut réviser le *système pénal*; 3º) qu'on veut transformer le *mode d'expiation* de la peine; 4º, qu'on tend à donner une place plus grande aux *moyens préventifs* distincts de la peine. Ceci ne signifie cependant pas qu'on veuille restreindre en tous cas le domaine d'application du droit pénal. En effet, si notre époque est portée à donner une importance toujours plus grande aux moyens de droit administratif utilisés comme adjuvants dans la lutte contre le délit, d'un autre côté il semble qu'elle veuille en même temps assigner aux moyens répressifs des buts toujours plus étendus, dans le domaine, par exemple, de la moralité.

Traduit de l'italien, par E. Demontès,
Docteur en droit.

---

(29) Cfr. Roux, *op. cit.*, p. 287. .

(30) La Cour de Cassation, (1ʳᵉ section), le 18 déc. 1916 (*Riv. pén.* vol. lxxxvi, p. 456), s'est trompée quand elle a dit : « Le port d'arme à feu sans permis constitue deux *délits* (?), celui de l'art. 464 c. pén., et celui de la Loi du 9 juillet 1880 (aujourd'hui abrogée). On doit par suite appliquer au contrevenant une *double peine* ».

AUTOUR DE LA RÉFORME DU DROIT PÉNAL EN POLOGNE

A propos d'une lettre de M. le professeur ENRICO FERRI

Par M. RAPPAPORT
Professeur à l'Université libre de Varsovie
Secrétaire général de la Commission polonaise de Codification

---

Délégué par la présidence de la Commission de Codification polonaise, au mois d'août 1923, en Italie, à l'effet d'y rechercher les matériaux de droit comparé nécessaires aux travaux actuels de la Commission, j'ai profité de l'occasion pour présenter à la Commission Royale Italienne pour la réforme des lois pénales, ainsi qu'à M. le professeur Ferri, député, et à M. le sénateur Garofalo, le texte de la traduction française de l'avant-projet de la partie générale d'un Code pénal polonais[1].

Dans une lettre du 3 décembre 1923, que M. Ferri a bien voulu m'adresser, l'illustre chef de l'école italienne expose les principes fondamentaux sur lesquels doivent, à son avis, se fonder les pays de l'Europe d'après guerre, en vue de créer et de réformer leurs codes pénaux. Il s'agit en premier lieu des Etats de l'Europe centrale, ressuscités ou transformés par les traités de paix: la Pologne, la Roumanie, la Tchécoslovaquie et la Yougoslavie, qui se sont déjà mis à l'œuvre. Les trois Etats de la Baltique: l'Esthonie, la Lettonie et la Finlande, se proposent actuellement de s'engager dans la même voie.

Or, les observations faites par M. le professeur Enrico Ferri à l'adresse de la Commission de codification polonaise intéressent également tous ces Etats. Nous croyons qu'il est de notre devoir de les soumettre à un examen sérieux.

---

[1] Annexe au fasc. 1er de la *Revue polonaise de législation civile et criminelle*, Varsovie, 1923.

**

Dans sa lettre, M. le professeur Ferri m'écrit notamment:

... « Je sais que mon ami Grispigni vous a envoyé notre *Projet de Code pénal*.

« Il est étrange que des nations *jeunes* aient encore quelque hésitation à en adopter les principes.

« Il suffit de comprendre que l'œuvre du législateur est une œuvre *pratique* de défense pénale, étrangère à toute question théologique ou philosophique concernant la culpabilité morale, etc.

On s'explique mieux — mais il est encore assez étrange — que les *catholiques* soient favorables à mon point de vue. Je dis que pour juger la *faute morale* d'un homme il faut l'omniscience de Dieu: le juge, né d'une femme, ne peut qu'évaluer *l'état dangereux de chaque criminel*, la possibilité de l'adapter au milieu social.

« La Belgique a eu un ministre catholique, Le Jeune, qui a appliqué plusieurs des réformes proposées par l'école italienne. A l'Université catholique de Louvain, l'abbé De Baets était professeur d'anthropologie criminelle.

« La Belgique d'après guerre a appliqué beaucoup de nos idées, comme Vandervelde, alors ministre de la Justice, l'a reconnu.

« Je souhaite que la Pologne ait le courage intellectuel de porter la justice pénale sur le terrain pratique de la défense sociale. »

Enrico FERRI.

**

M. le prof. Ferri est d'avis que l'avant-projet polonais est « vieux jeu » parmi les législations pénales modernes, et qu'il « est étrange que des nations jeunes (!?) aient encore quelque hésitation à adopter les principes » de l'avant-projet italien de 1921.

Le projet de la partie générale du nouveau Code pénal, élaboré par une Commission spéciale instituée auprès du

Ministère de la Justice, en 1919, sous la présidence du député et professeur Enrico Ferri et avec la participation et l'active collaboration du sénateur Raffaele Garofalo, ancien Premier président de la Cour de cassation de Naples est sans contredit l'œuvre d'une pensée éminemment créatrice et d'un talent remarquable. Plus encore, il est, pour tout jurisconsulte, un « curiosum » scientifique, car il réduit à néant, et cela d'une manière péremptoire, l'opinion naguère encore répandue par beaucoup de critiques que la doctrine de l'école italienne positive de droit pénal ne saurait, dans son ensemble, aboutir à une réalisation législative.

Les partisans du principe de la responsabilité sociale, fondée non plus sur la mesure de la culpabilité et de la nocivité de *l'acte*, mais sur la mesure du danger que présente pour la Société *l'auteur* de l'acte — (« temibilita o pericolosita dell' autore ») — trouveront dans le projet italien de 1921 la consécration législative et l'application cohérente de ce principe. Ce projet enlève aux notions de *faute* et de *peine* leur signification courante. Tout l'édifice du Code repose sur le système de l'isolement, c'est-à-dire la ségrégation de l'individu dangereux pour la Société.

Dès auparavant, il est vrai, des solutions importantes au point de vue de la politique criminelle moderne, adaptation de la peine aux diverses catégories de *délinquants*, prise en considération du facteur *subjectif* pour la gradation de la réaction pénale) avaient accusé l'influence des écoles anthropologique et sociologique sur la doctrine du droit pénal et sur les législations pénales modernes[1]. Mais aucun des codes ou des projets antérieurs au projet italien de 1921 n'avait subordonné *entièrement* ses dispositions à des théories nouvelles qui sapent les bases actuelles du droit positif.

« Dans le projet italien, dit M. Reinhold, professeur à l'Université de Cracovie, s'évanouit le caractère distinct du délit. Le danger dont la Société est menacée par le délinquant est l'unique base de la sanction légale ».

Le délit, à côté des autres facteurs, ne constitue qu'un

---

(1) Voir mon étude sur la *Réforme du droit pénal en Allemagne*, Paris, 1910.

symptôme attestant le caractère dangereux du délinquant...
En outre, on est frappé, dans le projet italien, par la nouvelle conception du délit. D'après les rédacteurs du projet, le délit est « un fatto naturale », un phénomène social, qui, comme les phénomènes de la nature, exclut
toute valorisation éthique. Le délit n'est pas une infraction plus ou moins consciente à l'ordre légal, il n'est pas
l'expression de la révolte de la volonté d'un individu
contre l'autorité de l'Etat ou de la Société, mais bien
un phénomène naturel provoqué par des facteurs biologiques, physiques et sociaux, tenant à la constitution
anormale du délinquant, le jour, tout au moins, de la commission du délit... »

Donc, selon notre auteur, le projet italien a pour caractéristique la tendance à briser toute cohésion entre
le droit pénale et la morale. Ce projet élimine rigoureusement de la conception de la peine et du délit toute donnée
éthique. Il remplace la notion du discernement par
celle de la responsabilité devant la loi, rejette complètement l'idée de la faute, comme étant le plus fortement
empreinte de morale.

L'ébranlement des fondements éthiques du droit pénal
est-il justifié au point de vue de la politique criminelle,
c'est-à-dire si on l'envisage comme lutte contre la criminalité? Il est permis d'en douter. Il convient sans
doute de reconnaître que, dans le projet italien, le principe de la protection sociale est affirmé énergiquement.
Le système de l'individualisation y est poussé très loin.
Mais la rupture avec les valeurs éthiques donne lieu de
craindre que les auteurs du projet ne se soient délibérément privés, dans la lutte contre le crime, du secours si
précieux qu'apporte le sentiment moral de la Société. On
peut, non sans raison, reprocher au législateur italien de
trop dédaigner le principe, empiriquement éprouvé, que la
force obligatoire de la loi générale, et en particulier de
la loi pénale, dépend dans une grande mesure de sa conformité aux valeurs culturelles d'une époque et d'une Société données, parmi lesquelles se placent au premier
rang les valeurs éthiques. Aussi est-il permis de douter
que le projet italien acquière facilement et promptement
force de loi...

Ce doute semble être particulièrement justifié par les mesures codificatrices du gouvernement italien actuel qui attribue une importance considérable, sinon prépondérante, aux éléments éthiques. Aussi les travaux italiens relatifs à la législation pénale n'avancent-ils qu'avec lenteur. Ils se heurtent à des obstacles qui, pour le moment, paraissent presque insurmontables. Ces travaux sont, cependant, de toute urgence.

On a pourvu de la façon suivante au besoin pressant d'unifier la législation. Les lois pénales italiennes, Code pénal de 1889 et Code de procédure criminelle de 1913, ont été appliquées sans changement aux nouvelles provinces d'après guerre. Actuellement, les travaux de la Commission spéciale suivent leur cours et sont poussés aussi activement que possible, tandis que l'on redouble d'énergie sur le terrain du droit privé, matière qui, de l'avis du gouvernement italien, exige un remaniement rapide et complet eu égard au nouvel état des choses.

⁂

Il est permis de se demander si l'Italie elle-même n'aura pas quelque hésitation à adopter définitivement et *d'une manière intégrale* les principes hardis, proclamés avec tant de talent et d'autorité par le célèbre auteur du projet italien de 1921. Ce dernier, à vrai dire, est moins un Code pénal qu'un Code de lutte sociale contre le crime (« Verbrechenbekämpfungsrecht »).

Sans négliger les importants mérites de l'école positive italienne, certains se refusent à subordonner la réforme des codes en vigueur aux principes rigoureux d'une doctrine quelconque.

C'est l'idée que les auteurs du premier avant-projet allemand de 1909 ont inscrite en tête de leur « exposé des motifs »; c'est la voie difficile et prudente qu'ont suivie en droit pénal à peu près tous les législateurs de notre temps, même ceux qu'anime un esprit moderne incontestable, comme M. Carl Stooss en Suisse, M. Getz en Norvège, et tout récemment MM. Miricka, Kallab et Mi-

Iota[1] en Tchécoslovaquie, MM. Teodorescu et Pella en Roumanie[2].

Bien qu'il évite l'exclusivisme d'une école quelconque, le projet polonais, à notre avis, doit être considéré comme une œuvre d'inspiration moderne qui tient compte de toutes les expériences dans le domaine de la lutte contre le crime.

Tout en maintenant l'idée de la faute individuelle et la notion de la peine, le projet élève les principales institutions de la partie générale d'un code pénal moderne d'un point de vue résolument *subjectif*. Il se préoccupe du fait délictueux — mais plus encore de la personne de l'auteur de l'infraction. Il réalise l'individualisation des divers actes délictueux comme celle de la peine et des mesures de sûreté.

Pour s'en rendre compte, il faut observer notamment, dans l'avant-projet polonais, le régime de la tentative, de la complicité, des mesures de sûreté, l'application des idées modernes sur la responsabilité atténuée.

On y trouvera des règles d'un « modernisme » hardi qui semble critiquable aux partisans du « classicisme » en Pologne et à l'étranger. Nous en avons eu des preuves.

Voilà les points de vue essentiels qui créent des divergences entre le projet italien et ceux des autres nations.

Cette différence ne diminue guère le grand mérite de la conception extrémiste italienne, et laisse subsister son influence partielle sur les codifications à l'étude. Je me fais un agréable devoir de remercier le prof. Enrico Ferri d'avoir bien voulu m'envoyer son précieux avis sur le projet polonais et de formuler cet avis avec la franchise et la fermeté qui ont toujours caractérisé le chef de l'école positiviste italienne au cours de sa longue et brillante carrière de pédagogue et de savant.

---

(1) V. *Revue polonaise de législation civile et criminelle*, fac. I (1922), p. 19 et suiv.; avant-projet de 1921.

(2) V. *Revue pol. de lég. civ. crim.*, p. 40 et suiv. ; avant-projet de 1923.

CHRONIQUE LÉGISLATIVE

CONFÉRENCE BALTE DE VARSOVIE
15-17 février 1924

RAPPORT

CONCERNANT LA COLLABORATION ENTRE
L'ESTHONIE, LA FINLANDE, LA LETTONIE ET LA POLOGNE,
EN MATIÈRE DE CODIFICATION
DU DROIT CIVIL, COMMERCIAL ET CRIMINEL

Propositions de la Délégation polonaise

Les traités de paix qui ont mis fin à la guerre mondiale ont nécessairement soulevé toute une série d'importants problèmes de codification et de révision. Pour les nations appelées à une vie nouvelle et indépendante, ou celles dont les frontières ont été déplacées, ces problèmes ont revêtu un caractère d'intensité particulière.

Au cours des quatre dernières années, la Commission de Codification Polonaise (1) a fourni un travail fécond

---

(1) La Commission de Codification Polonaise a été créée en 1919, en vue de préparer dans la nouvelle Pologne unifiée une série de codes devant remplacer les législations en vigueur sur ces territoires au moment de la restauration de l'Etat polonais. Le programme de la C. C. P. comprenait l'élaboration des codes suivants : *a*) code civil (ainsi que les lois relatives aux droits d'auteur, droit international privé, droit interrégional privé ; *b*) code de commerce (ainsi que les lois sur les lettres de change, chèques, sociétés, etc.) ; *c*) code pénal (ainsi qu'une loi sur les tribunaux pour mineurs) ; *d*) code de procédure civile ; *e*) code de procédure pénale ; *f*) loi sur l'organisation judiciaire.

La Commission a jusqu'à présent accompli une partie de sa tâche, ayant déjà mis à la disposition des chambres, par l'intermédiaire du Ministère de la Justice, les projets de loi suivants : 1) droit international privé ; 2) droit interrégional privé ; 3) tribunaux pour mineur, (V.) Annexe : *Revue polonaise de législation civile et criminelle*, 1922, fac. 1) ; 4) droits d'auteur ; 5) lettres de change ; il est à noter que dans un avenir très prochain la Commission aura terminé son avant-projet de loi sur les chèques ainsi que la loi sur l'organisation judiciaire ; — de plus, elle aura probablement terminé avant 1926 les deux en matière de droit civil, commercial et pénal. De même, certains pays voisins de la Pologne, créés ou transformés par les traités de Paix notamment l'Esthonie, la Finlande et la Lettonie font un effort analogue à l'effet de créer une codification nationale.

A l'heure actuelle, où naissent et se développent dans les différents pays des organismes législatifs nouveaux la nécessité d'une collaboration internationale s'impose plus que jamais. Les études de droit comparé, l'interpénétration par la communication mutuelle des idées et des courants, constituent précisément le moyen permettant à ces organismes d'acquérir de l'extérieur, non seulement certains éléments précieux, mais aussi des moyens d'action favorables pour donner un élan au mouvement réformateur, qui se dessine en matière de droit dans tous les pays et spécialement dans les Etats qui se trouvent placés devant le problème ardu de créer une législation nationale, — civile et criminelle.

Un tel travail peut être réalisé d'une façon efficace par une collaboration régulière et suivie entre les institutions des pays respectifs, appelées à codifier le droit, ainsi que par le contact direct entre juristes des différentes nations se groupant autour des organisations scientifiques spéciales.

Depuis la crise mondiale, l'œuvre de solidarité, qui avait commencé à se développer d'une façon si bienfaisante, s'est trouvée compromise. A l'heure actuelle, ces efforts reprennent, grâce au travail intense accompli par les grandes associations qui sont à la tête du mouvement, ainsi : la Société de législation comparée, la Société générale des Prisons (Paris), l'Institut de Législation Comparée (Lyon), The International Law Association (Londres), pour ne citer que les plus importantes.

En Pologne ont été fondées, en 1922, la Société de Législation Civile et la Société de Législation criminelle qui entretiennent des relations étroites avec les organi-

---

codes de procédure, de même que le Code pénal dont la partie générale se trouve déjà élaborée (voir, *Revue...*, 1922, fasc. I).

I. En ce qui concerne le droit civil, la C. C. P. a jugé à propos de suivre l'exemple de la Suisse, an commençant son travail par la partie des obligations.

sations susmentionnées, et notamment avec celles de France, où il a même été créé un « Comité de rapprochement juridique franco-polonais ». De plus, un contact régulier a été établi avec la Roumanie, la Tchécoslovaquie, la Yougoslavie et récemment encore avec la Grande Bretagne, l'Italie et les républiques de l'Amérique latine. Il y a lieu de noter que ces sociétés polonaises ont fondé un organe, la « Revue polonaise de Législation Civile et Criminelle » (publiée en deux langues: en polonais et en français) qui a pour but, après s'être assuré la collaboration de juristes des différents pays, de suivre le mouvement de codification internationale et d'étudier les progrès du droit à la lumière de la législation comparée.

Résumant les suggestions énoncées plus haut, il serait donc opportun que la Conférence décidât d'inviter les quatre Gouvernements:

(a) à commencer et à faciliter l'échange régulier et suivi de toutes publications émanant des commissions nationales de codification des pays respectifs, ainsi que des associations juridiques qui s'y rattachent;

(b) à appuyer l'organisation, à tour de rôle, dans les capitales des quatre Etats, de conférences annuelles d'information relatives aux institutions susmentionnées;

(c) à assurer la coopération effective des quatre Etats dans le domaine du mouvement international, ayant pour but de rapprocher les théoriciens et les praticiens du droit civil et criminel.

Conclusions de la Délégation Polonaise relativement à la collaboration des institutions compétentes dans les quatre pays, en matière de codification nationale du droit civil et criminel.

Etant donné l'intérêt qu'il y aurait à réaliser un contact étroit entre les institutions compétentes des quatre pays en matière de législation et surtout en ce qui concerne le travail de codification et de réforme du droit, et pour favoriser la coopération effective, dans le domaine du mouvement international ayant pour but le rappro-

chement des législations civiles et criminelles, la Conférence invite les quatre Gouvernements :

a) *A commencer et à faciliter l'échange régulier et suivi de toutes publications émanant des Commissions de codification ou de préparation législative des pays respectifs, ainsi qu'à inviter les associations juridiques privées à y collaborer ;*

b) *A seconder l'organisation de conférences d'information en matière juridique.*

La Conférence prend acte de la déclaration du gouvernement polonais, autorisé à offrir les services du Bureau d'information et de Presse de la Commission de Codification polonaise à Varsovie, en vue de concourir à la réalisation de l'œuvre envisagée.

Gérant : M. Lavaud, 14, place Dauphine, Paris.

Sté Gle d'Imp. et d'Edit., 1, rue de la Bertauche. — Sens. — 4-24.

ASSOCIATION INTERNATIONALE
DE DROIT PÉNAL

Conseil de Direction

Le Conseil de Direction s'est complété, dans sa séance du 28 mars 1924, par la désignation de M. Carl Torp, professeur à la Faculté de Droit de Copenhague (Danemark) (*Statuts*, art. 7).

Groupes Nationaux (1)

Des Groupes nationaux ont été constitués conformément à l'article 5 des *Statuts*, en Espagne, en Pologne et en Roumanie.

Leurs bureaux ont été composés de la manière suivante :

1° ESPAGNE

Président :

M.

Dr Quintiliano Saldaña, *professeur à la Faculté de Droit de Madrid, vice-président de l'Association internationale.*

Vice-présidents :

MM.

Dr Enrique de Benito, *professeur à l'Université de Valence.*

---

(1) Nous publions sous cette rubrique, au fur et à mesure de leur réception, les renseignements relatifs à la formation du bureau des différents groupes. La liste complète de leurs membres paraîtra en tête du n° 1 de la 2ᵉ année. A cet effet, MM. les Présidents des groupes nationaux sont priés de nous faire parvenir le plus tôt possible les indications les plus précises sur les noms, titres et adresses des membres de leurs groupes : 10, Place du Panthéon, Paris.

Dr Frenando Cadalso, *inspecteur général des prisons.*

Dr Federico Castejón, *professeur à l'Université de Séville.*

Dr Jeronimo Jimenes, *professeur à l'Université de Saragosse.*

Dr Antonio Mesa, *professeur à l'Université de Grenade.*

Le P. Jeronimo Montes, *professeur au Collège des Etudes supérieures de El Escorial.*

Secrétaire :

M.

Dr Jaime Masaveu, *assistant à la chaire d'anthropologie criminelle de l'Université de Madrid.*

2° POLOGNE

Président :

M.

Franciszek Nowodworski, *Premier Président de la Cour suprême, vice-président de l'Association internationale.*

Viće-présidents :

MM.

Aleksander Mogilnicki, *juge à la Cour suprême, professeur à l'Université libre de Pologne.*

Waclaw Makowski, *professeur à l'Université de Varsovie, ancien ministre de la justice.*

Secrétaire :

M.

Emil Stanislaw Rappaport, *juge à la Cour suprême, professeur à l'Université libre de Pologne.*

3° ROUMANIE

Président :

M.

Julian Teodoresco, *professeur à l'Université de Buca-*
rest, président du cercle d'Etudes pénales, membre du Con-
seil de direction de l'Association internationale.

Membres titulaires
délégués au Conseil de direction

MM.

Vespasiano Pella, *professeur à l'Université de Jassy,*
député.

Jonesco Dolj, *conseiller à la chambre criminelle de la*
Cour de Cassation, secrétaire général du Ministère de la
justice.

Al. Dem. Opresco, *procureur près la Cour de cassa-*
tion, vice-président du Cercle d'études pénales.

LA JUSTICE PÉNALE

Discours prononcé au Congrès
de la *Société pour le progrès des Sciences*
à l'Université de Naples, le 2 mai 1924

Par M. Enrico FERRI
Professeur à l'Université de Rome
Président de la Commission royale pour la réforme des Lois pénales

. . . .

La justice pénale peut être considérée d'un point de vue
pratique, comme fonction défensive de la société contre
les délinquants. On peut la regarder aussi comme l'ensemble théorique des principes rationnels que la science
recherche, dans sa lutte contre l'inconnu, pour les signaler au législateur comme règle de sa fonction suprême,
au juge comme directives dans l'application des lois, à
l'administration publique comme devant guider l'exécution des jugements.

Pour ce qui regarde la justice, en tant que fonction
pratique journalière de l'Etat, nous rappellerons, à grands
traits, que dans son développement et ses variations on
voit se vérifier *la loi du rythme historique*, suivant laquelle une vague d'activité atteint son paroxysme, détermine une réaction correspondante qui, à son tour, se
manifeste avec excès, jusqu'à ce que l'histoire et la vie
se fixent sur un plan intermédiaire entre l'action et la
réaction, qui devient le point de départ pour de nouveaux cycles de lutte et de progrès humain.

Tout le Moyen Age, quant au rôle pratique de la
justice humaine, se laisse guider par cette idée fausse:
qu'on peut empêcher le délit par l'atrocité de la peine,
du châtiment, du tourment. Et pendant tout le Moyen
Age, en rapport avec cette forme dominante de l'activité
individuelle et sociale que j'appellerai « musculaire » il

s'est produit une sorte d'émulation entre la fantaisie exaspérée du législateur, dans l'art d'inventer des tourments et des peines, et la férocité du criminel, dans l'art de commettre, contre les personnes des actes de brutalité sauvage. Cette brutalité tend à disparaître devant la civilisation contemporaine: non certes que les tourments et la peine de mort prodiguée aient porté remède à cette criminalité violente; mais la civilisation moderne, inaugurée parmi les luttes moins violentes, plus sereines, des travailleurs et des penseurs, substituant à l'empire de la propriété immobilière le règne de la richesse mobilière, a détrôné la force; et, dans l'ombre sociale de la criminalité, elle a déterminé une évolution de la violence sanguinaire à la fraude reptilienne des délits contre la propriété mobilière.

Devant ces abus de la brutalité répressive du Moyen Age, l'Italie s'est placée une fois de plus à l'avant-garde de la justice pénale. C'est ce qu'ont reconnu les historiens étrangers du droit pénal, tels que Nypels, qui ont appelé l'Italie « la patrie de la justice pénale ». Depuis les *libri terribiles* du Digeste (47 et 48) qui contiennent la plupart des règles pénales du monde romain jusqu'aux praticiens du Moyen Age, jusqu'à l'épanouissement de la civilisation moderne, l'Italie a toujours mis sa marque originale sur cette fonction de la justice humaine, au double point de vue du magistère pratique de l'Etat, et de la systématisation des principes directeurs.

Cesar Beccaria, vingt-cinq ans avant l'explosion de la Révolution française, qui, avec la Renaissance italienne a engendré la civilisation moderne, César Beccaria, comme chacun le sait, écrivit une brochure, publiée anonymement à Livourne: *Des délits et des peines*. En 150 pages consacrées à la justice pénale, il révolutionna le sentiment public. Sa parole parvint aux trônes des puissants, et provoqua une série de réformes, de Léopold de Toscane à Joseph II d'Autriche, de Catherine de Russie aux législateurs de la Révolution française.

Le courant vers l'adoucissement de la justice pénale. — Alors se produisit dans la justice pénale, au XIXe siècle, un courant, qui constitua précisément la réaction contre la brutalité du Moyen Age: le courant vers l'adoucissement des peines, qui suivit l'initiative de Cesar Beccaria, et fit surgir la glorieuse école classique du droit criminel qui va, en Italie, de Cesar Beccaria — parmi de grands juristes, tels que Mario Pagano, Romagnosi, Filangieri, Niccolini, Pellegrino Rossi; — aux deux derniers géants de cette Ecole, constructeurs de son système scientifique: Francesco Carrara et Enrico Pessina.

Dans ce cycle, la justice pénale réagit contre la brutalité du Moyen Age. Elle réalise un adoucissement progressif des peines: abolition de la peine de mort, soit pour la majorité des cas, soit d'une façon absolue, comme en Toscane, puis en Italie et ailleurs; abolition des peines corporelles et des tortures; réduction de la rigueur et de la durée des peines d'emprisonnement. Suivant la loi du rythme, l'humanitarisme du XIXe siècle, met sa confiance absolue dans l'atténuation générale du système répressif — à l'égard de tous délinquants et de tous délits — comme le Moyen Age avait fait reposer la sienne sur la sévérité des châtiments.

En revanche, au point de vue pratique, cette justice pénale, soit au Moyen Age, soit au XIXe siècle, n'a obtenu aucun résultat qui répondit à son attente; la criminalité est allée toujours en augmentant.

De même qu'au Moyen Age la torture ne prévenait pas les crimes de sang. de même, au XIXe siècle, la peine, organisée humainement suivant les suggestions de la science et disciplinée par la loi, n'arrêta pas la marée montante des délits contre la propriété. Dans les dernières années du XIXe siècle, la justice pénale, comme fonction pratique, n'a pas empêché l'aggravation d'une forme symptômatique de la criminalité, qui révèle un état morbide de la Société: la criminalité des mineurs.

Il est naturel que la justice pénale, dans sa fonction pratique, n'ait pu réaliser les avantages qu'on avait attendus d'elle. Elle fut placée sur un terrain qui ne permettait pas aux germes de justice social de grandir et fructifier.

Au Moyen Age, elle consistait dans un système de réaction défensive contre le crime qui, lui-même, avait remplacé le système antérieur de la vengeance, du talion.

Il était dominé par cet esprit de pénitence, de mysticisme qui, alors, imprégnait l'âme collective de tous les peuples.

Dans la civilisation moderne, l'Etat devenu laïque, un principe nouveau s'est introduit : le principe éthico-juridique de la proportion entre le délit et la peine.

Or cette justice humaine, qui dérive des théories scientifiques et des méthodes législatives du XIXe siècle, ne représente pas toute la réalité humaine.

Lorsqu'un jour, au seuil de la conscience collective, parvient la nouvelle d'un crime atroce, deux courants, au sein de cette conscience collective, se manifestent. Un courant étroit, petit, venant des techniciens (magistrats, avocats, professeurs de droit) qui envisagent le fait dont ils ont connaissance de leur point de vue technique. Est-ce un délit consommé? Est-ce une simple tentative? Un assassinat ou un meurtre ordinaire? — Et, d'autre part, un grand courant, un vrai torrent de sentiments et de pensées. On se demande quelque chose de plus. On va au-delà de cette technicité juridique et aride. On se demande comment une créature humaine a pu arriver au point de commettre un pareil crime: par quels antécédents individuels ou familiaux, par quelles circonstances de milieu social, quel concours malheureux d'éducation manquée, de misère économique et morale elle a pu sombrer dans ce paroxysme de la criminalité...

La Conception intégrale du délit. — Ce grand courant vient de ceux qui saisissent la réalité humaine du délit, qui l'embrassent dans sa notion intégrale, naturelle, et ne le détachent pas, comme une abstraction juridique, de la personnalité de son auteur. Le délit n'est pas un phénomène naturel, impersonnel, tel que la foudre, le tremblement de terre ou l'inondation. Le délit est toujours l'action d'un homme, l'expression catastrophique d'une personnalité humaine. La justice humaine ne peut donc atteindre, au plus près, la vérité des choses, si elle n'ajoute à ce qui fut, dans l'histoire de la sciences, la tâche de l'Ecole classique du droit criminel — l'étude du délit envisagé comme entité juridique — l'étude de l'homme qui en est venu à commettre le délit. Quelle que soit votre opinion sur la genèse de la criminalité, que vous fassiez naître le délit de la misère, que vous l'attribuiez au défaut d'éducation, vous ne pouvez expliquer ce phénomène par une circonstance unique. Sur cent hommes qui souffrent de la misère, tous ne deviennent pas criminels, mais une partie seulement. D'autres, au lieu de commettre des délits, aboutissent au suicide par désespoir. D'autres persévèrent dans la voie de la lutte honnête pour la vie. On peut faire des observations semblables sur cent hommes auxquels a manqué le magistère de l'éducation familiale et sociale.

Ce fait montre bien qu'il existe dans la personnalité humaine une cause intime qui s'unit à la complicité du milieu familial et social pour déterminer la résultante du délit. Et comme cette cause intime était l'objet d'une simple affirmation verbale tant qu'on se contentait du postulat philosophique de l'homme délinquant *parce qu'il veut, et veut librement*, et qu'on n'ajoutait, soit au profit du législateur, soit au profit du juge, aucun moyen nouveau de porter remède à la criminalité: alors, vers 1878, s'est manifestée, par une évolution nouvelle, la direction que l'Ecole positive voulait donner à la justice pénale.

Qu'est-ce à dire? L'Ecole criminaliste classique a réalisé la perfection de l'anatomie juridique du délit. Mais nous croyons que le délit doit s'étudier aussi et surtout dans la personne du criminel qui l'a commis; et qu'à l'étude du délit il faut *ajouter* — et non *substituer*, comme nos adversaires, déformant notre pensée, dans un but de polémique, nous l'ont fait dire — ajouter l'étude de l'homme criminel. Evidemment, le délit reste toujours le point de départ nécessaire pour que l'on puisse mettre en mouvement la justice humaine, soit comme ensemble de règles abstraites et générales, soit comme engrenage de sanctions pratiques et particulières.

Telle est l'initiative scientifique, originalement italienne, qu'a prise l'Ecole dont les chefs sont Cesar Lombroso, Raffaele Garofoio, et moi-même, qui, dans la conscience moderne universelle, a conquis, jour par jour, un assentiment toujours plus général, et a pénétré de ses enseignements la pratique quotidienne de la justice humaine. Si bien qu'un des plus savants criminalistes contemporains, mon illustre ami le professeur Garraud, a déclaré (dans son *Précis de droit criminel*, 11e éd. 1912, p. 10): « Il faut bien reconnaître que c'est à l'Ecole italienne que nous devons la position du problème de la criminalité ».

Aucun accusé n'est identique à un autre, même si leurs crimes portent le même nom. — Quand vous lisez un traité de droit criminel, vous y trouvez des considérations abstraites, si je puis dire, des symboles intellectuels, d'ordre juridique. Quand vous lisez un Code pénal, vous y voyez des règles pratiques qui n'ont aucune physionomie personnelle, qui sont nécessairement générales et applicables à tous. Mais si vous pénétrez à l'audience d'une Cour d'assises ou d'un Tribunal correctionnel, vous n'y rencontrez pas les syllogismes des auteurs de traités, ni les règles des législateurs. Le juge qui doit appliquer les règles de la loi aux cas particuliers ne peut considérer le vol comme une entité juridique, l'homicide comme une entité juridique. Il faut qu'il regarde le voleur — *ce* voleur — le meurtrier — *ce* meurtrier, Et pour peu que, dans sa carrière judiciaire, il ait eu plusieurs fois à juger des voleurs et des meurtriers, il a fait l'expérience qu'aucun de ses justiciables ne ressemble parfaitement à l'autre, puisque deux personnes peuvent être accusées du même crime d'homicide et se trouver dans les conditions psychologiques et sociales les plus différentes. tels l'homicide passionnel — et l'homicide — comme dit la loi dans une formule inexacte, mais qui contient cependant un noyau de vérité — l'homicide *par brutale méchanceté*.

La connaissance du délinquant est donc une nécessité immanente de la justice humaine dans ses applications pratiques. Cela est si vrai que, quand vous exercerez comme avocats — je m'adresse aux étudiants qui, en m'écoutant, rajeunissent mon âme — quand vous serez avocats ou magistrats, vous verrez que les controverses juridiques, profondes, subtiles ou pédantes trouvent de rares applications dans l'administration de la justice quotidienne. Dans l'administration de la justice quotidienne, ce qui importe avant tout, c'est de résoudre ces trois problèmes préliminaires:

1º L'acte a-t-il eu lieu?

2º L'acte a-t-il été commis par l'inculpé d'aujourd'hui?

3º Cet acte, commis par l'inculpé d'aujourd'hui, a-t-il les caractères du délit qui est puni par la loi?

Dans la solution de ce triple problème, évidemment la personne du justiciable s'impose à l'attention et à la préoccupation du juge, non seulement pour déterminer sa responsabilité, mais aussi pour la critique des preuves. Quand, dans la majorité des cas, où l'on doit juger sur des indices, vous considérez par exemple la capacité criminelle du justiciable comme un indice de sa culpabilité probable, vous tournez les yeux vers un horizon auquel les formules juridiques, plus ou moins abstraites, sont évidemment étrangères, mais où domine l'observation et la connaissance d'une personnalité humaine.

Et c'est pourquoi l'orientation de l'Ecole positive a conquis progressivement — et par la force même des choses — l'assentiment général. C'est pourquoi elle répond aux exigences naturelles de la justice quotidienne. Si bien que les principaux représentants de la pensée classique, en matière criminelle, ont reconnu dès son aurore, à la nouvelle Ecole italienne le mérite d'avoir considéré sous cet angle nouveau le problème de la justice humaine.

Le criminel « sous une cloche de verre ». — Discutant sur le projet de Code pénal Zanardelli qui est devenu, deux ans plus tard, en 1890, une loi de l'Etat, Pasquale Stanislao Mancini, à qui j'ai eu le bonheur d'être uni par les liens de l'admiration et de l'amitié, et qui était vraiment l'image du jurisconsulte au sens romain de ce mot, Pasquale Stanislao Mancini, représentant logique et inflexible de la doctrine classique, reconnaissait pourtant, dans la discussion parlementaire, que l'Ecole criminaliste positive a apporté une contribution précieuse à la justice humaine, pour la connaissance du délinquant que, dit-il (ce sont ses propres paroles) nous autres classiques « avons représenté comme vivant sous une cloche de verre », alors que le délinquant est soumis au déchaînement des éléments familiaux et sociaux au milieu desquels il vit, palpite, agit et s'éteint.

Et Enrico Pessina, en 1879, dans cette Université de

Naples, fit une leçon célèbre, sous le titre: « Naturalisme et science juridique », dans laquelle il soutint que la science juridique devait se renouveler — ce sont ses propres paroles — « dans l'onde pure du naturalisme,... pour substituer aux abstractions de la logique l'étude profonde des faits humains ».

Ainsi, notre courant d'idées venait à la justice humaine, non pour remplacer, mais pour compléter l'étude et le travail merveilleux accompli par les classiques qui, jusqu'alors, n'avaient regardé le délit que comme une entité juridique.

Parler aujourd'hui de l'Ecole criminaliste positive, c'est pour ceux-là même qui engagent le combat sous ma bannière, agir à contre-temps, commettre un anachronisme, revenir à un mouvement d'idées dépassé. Depuis la fin du XIXᵉ siècle, surtout depuis les premières années du XXᵉ, nous savons qu'il s'est produit dans la conscience des penseurs de tous pays, dans le sentiment des générations nouvelles, un renouveau du courant spiritualiste et idéaliste. Mais, pour écarter ce jugement hâtif, impressionniste, je dois donc rappeler qu'il faut avoir soin de distinguer la philosophie positive (qui est un système), et la méthode positive.

Philosophie positive et méthode positive. — Nous autres, positivistes de l'Ecole criminaliste, nous n'adhérons pas à un système philosophique, tel que celui d'Auguste Comte, d'Herbert Spencer, ou de Roberto Ardigo. Naturellement, il y a toujours, dans leur doctrine, une part de vérité qu'on peut utiliser. Mais ce qui caractérise l'orientation nouvelle qui à prévalu en Italie quant à la justice pénale, c'est le recours à la méthode positive, à celle que j'appellerai de préférence, à la façon italienne, la « méthode de Galiléi », c'est à dire la méthode d'observation et d'expérimentation. C'est que, comme disait Enrico Pessina, en 1879, pour la justice pénale, les abstractions logiques ont leur raison d'être, mais elles ne suffisent pas. Il faut les compléter, les féconder par l'étude et la connaissance des faits humains: étude qui ne consiste pas dans la dialectique philosophique, mais dans l'observation à l'intérieur des laboratoires, des asiles d'aliénés et des prisons.

Pour moi, je suis aussi, par tempérament, un idéaliste. J'ai toujours pensé — et je puis citer l'exemple de ma vie — que la vie sans un idéal, quel qu'il soit, — dans les arts ou les sciences, en politique ou en religion — la vie sans un idéal n'est pas digne d'être vécue. J'ai donc senti toute la force de l'idéal dans la vie humaine. Je pense que la vie humaine ressemble à l'arbre que nous admirons, création merveilleuse de la nature. Ce que nous admirons dans l'arbre, c'est le tronc puissant, inébranlable; ce sont les branches qui serpentent vers l'azur du ciel; ce sont les feuilles et les fleurs. Eh bien! ces feuilles et ces fleurs irisées, baisées par le soleil, c'est la flamme de l'énergie idéaliste, brûlant dans toute créature vivante. Mais comment nier que l'arbre ne saurait vivre seulement du tronc, des branches, des feuilles et des fleurs; qu'il ne vivrait pas, s'il n'y avait les humbles racines silencieuses qui, plongées dans la vieille terre éternelle, y cherchent les sucs vitaux grâce auxquels l'arbre peut défier le vent et la tempête? Dans la vie humaine, l'idéal existe. Il doit exister pour l'ennoblir et la rendre utile à soi et aux autres. Mais comment nier que les causes et les racines de la vie doivent être précisées par l'observation galiléenne des faits humains? On peut croire, si l'on veut, à l'immortalité de l'âme. Mais croire à l'immortalité de l'âme ne dispense pas d'observer les règles d'hygiène par où se conserve la santé du corps, qui est pour l'âme un instrument et un rouage nécessaire.

Voilà pourquoi nous pouvons parler aujourd'hui encore de l'Ecole criminaliste positive. C'est qu'elle n'est pas un système philosophique — les systèmes philosophiques disparaissent et se succèdent d'époque en époque — mais une méthode positive de recherche scientifique.

Philosophie idéaliste et criminologie scientifique. — Si nous voulions parler des systèmes philosophiques, il y aurait une remarque suggestive et intéressante à faire. C'est que l'orientation idéaliste de la philosophie moderne en Italie, due à Benedetto Croce et à Giovanni Gentile, est plus voisine, dans ses applications possibles, de l'Ecole positive que de la tendance néo-classique, aujourd'hui en faveur. Voici comment. Sous le titre de « méthode juridique », on oublie d'embrasser parfois les considérations philosophiques et sociologiques qui se trouvaient dans l'œuvre des grands criminalistes classiques, pour réserver ce terme à un travail de micrologie juridique et de formules cryptographiques, contrastant avec l'expression toujours simple et claire de la pensée latine (1).

M. Gentile, le ministre actuel de l'instruction publique, publiant, il y a quelques années, ses *Essais critiques sur la philosophie italienne dans la seconde moitié du XIX*[e] *siècle*, parlant de l'Ecole criminaliste positive, déclarait qu'elle était diamétralement opposée à l'idéalisme philosophique. Il ajoutait pourtant que, dans le domaine de ses applications pratiques à la justice pénale, l'Ecole d'anthropologie criminelle italienne — ce sont les termes même de Giovanni Gentile — « a un mérite de premier ordre ».

Aujourd'hui même, les adeptes de la philosophie idéaliste qui, en Italie, s'occupent des problèmes de la répression et de la criminalité — tels que Maggiore, Spirito, Costa, etc. — ne dissimulent pas leur sympathie pour la méthode et les conclusions de l'Ecole positive.

Ceux qui sont des idéalistes purs ou plutôt des idéalistes modernes, selon la philosophie de Giovanni Gentile, reconnaissent que l'Ecole juridique néo-classique se mutile et mutile la réalité, en fixant simplement ses regards sur le délit entité juridique, objet de la règle de droit. Elle réduit tout le droit criminel à un travail modeste d'exégèse légale.

Si la philosophie idéaliste soutient qu'entre le sujet et l'objet il n'y a pas antagonisme, discontinuité, mais au contraire, identité unificatrice; si la philosophie idéaliste soutient que l'idée et l'acte sont inséparables et constituent une seule entité, le fait que des criminalistes, comme ceux de l'Ecole positive, veulent que le délit soit étudié non pas seulement en lui-même, desséché, comme

---

(1) C'était exactement l'appréciation de l'éminent criminaliste et professeur Garçon dans sa préface à l'édition française du *Traité de Droit pénal* du professeur Von Liszt.

dans une préparation d'anatomie juridique, mais soit étudié avant tout et surtout dans la personne de l'homme qui l'a conçu et exécuté, évidemment cette méthode positive est moins éloignée de la philosophie idéaliste. C'est pourquoi j'ai dit, il y a quelques années, que malgré la préoccupation du prétendu matérialisme ou positivisme qui nous était attribué, c'est nous qui spiritualisons et moralisons la justice humaine. (1)

Nous la spiritualisons parce que, le délit, nous l'étudions et le considérons non en soi et pour soi, comme entité juridique, mais en rapport avec la personnalité de l'homme qui l'a accompli, en rapport avec les motifs psychologiques qui ont déterminé cet individu à commettre ce délit. Ce lien indissoluble que nous maintenons entre l'état d'âme du délinquant et le résultat objectif qui est le délit, réalise une conception intégrale de la réalité humaine. Naturellement, l'idéalisme moderniste considère avec sympathie qu'aucune séparation ne soit faite entre le délit et les conditions psychologiques au milieu desquelles il s'est produit.

Voilà l'état de la justice pénale en Italie et, d'ailleurs, dans tous les pays civilisés du monde moderne, à l'exception peut-être des pays anglo-saxons. Puisque, comme on le sait, Rome a enseigné le droit au monde, la conception juridique romaine, qui est la nôtre, est plus ou moins celle de toute l'Europe continentale. Elle s'éloigne profondément de la conscience juridique anglo-saxonne. La conscience juridique anglo-saxonne a une conception qui, à certains égards, est plus voisine de l'esprit des jurisconsultes classiques romains. Les jurisconsultes romains furent grands précisément parce qu'ils ne séparaient pas la norme juridique du fait qu'ils tenaient pour l'expression de la vie. Le droit anglo-saxon a pris ce caractère réaliste. Au contraire, dans l'Europe continentale, sous l'influence du mysticisme du Moyen Age, la pensée juridique s'est engagée dans une voie diffé-

---

(1) Il est intéressant, à ce point de vue, de constater que le *Code de droit canonique*, récemment publié, contient des règles pénales (ignorance de la loi, défaut d'influence de l'ivresse sur la peine, etc.) qui sont en accord avec les propositions de l'école positive et les règles de notre projet de code pénal italien.

rente. Puis, ce fut l'abus de la logique juridique abstraite, par laquelle le droit, au lieu de servir à la vie quotidienne, devient son propre but, et se perd dans les régions vagues de la construction dogmatique. C'est ce qui s'est produit surtout en Allemagne, où la science du droit est parvenue aux abstractions les plus ténébreuses, contre lesquelles s'est insurgé avec éloquence un éminent juriste allemand, le professeur Ihering.

Le Projet de Code pénal italien. — Pour parcourir une dernière étape dans le rapide voyage intellectuel que j'ai aujourd'hui le plaisir de faire avec vous, j'ajoute que la *Commission royale pour la réforme des lois pénales*, que j'ai l'honneur de présider, a rédigé, d'accord avec les idées de la criminologie moderne, un projet de Code pénal. Le livre Ier contient les règles fondamentales, et il est déjà publié. Le livre II, qui est en préparation, renferme l'énumération des faits délictueux: il pourra améliorer le code actuel dans les définitions qu'il en donne, le modifier, quant à la mesure des sanctions; mais il ne touche pas aux problèmes fondamentaux qui sont envisagés et résolus dans le livre Ier. Dès après la publication de ce livre I du projet de Code pénal italien se sont naturellement manifestées — comme à l'occasion de toute œuvre qui a ses caractères originaux — des approbations enthousiastes et de violentes oppositions. C'est naturel: ce projet constitue l'organisation législative des principes et des conclusions qu'avec la méthode galiléienne l'Ecole positive italienne était venue imposer à l'attention des criminalistes internationaux. Et nous savons que toute l'évolution, non seulement scientifique, mais aussi législative des pays civilisés contemporains — sous une forme d'ailleurs fragmentaire, inorganique et parfois contradictoire — a consisté à s'éloigner des abstractions logiques de l'Ecole classique et à se rapprocher des conclusions réalistes de l'Ecole positive italienne (1).

---

(1) Telle a été, dans son programme méthodique et ses conclusions pratiques, l'œuvre très utile de l'*Union internationale de droit pénal*, entreprise par Van Hamel, Prins et Von Listz, et aujourd'hui reprise, sur l'initiative de nos collègues de la Faculté de Droit de Paris, sous le titre d'*Association internationale de Droit pénal*.

**Condamnation conditionnelle, libération conditionnelle, ma-
nicômes criminels, réclusion à temps indéterminé**. — Quand,
pour rendre la justice humaine plus conforme aux exigences de la vie moderne, on propose la condamnation
conditionnèlle, quand on propose, pour l'exécution des
sentences pénales, l'institution de la libération condition-
nellc et celle des manicômes criminels, logiquement, les
criminalistes classiques font opposition; et Carrara a des
pages éloquentes contre l'institution de la *libération conditionnèlle* accordée au condamné avant l'expiration de sa
peine: il comprend que cette institution frappe à mort le
principe abstrait de la proportion entre le délit et la
peine.

Quand la loi et le tribunal ont décidé que, dans un
cas déterminé, tel homme doit subir, par exemple, 10
ans de réclusion — parce que ce châtiment est propor-
tionné à sa faute — admettre qu'à la 7e ou la 8c année il
peut être libéré de prison, à cause de sa bonne conduite,
de son repentir, etc., — disait justement Carrara, — c'est
atteindre le principe fondamental de la justice pénale.
Malgré ces oppositions de la logique juridique et abstraite,
l'institution a suivi sa carrière; elle est admise par toutes
les législations pénales des peuples civilisés.

Il en est de· même de la *condamnation conditionnelle*, qui est une autre atteinte mortelle au principe
de la peine châtiment : quand un homme est convaincu
d'être l'auteur d'un délit, il doit subir la peine édictée par
la loi : il n'y a pas de raison de suspendre l'application
de la sanction pénale. Si on la suspend (et on fait bien,
quand la condamnation conditionnelle est appliquée au
délinquant d'occasion, non dangereux, digne qu'on le pré-
serve de la corruption du milieu pénitentiaire pour l'utiliser à nouveau comme citoyen libre), si la condamnation
conditionnelle mène à ce résultat, elle se justifie par des
raisons qui sont au dehors et au-dessus du principe abstrait de la proportion entre le délit et la peine.

On peut en dire autant de *l'internement à temps indéterminé* que notre Projet a adopté comme règle générale,
succédant aux applications partielles que cette forme de
sanction a reçues dans les lois pénales modernes, à commencer par le Code pénal norvégien, à l'égard surtout des

criminels d'habitude. Or, la peine à durée indéterminée, comme la libération conditionnelle et la condamnation conditionnelle, rencontre l'opposition des criminalistes traditionnalistes, qui la traitent d'« hérésie juridique ». C'est que la peine à temps indéterminé, l'institution la plus capable de réaliser une défense sociale efficace à l'égard des criminels les plus dangereux, et de provoquer le relèvement des délinquants les moins redoutables, est certainement contraire au principe classique de la proportion entre la faute et le châtiment, entre le délit et la peine.

La proportion entre le délit et la peine est irréalisable. — Ce principe qui — il est étrange de le dire — constitue la base angulaire de la justice pénale, dans sa notion abstraite, soulève, en revanche un problème vraiment insoluble, qu'aucun criminaliste ni aucun législateur n'a jamais résolu. C'est l'esprit de l' « Essai critique sur le droit pénal » (1873) de Giovanni Bovio. Celui-ci, bien qu'il reste, dans ses conclusions, sur le terrain de la doctrine traditionnelle, signale cependant que de grands criminalistes classiques — il suffira de citer mon maître en droit pénal, Pietro Ellero, et l'éminent criminaliste et professeur français Tissot — ont avoué qu'on ne peut établir une proportion absolue entre la peine et le délit, mais seulement une proportion relative, opportuniste, empirique.

Si vous infligez une peine grave à l'homicide, vous devez infliger une peine moindre à l'auteur de coups et blessures, une peine moindre encore à l'auteur d'injures verbales. Mais c'est une proportion relative.

Voici la proportionnalité absolue: en admettant, par exemple, que le parricide est le plus grand crime qu'une créature humaine puisse commettre, quelle est la peine proportionnée au parricide? La réponse est impossible. Consultez les traités, consultez les lois: vous trouverez ici la peine de mort, là, la réclusion perpétuelle. Certains criminalistes, comme Holtzendorff, ont même soutenu que l'Etat n'a pas le droit d'infliger la réclusion perpétuelle. A cette conception de la justice humaine, qui se fonde sur le principe irréalisable de la proportion entre la faute et le châtiment, nous avons substitué le principe réaliste et relatif que la sanction pénale doit se proportionner, non à l'entité objective du délit, mais au caractère plus ou moins dangereux du malfaiteur qui le commet. L'auteur d'un délit léger peut être plus dangereux pour la société que l'auteur d'un délit grave. Par exemple, l'homicide, quand il est commis dans l'élan d'une passion généreuse — honneur offensé, amour contrarié — révèle chez son auteur une témibilité infiniment moindre que, par exemple, le brigandage ou le vol commis par un délinquant d'habitude, qui veut en faire son métier. Ainsi, la proportion entre la peine et le délit est une notion abstraite, inconciliable avec les réalités de la vie sociale. Pour mesurer la faute morale d'un homme il faudrait avoir l'omniscience de Dieu et non pas l'intelligence bornée d'un juge, né d'une femme, qui ne pourra jamais savoir par quelles influences de la vie intra-utérine et enfantine, par quelles influences du milieu familial et social tel homme est devenu un criminel (1). Ce qu'on peut accorder avec elles, c'est seulement cette proportionnalité empirique, cette dosimétrie pénale, qui trop souvent réduit le travail du juge à l'application mécanique d'un tarif pénal.

La loi fixe le minimum et le maximum de la peine applicable à chaque *forma juris* du délit. Mais le juge (qui veut accomplir rationnellement sa tâche) doit, dans les limites légales, tenir compte des précédents, de la personnalité, de l'attitude de l'auteur de chaque délit pour infliger des peines qui varient, malgré l'identité de la *forma juris*.

La responsabilité légale. — Notre Projet de Code pénal a rencontré des oppositions d'ordre théorique et sentimental. C'est à quoi nous nous exposions, en ayant le courage de prétendre qu'on doit fonder la justice humaine sur un principe qui soit autre chose qu'un mensonge conventionnel tel que « la proportion entre le délit et la peine », sur un critérium de responsabilité légale indépen-

----

(1) C'est pour cela que plusieurs penseurs catholiques sont d'accord avec l'école positive lorsqu'elle affirme que l'Etat n'a compétence que pour dicter des mesures et des sanctions de défense pratique contre les criminels, en laissant à la théologie et la philosophie le soin de juger la faute morale. C'est dans ce sens que la Bible et Jésus ont dit aux hommes : Ne jugez pas.

dant du critérium traditionnel de la responsabilité ou de
la faute morale. Le projet a établi que quiconque est l'auteur d'un délit, quelle que soit sa condition personnelle,
encourt la sanction établie par la loi à moins qu'il se
trouve dans un des cas où le fait lui-même est justifié:
alors, en effet, ce fait a l'apparence d'un délit, mais n'en a
pas la substance. C'est, par exemple, l'homicide en état de
légitime défense.

C'est contre ce principe de la responsabilité légale que
se sont concentrées les résistances des cénacles intellectuels qui espéraient en vain découvrir des défauts
techniques dans un projet rédigé avec la simplicité et
le réalisme de la pensée latine, sans le formulaire ni le
jargon académiques. On a dit: mais, avec le principe de
la responsabilité légale, vous tendez à détruire ce sentiment séculaire de l'humanité, que le délinquant est *coupable* du délit qu'il a commis! — Pour résoudre ce problème, il faut le poser en termes précis. Quand le législateur fait un Code pénal, il ne fait pas un traité de philosophie, ni de théologie, ni de morale. Il organise un ensemble de moyens pratiques de préserver la société honnête des agressions des malfaiteurs. C'est une fonction
pratique, et, comme telle, elle est étrangère aux opinions philosophiques, étrangère aux convictions religieuses, parce que' ces dernières relèvent d'une autre juridiction. Le théologien et le fidèle verront dans le délit
la violation des préceptes divins, et le jugeront selon
leur conscience; et nous n'avons rien à objecter. Le
philosophe jugera le délit au point de vue de sa conception de la vie et de l'univers: et nous n'avons rien à dire
là-contre. Ainsi fera le moraliste, le psychiâtre qui appré-
cieront l'infraction sous l'angle visuel qui leur est propre.
Enfin l'artiste peut envisager le délit du côté esthétique:
tel cet esthète parisien qui, après un attentat anarchiste
ayant causé des morts, s'écria: « Qu'importent les vagues
humanités, pourvu que le geste soit beau ! ». — Mais le
législateur et le juge pénal doivent faire œuvre pratique
de défense sociale; et cette œuvre pratique est paralysée par le principe que le criminel ne peut être puni
(« puni » est le mot ancien) — qu'une sanction défensive ne
peut être infligée à l'auteur d'un délit, s'il n'a pas com-

mis une faute morale. Ainsi la condition de la faute morale comme fondement de la responsabilité pénale est devenue, dans la justice quotidienne, un moyen d'échapper à la responsabilité de ses propres actes, au ·grand avantage des criminels les plus dangereux.

La faute morale paralyse la justice pénale. — Puisque tout crime atroce et scandaleux n'est que le symptôme d'une personnalité anormale, il se produit ceci que — la justice humaine étant liée à la faute morale — le criminel le plus atroce peut — et avec raison — faire constater sa propre anomalie; et il peut aussi — mais ceci est fâcheux — faire admettre par là que sa faute morale est moindre, et, par conséquent, qu'il n'encourt que la peine la plus faible, s'il ne doit obtenir aussi l'impunité. D'où dans les débats judiciaires, la lutte, parfois théâtrale et scandaleuse, entre l'accusation et la défense, en vue de nier ou d'affirmer que l'inculpé est un anormal, un demi-fou, etc. — Sous un régime pénal guidé par le concept de la défense sociale, accusation et défense s'accorderaient plus aisément à constater l'anomalie psychique d'un inculpé. Le principe de la responsabilité légale étant admis, la constatation de l'anomalie ou de la faiblesse d'esprit n'aurait pas d'autre effet que de modifier la désignation du lieu d'internement (manicôme criminel pour les fous, colonie agricole pour les délinquants d'habitude, etc.); elle ne conduirait plus à l'impunité, avec la quasi-certitude des rechutes en de nouvelles infractions.

Inversement, au cas de délits excusables, vous verrez invoquer sans cesse en Cour d'assises les art. 46 et 47 du Code pénal relatifs à la maladie ou faiblesse d'esprit. Le même juge, se trouvant en face de l'auteur d'un délit qu'il juge digne de pardon, ne trouvant pas dans le Code actuel l'institution du pardon judiciaire que, par loyauté et sincérité législative nous avons introduite dans notre projet, le juge, s'il veut absoudre, tout en reconnaissant que l'inculpé a commis le délit, doit faire intervenir une aliénation mentale dont il sait qu'elle n'existe pas chez le prévenu. C'est-à-dire qu'une série de mensonges conventionnels sont l'effet de cette subordination de la justice pénale au principe de la responsabilité morale. Par lui, la justice humaine se déguise, se déforme et se paralyse, restant impuissante contre les malfaiteurs les plus dangereux parce qu'ils sont les plus anormaux, et trop sévère pour les délinquants moins redoutables, c'est-à-dire moins anormaux.

D'autre part, on ne peut nier que le principe de la responsabilité légale, sans blesser ni la foi religieuse, ni les opinions philosophiques, satisfait au sentiment commun de la morale, en ce sens que les sanctions infligées à tout auteur de délit fixent et confirment dans la conscience publique le sens de l'immoralité de l'acte.

Le préjugé traditionnel domine cependant chez les peuples latins et dans les Etats de l'Europe occidentale. Dans les nations anglo-saxonnes règne un principe différent qui, d'ailleurs, se manifeste et s'accentue aussi chez nous. Vous connaissez, dans le domaine du droit civil, le système d'après lequel l'art. 1151 du Code civil, qui crée l'obligation de réparer le préjudice, doit s'appliquer indépendamment de la faute subjective imputée à l'auteur du dommage. C'est la doctrine de la faute objective, qui, sur le terrain du droit civil, prétend aussi réconcilier la logique abstraite du droit avec les réalités de la vie sociale: elle compte, en Italie, les savantes et précoces affirmations de mon inoubliable élève de l'Université de Bologne, Giacomo Venezno, de Trieste, mort glorieusement pour son idéal sur le champ de bataille.

Les anglo-saxons disent: Quiconque vit en société en retire les avantages, et doit en subir les inconvénients. S'il manque à ce minimum de discipline sociale qui oblige chaque citoyen à respecter chez les autres les conditions de la libre existence, il doit en porter la peine vis-à-vis de la société. Par exemple, il y a en Angleterre une loi pénale connue de tous — (*Trial of lunatic Act* — 1883) qui établit des sanctions pénales pour les délinquants aliénés. Le juge, quand il condamne, emploie la formule suivante: *Guilty but insane*, — coupable, mais fou. Il déclare donc le fou coupable, s'il le considère comme étant l'auteur d'un délit, c'est-à-dire qu'il déclare qu'il doit répondre, qu'il est responsable du fait commis. Mais, comme il le déclare en même temps aliéné, au lieu de l'envoyer dans une maison de réclusion commune, il le fait interner dans un manicôme criminel, « au gré de Sa Majesté » (ce sont les termes du jugement), c'est-à-dire *à temps indéterminé*.

Ce n'est certes pas au nom de la justice pénale, c'est-à-dire de la nécessité de la défense sociale, qu'on peut objecter que le fait commis par un fou « n'est pas un délit ». Ce jugement moral ne regarde pas le juge. Pour apprécier la faute morale d'un homme, il faut l'omniscience de Dieu. Chez un fou qui agit avec la conscience lucide, (ce qui arrive souvent) comment le juge, né d'une femme, peut-il faire la part de ce qui, dans l'acte, est morbide, et de ce qui est pure méchanceté? Le juge ne peut que constater l'exécution de l'acte délictueux (homicide, incendie, viol, vol, etc.) de la part de l'inculpé, son degré de témibilité, et la forme de sanction défensive qui sera la mieux adaptée à sa personnalité, corrigible ou incorrigible suivant ce que démontrera, en pratique, l'exécution de la sentence comportant la segrégation à temps indéterminé. C'est-à-dire que cette responsabilité légale que notre Projet a consacrée législativement sous une forme systématique-n'est que l'organisation d'un principe qui, empiriquement, s'applique aujourd'hui, même en Italie.

Les délits involontaires et la responsabilité légale. — Quand l'art. 45 de notre Code pénal actuel, abandonnant le principe classique du Code toscan, d'après lequel la responsabilité pénale était fondée sur « le libre choix de la volonté », se contente du critérium de la « *volontarietá* », (simple volonté), il fait un pas vers le principe de la responsabilité légale. Spécialement, dans la seconde partie de cet article, quand le législateur dit que « n'est pas puni celui qui n'a pas voulu le fait délictueux, *à moins que la loi ne le mette autrement à sa charge* ». C'est-à-dire que vous pouvez être puni même si vous n'avez pas voulu le fait, du moment que la loi le met à votre charge. Et qu'est cela, sinon la responsabilité légale?

Enrico Pessina, quand Zanardelli présenta au Parlement son projet de Code pénal qui contenait cette règle, remarqua que c'était la mort du principe classique. Sans doute, disait-il, dans les délits d'imprudence, il y a des cas d'action positive où l'acte initial, pour le moins, est volontaire. Le chasseur tire contre la haie où il a vu se poser un oiseau; il ne réfléchit pas que derrière la haie peut se trouver un homme, et il le blesse. On dira: Vous n'avez pas voulu tuer l'homme, mais vous avez voulu décharger votre fusil. C'est de cela que vous êtes pénalement responsable. Ainsi, l'on maintient la subordination de la peine au caractère volontaire de l'acte, expression de la faute morale.

Mais — disait Enrico Pessina — et au cas de délit par omission, par inaction?

Il y a quelques semaines, vous avez lu dans les journaux qu'il s'est produit à Metz un grave accident de chemin de fer. L'employé qui se tenait dans la cabine du bloc, vaincu par la fatigue de longues heures de travail ininterrompu, peu de temps avant l'arrivée du train rapide, fut pris de sommeil, et omit de mouvoir le levier pour ouvrir la voie au rapide qui survenait. Le rapide est allé finir sur une voie de garage, a heurté un train arrêté. Il y a eu des morts et des blessés.

Cet homme est-il responsable pénalement? Mais certainement. Pourtant, si vous subordonnez sa responsabilité pénale à sa faute morale, vous n'avez pas le droit de punir. C'est pourquoi des criminalistes classiques, tels qu'Almendingen, maintenant la faute morale en tant que condition nécessaire de la peine, ont pu soutenir que, pour les délits involontaires, aucune peine n'est légitime. Sans doute, ils donnent satisfaction, ainsi, à la logique abstraite; mais ils méconnaissent les exigences de la défense sociale à l'égard des auteurs de délits involontaires, qui, dans nos civilisations modernes, deviennent de plus en plus nombreux.

Pour revenir à l'employé de Metz, s'il avait omis de mouvoir le levier afin de causer intentionnellement un accident, il serait un assassin vulgaire. S'il avait commis un acte positif d'imprudence, comme le chasseur de tout à l'heure, par exemple, en mouvant un levier au lieu d'un autre, il y aurait au moins, dans son acte, un certain élément de faute. Mais s'il n'a rien fait, s'il n'a pas agi, s'il n'a eu — je ne dis pas l'intention, mais la pensée même du fait comment soutenir qu'il a, à un degré quelconque une responsabilité morale? On ne peut lui imputer qu'une responsabilité *légale*, en ce sens qu'il avait l'obligation professionnelle d'accomplir un certain acte, et qu'il ne l'a pas accompli. La société, contrainte par les réalités de la vie, pose, en principe, pour condition de la peine, le caractère volontaire de l'acte. Mais si une action qui n'est pas volontaire, si même une simple abstention a eu des effets dommageables, elle tient pour responsable, par nécessité de défense sociale, celui qui a manqué, si peu que ce soit, aux devoirs que lui impose la vie sociale.

Fous criminels et responsabilité légale. — Lorsque en 1879 le député Auguste Righi — Mancini était garde des sceaux — demanda qu'on instituât en Italie des manicômes criminels pour les fous délinquants au lieu de mettre en liberté les fous et les délinquants acquittés pour aliénation mentale, Pasquale Mancini, avec sa logique inflexible s'opposa, comme Ministre de la Justice à l'institution des manicômes criminels qui fonctionnent dans les pays anglo-saxons depuis un siècle, et qui existaient en droit romain sous la forme de mesures de précaution contre les délinquants aliénés *ad securitatem proximorum*. Mancini s'y opposa, parce que, dit-il, quand l'homme commet un délit en état de folie, il n'est pas un délinquant « il n'a pas commis un délit » et l'Etat n'a aucun droit de restreindre sa liberté. Il doit être rendu à la vie libre.

Pourtant, la réalité montre que beaucoup de délinquants acquittés pour infirmité d'esprit, étant aliénés ou anormaux, commettent de nouveaux délits. Il y a eu des crimes scandaleux. Par exemple: celui dont fut victime à Rome, quelques années après cette réponse faite par le Ministre Mancini au député Righi, le directeur du café Aragno. L'auteur est un individu qui avait été jugé, pour homicide, par une Cour d'assises française. Il avait été acquitté pour aliénation mentale et mis en liberté. Il avait un délire de persécution. Venu à Rome, il tua au café Aragno, en plein jour, le directeur, victime innocente, qu'il ne connaissait pas le moins du monde.

Aussi le Code Zanardelli contient-il, dans l'art. 46, un paragraphe dont la rigueur a été accrue par le nouveau

Code de procédure pénale de 1914, et aux termes duquel: quand le délinquant a été acquitté pour aliénation mentale et déclaré moralement irresponsable, le Président doit l'envoyer au manicôme, s'il estime que sa libération serait dangereuse. Qu'est cela, sinon une force empirique, fragmentaire, indirecte, de la responsabilité légale?

Enfants délinquants et responsabilité légale. — De même qu'est-ce que la procédure contre l'enfant délinquant de moins de 9 ans, déclaré, dans le Code pénal, irresponsable par présomption *juris et de jure*, et dont la précocité dans le crime (surtout dans le crime de sang) est, au contraire, le symptôme d'une tendance congénitale? Le Président du Tribunal, tout en le déclarant « irresponsable » peut le faire interner jusqu'à sa majorité dans une maison de correction, s'il a commis un délit puni par la loi d'une peine d'emprisonnement de 1 an au moins.

Evidemment, ce sont là des applications partielles, fragmentaires, empiriques de ce principe de la responsabilité légale, qui est la suprême nécessité de la justice pénale, si l'on veut arriver réellement à protéger les honnêtes gens contre les malfaiteurs.

Deux conclusions. — De là, deux conclusions me semblent s'imposer avec évidence.

C'est, d'abord, que l'opposition théorique au principe de la responsabilité légale se ramène à un pur byzantinisme, à une question de mots, si ce principe est déjà accueilli par les législations pénales, sous la forme de l'internement (même dans un manicôme) du criminel acquitté pour aliénation mentale, de la condamnation infligée à l'auteur du délit involontaire commis par inaction, de l'internement (même dans une maison de correction) des enfants délinquants, jugés moralement irresponsables.

La seconde conclusion, c'est la réaction de tout le mouvement législatif moderne contre la notion de *la peine-châtiment*, que certains criminalistes contemporains se refusent à abandonner. Leur aversion à l'égard des conceptions modernes de la criminologie scientifique se présente comme un phénomène de routine intellectuelle. C'est un geste de paresse, en face des obligations que la science moderne impose au criminaliste de ne pas se borner aux argumentations de logique juridique abstraite, mais d'étendre leurs études et leurs connaissances aux données de la psychologie criminelle, de la psychiatrie, de la statistique, de la sociologie criminelle, etc. D'autre part, on comprend combien l'idée de la peine-châtiment a des racines profondes, s'il est vrai qu'elle était écrite déjà dans la loi de Manou, plusieurs siècles avant Jésus. Il est écrit dans la loi de Manou: « Pour aider les Rois, le Seigneur a créé, dès le commencement, le génie du châtiment... Le châtiment veille, quand le genre humain dort. Le châtiment est la justice » ...

Eh bien nous, aujourd'hui, en plein XXe siècle, nous entendons répéter encore que la peine doit être un châtiment: illusion, que le Moyen Age et la civilisation moderne ont placée comme sous une lentille d'agrandissement. Quiconque étudie l'homme sait que la peine ne peut être une digue qui l'empêche de commettre un délit, s'il ne trouve dans sa personnalité les conditions de cette résistance. La menace législative d'une peine se heurte à l'un de ces éléments toujours présents dans l'âme de celui qui va commettre un délit; ou bien il le commet dans l'élan de la passion, dans ce que j'ai appelé une fois « un ouragan psychique », ou bien il le commet avec préméditation. S'il le commet dans l'ouragan de la passion, évidemment, la peine-châtiment dont le législateur le menace est sans effet sur la conscience de l'homme emporté par le tourbillon. Il s'abandonne aux excès criminels si sa conscience ne contient pas, en elle-même, des forces suffisantes d'inhibition. Si, par contre, le délinquant agit de propos délibéré, la peine-châtiment est paralysée par l'espérance de l'impunité.

Le criminel qui prémédite se dit: Je suis plus fin que les autres, ils ne me découvriront pas.

Il faut faire une petite observation pour apercevoir la réalité de cette observation psychologique.

Regardez un billet de banque de 100 lires. Vous verrez que le législateur, guidé par l'illusion de la peine-châtiment, a écrit sur l'angle de ce billet: « La loi punit ceux qui ont contrefait les billets de banque ».

Et alors représentez-vous l'homme qui commet, avec

préméditation, le délit de fausse monnaie, écrivant, quand, sur la pierre lithographique il contrefait le billet de 100 lires: « La loi punit ceux qui ont contrefait les billets de banque »....

C'est donc toute une autre conception qu'il faut avoir de la justice humaine.

Un plan régulateur pour la justice pénale. — La justice pénale ne peut être, à bien des égards, qu'une défense préventive.

A ce propos, je crois utile de reproduire une page de ma conférence sur *La réforme de la justice pénale en Italie*, publiée dans la *Revue internationale de sociologie* (Paris, sept. 1920) :

Pour avoir une idée complète du problème de la criminalité, nous pouvons nous représenter une sorte de plan régulateur de ce que devrait être l'action de l'Etat contre la criminalité.

I. — La première partie de ce plan régulateur, qui exige des fonctions très complexes, regarde ce qu'on pourrait appeler la prévention sociale de la criminalité; c'est-à-dire la prévention indirecte et lointaine qui surprend et étudie les causes qui portent à la criminalité et indique les remèdes pour éliminer ces causes, si possible, ou pour en atténuer la puissance virulente.

Ce sont toutes les lois qui regardent les conditions d'existence physique et morale de l'individu dans la société, depuis sa procréation, jusqu'à l'hygiène de l'enfance, à l'organisation scolaire et éducative, aux conditions de travail, à la vie familiale, matérielle et morale. Une municipalité qui fait construire des maisons populaires à bon marché fait beaucoup plus pour prévenir les attentats aux bonnes mœurs, que celle qui augmenterait les peines pour ces attentats, mais en continuant à laisser dormir dans la même chambre parents et enfants, frères et sœurs.

II. — Après cette fonction de prévention, sociale et indirecte de la criminalité, il y a aussi une fonction de prévention directe, celle qu'on appelle communément prévention de police. Celle-ci aussi est, naturellement, une des parties de ce plan régulateur de l'œuvre de l'Etat pour la défense contre la criminalité. Et là encore je crois que dans notre pays on devrait faire des réformes radicales que l'expérience réclame depuis des années.

Par exemple, l'abolition des vieux instruments de police, inefficaces et nuisibles, comme l'admonition, la surveillance, le domicile forcé, sera, je crois, de la part de notre commission, une affaire de courte durée, parce que ces instruments, devant les formes modernes de la criminalité, représentent les fusils à pierre. Il faudra au contraire les remplacer par des règles disciplinaires de défense préventive, pour les enfants par exemple, à commencer par l'école populaire. Imaginez la puissance qu'a l'Etat moderne avec l'organisation de l'instruction populaire pour connaître tous les citoyens qui composent la nation. Tous les citoyens des deux sexes doivent passer par l'école populaire. Dans l'école populaire l'Etat pourrait avoir le moyen de faire le véritable recensement anthropologique de la population.

Dans certains pays, et particulièrement dans l'Amérique du Nord, car les pays anglo-saxons sont ceux qui arrivent le plus facilement aux applications pratiques, sans se perdre en discussions académiques, ceci a déjà été fait en partie. En Italie nous avons une application partielle par l'institution de médecins scolaires.

Nous pensons que dans l'école populaire de l'avenir, chaque écolier aura son bulletin anthropologique sur lequel le médecin notera les caractéristiques de son corps et de sa psychologie, de son hérédité, de sa conduite scolaire, de ses aptitudes au travail manuel, intellectuel, etc., et qui pourra être un moyen d'observation préventive pour tous ces écoliers qui atteints d'insuffisance moralé sont des candidats à la criminalité.

J'ai eu l'occasion de mettre en lumière ce fait, lorsqu'à la cour d'assises de Rome, je défendis — en 1912 — le jeune Antonio d'Alba qui avait commis un attentat contre le Roi. J'ai démontré que si ces institutions d'observation scolaire avaient existé, cet attentat aurait pu être évité, parce que ce malheureux avait déjà dès les premières années d'école populaire — qu'il avait dû interrompre — manifesté sa personnalité anormale et son arrêt de développement.

Au-delà de tout cela restent les mesures pour les alcooliques, les vicieux habituels, les vagabonds, les gens de mauvaise vie, etc.; tous ceux en somme qui sont ou les candidats ou les rebuts de la délinquence; et toutes les mesures sur les industries et les ventes dangereuses, par exemple d'armes, de poisons, etc., et la discipline des maisons de jeu, etc.

Il faut remarquer en passant, que toute cette complexité de règles du droit de police est exercée par l'Etat en dehors de toute préoccupation de culpabilité morale, avec le seul critérium du danger social représenté par l'individu.

Mais lorsque, dans un Etat, seront appliquées toutes les mesures, dans chaque branche de la législation, pour la prévention sociale et pour la prévention directe de la criminalité, on commettra toujours des délits. Même quand sera éliminée cette grande cause de délits qu'est la misère, il y en aura toujours, par effet d'aliénation mentale, par aberration d'une passion, etc. Il faut donc que l'Etat organise une action répressive vis-à-vis du délit.

Mais même pour le délit déjà commis les champs d'action de ce plan régulateur de défense sociale, auquel je faisais allusion peu avant, sont divers.

III. — Il y a, avant tout, particulièrement pour notre pays. le problème des circonscriptions judiciaires; car il y a des provinces qui ont trop de tribunaux et d'autres qui en ont trop peu; et il faut que les organes de la justice soient tous près des populations pour réaliser une action rapide et utile.

IV. — Il y a aussi le problème du recrutement du personnel, parce que les lois sont ce que sont les fonctionnaires qui les mettent en application. Pour le personnel, il faut en moderniser le recrutement, l'instruction technique, les garanties et les responsabilités, aussi bien pour les agents de la police judiciaire que pour les juges, et pour le personnel des prisons, des colonies agricoles, etc.

Voilà pourquoi par exemple j'ai toujours eu l'opinion qu'il est incompréhensible que la direction générale des prisons appartienne au ministère de l'intérieur et non point au ministère de la justice, car la direction générale des prisons ne représente que le dernier terme de l'action de l'Etat contre la criminalité, qui se poursuit à travers la filière qui va de la dénonciation du crime jusqu'à l'action de la police judiciaire et de l'autorité judiciaire et enfin jusqu'à l'exécution de la sentence (1).

Nous avons eu en Italie des essais d'amélioration dans ce personnel, soit dans la magistrature avec plusieurs réformes partielles, soit aussi dans le personnel d'exécution administrative.

Nous rappelons par exemple la réforme du directeur général des prisons d'alors, M. Doria, qui, dans les maisons de correction pour les jeunes délinquants remplaça les gardes de prison par des maîtres d'école; réforme sage mais qui restait isolée de tout le reste de l'action de l'Etat. Nous rappellons aussi une loi de juin 1889 sur l'emploi des condamnés dans les travaux au grand air, qui est pourtant restée presque inappliquée à cause de l'atmosphère non viable pour elle qui envahit le code pénal tout entier, inspiré par le système de l'emprisonnement cellulaire.

V. — Une fois recruté et organisé ce personnel qui doit appliquer la loi pénale, voilà que se présente dans ce plan régulateur le travail le plus particulièrement confié à la Commission royale, le travail de réforme du code pénal et du code de procédure pénale, particulièrement, pour ceci, en ce qui regarde la police judiciaire et l'instruction criminelle qui sont plus intimement liées et dépendantes des réformes du code pénal.

VI. — Après cela le plan régulateur touche à l'organisation des prisons, parce qu'il ne suffit pas d'écrire un règlement des prisons sur le code pénal, mais qu'il faut l'appliquer et le mettre en pratique, avec une organisation systématique du travail et par une sélection des condamnés, de façon à avoir dans chaque établissement pénitentiaire une population homogène (criminels d'habitude, occasionnels, incorrigibles, etc.).

VII. — Enfin, à côté et au delà de l'organisation des prisons, ce plan régulateur exige, à mon avis, un dernier champ d'ac-

---

(1) En effet, en 1923, on a réalisé cette réforme; et le service des prisons est passé au ministère de la justice.

tion de l'Etat; et ce sont les mesures de patronage et de surveillance sur les libérés des prisons pour leur faciliter le retour à la vie sociale de travail libre et honnête.

L'Etat ne peut pas ouvrir les portes des prisons à celui qui y a été enfermé pendant des années et le remettre au milieu de toutes les difficultés et des tentations de la vie moderne surtout dans les grandes villes tentaculaires, et se contenter seulement d'augmenter la peine si cet individu tombe en récidive légale.

Dans ce vaste et complexe plan régulateur, on voit maintenant quelle place précise occupera l'œuvre que devra accomplir la Commission royale pour la réforme des lois pénales.

Dans la mesure où la répression intervient, après l'exécution du délit, la justice humaine ne peut être encore qu'une défense sociale adaptée au caractère dangereux du délinquant.

Il y a des criminels qui sont dangereux de façon irrémédiable: le criminel aliéné incurable, le criminel à tendances incorrigibles, le criminel devenu incorrigible par l'habitude du délit. Pour ces malfaiteurs, la dosimétrie qui consiste à infliger tant de peine pour tant de délit, l'application au châtiment du critérium tiré de la faute morale c'est la paralysie de la justice pénale. Puis, il y a la majorité des délinquants, qui sont des disgraciés, victimes des circonstances de famille, de société, mais qui peuvent être relevés, comme les pays de civilisation anglo-saxonne l'ont prouvé avec les institutions prévoyantes que l'initiative privée et l'Etat ont créées pour le lendemain de la prison.

Abolition de l'isolement cellulaire diurne. — Ces individus doivent, sans doute, être traités comme des délinquants et soumis aux sanctions de défense sociale, sauf dans le cas de pardon judiciaire. Mais ils doivent être soumis à des sanctions adaptées à leur moindre témibilité, des sanctions qui ne détruisent pas, chez eux, ce qui reste de personnalité humaine, des sanctions qui permettent qu'on les rende à la société sans la corruption qu'entraînent nos prisons d'aujourd'hui qui, malgré les réformes récentes, sont encore, comme je l'ai dit un jour, des étuves Pasteur pour la culture des microbes criminels. C'est pour cette catégorie de délinquants occasionnels ou moins dangereux que notre Projet a substitué la colonie agricole aux prisons actuelles.

Pour ces prisons, obéissant à la loi d'imitation que Gabriel Tarde a si bien mise en lumière, et suivant des exemples étrangers, la science italienne du XIXᵉ siècle a préconisé et fait admettre l'isolement cellulaire de jour et de nuit. On s'explique qu'en Norvège, en Écosse, en Irlande, où les citoyens libres supportent plusieurs mois d'hiver pendant lesquels ils sont contraints chez eux, à la vie cellulaire, on ait adopté l'isolement individuel, même pendant le jour. Le régime cellulaire nocturne est toujours nécessaire, pour des raisons qui s'imposent: et le Projet l'adopte. Mais le système que j'ai combattu au Congrès pénitentiaire international de Rome, en 1885, c'est le système cellulaire de jour: c'est lui que j'ai appelé, non sans causer alors un certain scandale « une aberration du XIXᵉ siècle ». L'appliquer aux peuples méridionaux, aux pays du soleil, c'est condamner hypocritement à la peine de mort, ou à la mort de l'intelligence, l'individu enseveli vivant dans le cachot d'une prison.

Donnez de l'air à cette créature. Livrez-la à la terre, au travail, à ce désinfectant physique et moral qu'est le soleil. Quant aux jeunes garçons candidats à la délinquence, quant aux délinquants mineurs, gardez-vous de les enfermer dans des reformatorys à type de prisons. Confiez-les à la colonie agricole. Ou bien : vous savez qu'à Naples, grâce à l'initiative privée, il existe une institution merveilleuse destinée aux vagabonds spéciaux, aux enfants moralement abandonnés, et qui, heureusement, prospère aussi dans d'autres villes d'Italie : le navire Caracciolo. Construisez des navires-écoles pour les jeunes garçons de notre splendide côte maritime: c'est ce que nous proposons dans notre projet de Code pénal. L'Italie a son avenir sur mer. Sur mer, vous pouvez sauver cette fourmilière, cette majorité de petits délinquants placés devant cette alternative: ou devenir des délinquants d'habitude, de profession, faute d'appuis; — ou devenir des citoyens libres, des travailleurs honnêtes, bienfaisants pour eux-mêmes et pour leur patrie.

Peine-châtiment et mesure de sûreté. — Eh bien! — pour

omettre tant d'arguments qui se pressent en foule à
ma pensée — voilà la justice humaine que nous souhai-
tons, voilà la justice humaine que nous avons cherché à
organiser dans notre projet. Les objections de principe
qu'il rencontre, que j'ai rappelées brièvement, sont
l'expression naturelle de convictions contraires, de tradi-
tions invétérées, d'habitudes intellectuelles et sentimen-
tales qui, pourtant, ne peuvent arrêter la marche certaine de nos idées. Le Code pénal aujourd'hui en vigueur
en Italie, les lois pénales les plus récentes des pays
civilisés contiennent la reconnaissance — si partielle et
fragmentaire qu'elle soit — de cette nécessité. La doctrine juridique abstraite s'efforce en vain de le contester
en recourant au biais d'une distinction prétendue entre
les mesures de sûreté et la peine-châtiment. La mesure de
sûreté constitue sans doute une *forma juris* spéciale.
Mais, dans la réalité des faits, elle est, elle aussi, une
sanction défensive, qui supprime la liberté individuelle du
condamné. Au dernier Congrès international d'anthropologie criminelle à Cologne (1911) présentant un rapport
sur les projets des Codes pénaux d'Allemagne, d'Autriche et de Suisse, je soumis à l'Assemblée un ordre du
jour qui consacrait l'identité substantielle de la sanction
répressive et de la mesure de sûreté. Et je m'apprêtai à
défendre avec enthousiasme mon idée.

Mais le professeur von Liszt, de l'Université de Berlin,
prit la parole pour déclarer: « Désormais, nous sommes
parfaitement d'accord sur cette idée: qu'il ne peut y
avoir qu'une différence formelle, et non substantielle,
entre la mesure de sûreté et la peine répressive ». Preuve,
des plus éloquentes, que l'idée a une force irrésistible,
quand elle correspond à la réalité des choses (1).

---

(1) A cet égard, c'est un phénomène naturel *(natura non facit saltus)* que les
récents projets de Code pénal n'adoptent pas entièrement les bases de notre
projet, tout en renonçant aux principes traditionnels de la justice pénale. Je ne
suis pas surpris que mon éminent collègue, le professeur Rappaport, préconise
la *via media* qu'a suivie le projet de code pénal polonais, et je lui suis reconnaissant de la réponse courtoise qu'il a faite à quelques unes de mes observations (*Revue internationale de Droit pénal*, n° 1, p. 67). Mais, je continue à
penser que les législateurs modernes devraient avoir le courage de systématiser
les règles de la responsabilité légale, de manière à rendre la justice pénale
plus efficace envers les criminels les plus dangereux, plus clémente envers
les délinquants moins redoutables.

Voilà la justice humaine que nous avions **entrevue**, et que j'annonçai à votre Université il y a **40** ans, lorsque, en 1885, je parlai des « nouveaux horizons du droit pénal » à cette génération d'étudiants qui ont aujourd'hui conquis leurs places dans la vie comme avocats, comme magistrats, comme fonctionnaires.

La marche des idées. — Je remercie le Comité organisateur, et mon très cher collègue et ami le Président de la *Société pour le progrès des sciences*, le professeur Pietro Bonfante, de m'avoir donné l'occasion de revenir, une fois encore, sentir la caresse de votre soleil napolitain, d'une beauté italienne.

Je vous remercie de votre attention courtoise, de votre approbation encourageante. Mais je vous assure que, quelle que soit l'opinion que vous aurez dans l'esprit, en quittant cette réunion sympathique et fraternelle, la sérénité de mon esprit, à moi, sera la même.

Ou vous admettrez que nos affirmations sur la justice humaine sont un rayon de vérité; et j'exulterai de joie. Ou vous resterez mes adversaires; et j'en serai satisfait comme homme et comme penseur, car le premier devoir de l'homme est d'être sincère avec lui-même, avant de l'être avec les autres. Quiconque a une idée doit l'affirmer! Tolérant avec les personnes, fraternellement respectueux des opinions d'autrui, mais ouvertement défenseur de ses propres conceptions, car ce vrai galant homme qu'est le temps, fera justice pour les uns et pour les autres.

A peine le professeur Ferri avait-il fini de parler que le professeur Pietro Bonfante, l'illustre romaniste, président de la Société italienne pour le progrès des Sciences prononça les paroles suivantes, dont il est superflu de souligner l'autorité, l'importance et la haute signification. Et les paroles du professeur Bonfante provoquèrent, elles aussi, les acclamations enthousiastes du très nombreux auditoire :

Droit pénal romain et criminologie moderne. — Je remercie mon illustre collègue et ami Enrico Ferri, qui, à la science et à la hauteur de la pensée joint le charme de la parole, instrument divin de propagande au service de l'idée, pour son admirable discours sur les fondements de l'Ecole positive de droit pénal.

En ma qualité de romaniste, je me permets une observation qui vient à l'appui des idées qu'a développées Enrico Ferri. Jusqu'à l'empereur Constantin avec lequel on pénètre dans ce Moyen Age du droit pénal qu'a caractérisé mon illustre collègue, et spécialement dans la période où se développèrent les *quaestiones*, le système pénal romain est le système le plus élevé de l'antiquité, et peut-être de toutes les époques. Le Romain de la libre République pouvait se glorifier à bon droit de ce que l'Etat dont il était citoyen ne fondait pas sa propre défense sur l'*acerbitas suppliciorum*, déclarant que cette attitude était digne de *viri fortes*. Il pouvait, plus justement encore, se faire un titre de l'absence de torture à l'égard des personnes libres, en face des villes civilisées de la Grèce, telles qu'Athènes et Rhodes, qui l'admettaient.

Loin de se complaire dans les supplices atroces, on supprima en fait, pendant un certain temps, la peine de mort. Et ce peuple si guerrier alla jusqu'à l'abolir en période de guerre. Dans ce mouvement de réforme contre le système de la peine-châtiment, qui est l'expression la plus brutale du droit criminel, le sociologue et le criminaliste modernes peuvent donc s'appuyer sur une tradition qui se rattache à la période la plus brillante du droit pénal romain.

Traduit de l'italien
par H. Donnedieu de Vabres.

Y A-T-IL DES INFRACTIONS CONTINUES?

Par M. Paul ESMEIN
Professeur à la Faculté de Droit de Poitiers

La notion d'infractions continues est de celles sur lesquelles une conception claire, susceptible d'accorder les esprits et d'inspirer une jurisprudence sans contradictions, n'a pu être dégagée. Devant les listes que nous offrent les auteurs, comprenant d'une part les infractions instantanées et de l'autre les continues (1), on hésite, imparfaitement convaincu. En dernière analyse, on nous dit qu'il faut, pour déterminer le caractère de chaque infraction, s'attacher à la définition légale. Mais la définition ayant été conçue le plus souvent sans envisager le point de vue spécial auquel on se place dans la théorie des délits continus, elle ne fournit pas toujours les éléments d'une réponse décisive. J'avoue pour ma part, et pour donner un exemple, que le fait qu'un texte incriminera *l'ouverture* d'un débit de boissons (ainsi dans l'article 10 de la loi du 9 novembre 1915) (2) ne suffit pas à me faire dire que la vente des boissons interdites par ce texte ne peut être punie qu'au moment où elle se produit pour la première fois.

Il y a plus, et une définition légale même fort nette ne suffira pas, si l'on accepte l'idée développée par mon regretté maître, M. Garçon, dans son *Etude sur les délits continus ou successifs* (3). Reprenant la matière d'un

---

(1) V. Ortolan, *El. de dr. pénal*, 5ᵉ éd. I. nᵒˢ 740 et s.; Haus, *Dr. pénal belge*, I. nᵒˢ 348 et s.

(2) « Nul ne pourra ouvrir... un débit de boissons pour y vendre à consommer sur place des spiritueux, des liqueurs alcooliques ou des apéritifs autres que ceux à base de vin titrant moins de 23 degrés. »

(3) Une brochure, extrait du *Journal du Ministère public*, 1914. On doit souhaiter la réimpression de cette étude, difficile à se procurer. Cf. Roux, *Cours de dr. pénal*, p. 95, note 1, Vidal et Magnol, *Cours de dr. crim.* nᵒ 77, Garraud, *Précis de dr. crim.*, 1921, p. 79; et antérieurement Ortolan, *op. cit.* nᵒˢ 754 et s., à propos du recel, du complot, du rapt.

point de vue logique et sans s'embarrasser des incertitudes de la jurisprudence, il a montré, par des exemples
frappants, que des infractions citées unanimement comme
types de l'infraction instantanée pouvaient être conçues
et réalisées sous forme d'infraction continue: tel le vol
d'eau ou de gaz effectué par un prélèvement continu à
l'aide d'un branchement installé au-dessus du compteur.
Inversement des infractions classées, par tous, parmi les
continues, comme la tenue d'une maison de jeux de
hasard (410 C. P.) ou le port illégal de décorations
(259 C. P.), existent immédiatement à l'instant où l'on
ouvre la maison de jeu, à celui où l'on arbore la déco-
ration. Le mode d'exécution entrera donc en ligne de
compte et pas seulement la définition légale. Hors les
cas où la loi exige que l'infraction ait eu une certaine
durée ou encore envisage une habitude, la discussion peut
s'ouvrir pour chaque espèce.

Mais voilà qui n'est évidemmend pas de nature à procurer une notion plus nette de l'infraction continue.
Car il n'est pas question de faire du caractère instantané
ou continu un pur point de fait abandonné à l'appréciation souveraine des juges du fond. La Cour de Cassation
n'y songe point, et avec raison. Sur les graves questions
qui se posent, il est nécessaire de la voir diriger les
Tribunaux; qu'il s'agisse du point de départ de la prescription, de l'application d'une loi nouvelle aux faits in-
criminés, de la pluralité de tribunaux compétents si
les faits ont été commis en divers lieux, ou enfin de la
possibilité de plusieurs poursuites et de plusieurs peines (1), la Cour de Cassation doit dire si les juges inférieurs ont eu raison de se prononcer dans un sens ou
dans l'autre.

Or je voudrais montrer, reprenant une critique jadis
formulée sans écho (2), que la notion de délit continu
sauf des cas exceptionnels, et par une création arbitraire
du législateur (3), est une notion insaisissable, impossible

---

(1) Sur les intérêts de la distinction, V. Roux, *op. cit.* n° 97; Garraud, *Traité
de dr. pénal,* 3e éd. I. p. 247.

(2) V. Nypels, *Code pénal interprété,* art. 371, n° 4, et les appréciations de
Garçon. (*c. pénal,* art. 1er, n° 46), Garraud, *Traité,* 3e éd. I, 245, n° 1.

(3) V. ci-dessous, p. 117.

à préciser, et, par suite, à rejeter. Si cela est vrai, on aura, par là même, expliqué pourquoi la doctrine, qui s'attache à elle, n'a pu, conformément au rôle qui lui incombe, fournir à la jurisprudence des formules plus ou moins parfaites, mais utilisables. On l'a déjà remarqué (1), en effet, et c'est un symptôme qui a sa valeur, les arrêts s'abstiennent, en général, d'employer l'expression délits continus, préférant celle de délits *successifs*, pour désigner les infractions auxquelles s'appliquent les solutions que la doctrine applique aux infractions continues (2); parfois ils opposent les unes aux autres, comme des contraires, les infractions continues et les infractions successives en désignant du premier nom celles qu'ils traitent comme instantanées (3).

J'examinerai d'abord la notion de délit continu en ce qui concerne le parti qu'on en tire au point de vue de la prescription, de l'effet d'une loi nouvelle et de l'amnistie, enfin de la compétence. Je traiterai à part la question de la pluralité de poursuites et de peines qui comporte des discussions particulières.

I

La notion de *délit successif* est fort nette. Elle a été admirablement précisée par M. Garçon (4); c'est la répétition du même délit, complet chaque fois et, par suite, chaque fois théoriquement punissable, mais dans des conditions telles que chacun des faits punissables apparaît comme l'exécution partielle d'une opération d'ensemble, ou comme se rattachant à une même pensée coupable, ayant le même objet et se produisant dans des temps suffisamment rapprochés. Tel le cas du cambrio-

---

(1) Garraud, *Précis*, p. 78, n° 1, et, un peu différent, Roux, *op. cit.*, p. 97, n° 3.

(2) Par ex. : Cass. crim. 28 juin 1912. *B. crim.* 353; 3 nov. 1870. S. 70.1.416; 2 juin 1865.S.65.1.43; 27 juillet 1860. B. *crim.* 181.

(3) Cass. crim. 12 juillet 1912. B. *crim.* 398. — Toutefois les arrêts relatifs à la question de pluralité de compétences emploient le mot de délit continu, et au sens de la doctrine : Cass. 25 juillet 1902. S.03.1.541 ; 31 août 1922, D. 22.1.218.

(4) Article précité, p. 5.

leur qui vide une maison en une série de voyages successifs, ou de l'adultère répété pendant une période d'une
certaine durée.

Chaque fait réunissant ici les éléments d'un délit complet, les questions que j'ai indiquées plus haut ne se
posent même pas (1). Il y a lieu seulement de se demander si plusieurs peines peuvent être infligées, une pour
chaque fait: question que j'examinerai plus loin.

Mais, il faut insister sur ce point que, si aucune hésitation ne se produit quant au point de départ de la prescription, à l'application d'une loi nouvelle ou de l'amnistie,
ou quant aux compétences, c'est précisément en raison
de ceci : que chaque fait, apprécié isolément, constitue
un délit. Il n'y a pas besoin d'invoquer l'idée d'unité
d'acte criminel.

Envisageons maintenant les délits qu'on veut classer
sous le nom de délits continus.

Si l'on donne son plein et naturel sens à cette expression, on est amené à définir ces délits comme consistant « dans un *état* d'action ou d'inaction » (2) « dans un
état permanent de criminalité, dans une violation successive et non interrompue de la loi pénale. » (3) Ces délits,
dit Ortolan, (4) « bien qu'existants et accomplis du moment que l'action coupable a lieu, se continuent et se prolongent tant que l'action se continue et se prolonge
elle-même ». Et il ajoute: « Ces derniers (les délits continus), sont plus usuellemment connus sous le nom de
délits successifs. Cette dernière expression, qui nous vient
de l'ancienne jurisprudence, a cela de bon qu'elle indique
bien qu'à quelque moment que l'on considère l'agent,
tant que dure l'action coupable, on le trouve en état de
délit; mais elle a quelque chose d'inexact en ce sens
qu'elle semblerait dire qu'il y aurait dans le fait de cet
agent comme une multitude de délits se succédant sans
interruption, tandis que l'action de cet agent étant une,

---

(1) V. par ex. Cass. 30 janvier 1870. S. 82.1.141. Contravention consistant à
déverser de l'eau sur la voie publique, de façon à nuire à la circulation : cet
acte constitue une contravention séparée, chaque fois qu'il se produit.

(2) Garraud, *Traité*, I. n° 116.

(3) Haus, *op. cit* n° 348.

(4) *Op. cit.* n° 742.

quoique avec plus ou moins de durée, ne forme véritablement qu'un seul délit plus ou moins prolongé. Voilà pourquoi nous préférons la dénomination de délit continu. »

En somme (et sauf quelque ambiguité que je vais chercher à écarter), d'après les auteurs en général, le délit continu est celui qui, le branle étant donné par un acte initial, consiste dans un état délictueux qui se prolonge de lui-même, et par la seule force d'inertie.

On se récriera sans doute contre ces derniers mots. On dira que c'est confondre le délit avec ses suites, confondre avec les délits continus les infractions dont le résultat dommageable reste manifeste pendant un temps plus ou moins long et que souvent on désigne (1), reprenant une expression des anciens criminalistes, du nom de délits *permanents :* telle la construction d'un édifice en saillie sur l'alignement.

C'est parfaitement exact. Mais cette confusion est inévitable si l'on emploie l'expression: infraction *continue.*

Seule, l'activité justifie l'application d'une peine. Le droit pénal n'intervient que quand la pensée criminelle a produit une action ou une inaction, quand un fait peut lui être rattaché comme à sa cause ou à l'une de ses causes. (2). Or la continuité est impossible à imaginer dans l'activité humaine. L'action, c'est d'évidence, n'est jamais continue: elle est successive; un effort ne peut être fourni que pendant un temps si bref que les questions soulevées dans la matière que j'étudie, ne sont guère susceptibles de se poser. L'inaction, à l'abord, paraîtra pouvoir être continue, ou même être normalement continue, mais ce n'est pas vrai du point de vue criminel.

C'est certain d'abord pour l'inaction volontaire: pas plus que l'action avec laquelle d'ailleurs elle se fond, la volonté n'est susceptible d'être continue.

Pour l'inaction involontaire, c'est plus délicat. La négligence étant le contraire de l'activité, il n'y aurait pas impossibilité logique à admettre que l'inertie, qui la constitue, dure aussi longtemps que le devoir d'agir. Ne

---

(1) Roux, n° 98 ; Vidal et Magnol, n° 77; Garçon, *op. cit.,* p. 7.
(2) Sur la façon dont il faut comprendre la causalité. V. Roux, S. 1910.1.49.

peut-on pas dire, par conséquent, qu'une simple négligence, ne supposant aucun effort, ne voit pas sa durée limitée, comme celle de l'action, par l'infirmité des forces humaines?

Non, si, comme je le crois, il n'existe pas d'infractions purement matérielles. (1)

La pensée de l'acte à accomplir et qu'on n'accomplit pas, pensée qui constitue ici la faute, l'élément moral indispensable à l'existence de l'infraction, n'est pas présente à l'esprit de façon continue. Cette raison toutefois n'est peut-être pas entièrement convaincante, parce que la nécessité pratique d'accepter la maxime « nul n'est censé ignorer la loi » et de présumer avec elle la faute conduit dans certains cas tout près de l'idée d'infraction purement matérielle. Mais, il y a une autre raison de nier que le délit d'inaction puisse être continu, raison commune à l'inaction volontaire et à l'inaction involontaire dont la distinction est d'ailleurs bien un peu théorique, la preuve de l'intention étant ici extrêmement difficile.

C'est que cette conception aboutirait à supprimer la prescription, car celle-ci ne commencerait jamais à courir tant que l'inaction se prolongerait. Sans doute cette dernière idée paraît avoir été acceptée par la Cour de Cassation dans une série d'arrêts (2). Mais, il convient de remarquer que dans ces hypothèses il s'agissait de l'inexécution d'un ordre relativement récent donné par une autorité

---

(1) Bien qu'elle en affirme l'existence, la Cour de Cassation donne des solutions qui supposent le contraire : C'est ainsi que récemment, tout en déclarant que la matérialité de l'acte suffit pour constituer l'infraction consistant à voyager en chemin de fer sans billet, elle a décidé que le voyageur qui, endormi, a dépassé la station portée sur son billet, n'est pas punissable, comme n'ayant pas agi volontairement. Qu'est-ce à dire, si ce n'est qu'une faute est nécessaire ? Cass. crim. 19 oct. 1922. D. 22.1.233.

(2) Cass. 1er févr. 1872. S. 72.1.351 : Fait de ne pas avoir obéi à l'arrêté municipal ordonnant la fermeture d'un passage privé ; 20 août 1907 B. crim. 208 : Fait de n'avoir pas élagué des arbres en exécution d'un arrêté municipal; 22 mars 1902. S.03.1.383 : Fait de n'avoir pas exécuté certains travaux après mise en demeure de l'administration ; janv. 1885. B. crim. 17 : Non exécution d'un arrêté municipal ordonnant de placer des gouttières ; 25 mars 1830. B. crim. 73 : Inexécution de l'ordre de démolir des travaux confortatifs faits à un édifice sujet à reculement ; 6 juillet 1912 B. crim. 387 ; 29 oct. 1921. Gaz. Trib. 24 avril 1922 : Infraction à un règlement sanitaire disposant que chaque maison doit avoir une fosse d'aisances étanche (motifs).

administrative, et aussi qu'il n'était encouru que des peines de simple police. Il n'est guère douteux que la Cour n'eût pas admis la poursuite (et le Ministère public ne l'eût sans doute pas introduite), si l'ordre avait été ancien. En d'autres circonstances, en présence d'une infraction plus grave, l'insoumission, elle a statué en sens contraire (1). La faiblesse de la peine ne justifie pas rationnellement une solution par ailleurs inacceptable. C'est pourtant elle, sans doute, qui a inspiré à la Cour des décisions injustifiables au point de vue des principes. Quand un délai a été imparti par la loi ou par l'autorité administrative pour l'exécution d'un ordre, la prescription de l'infraction résultant de l'inexécution ne court naturellement qu'à la date d'expiration de ce délai. Mais quand aucun délai n'a été fixé, elle doit, à moins d'être en réalité supprimée, courir à partir du jour où l'ordre a été donné.

Il n'en est autrement que dans les cas où la loi pour lutter contre une inaction particulièrement dangereuse a délibérément voulu qu'elle fût poursuivie tant qu'elle durerait (2): Il en est ainsi dans le délit de vagabondage, constitué par une série de faits négatifs (dont tous d'ailleurs, et pas seulement l'absence de métier, doivent être habituels). De la nécessité de l'habitude pour qu'existe le délit, résulte en même temps la persistance de l'infraction. Ici on pourrait parler d'infraction continue, et c'est ce qu'a bien senti M. Garçon qui, dans la première partie de son étude, oppose le vagabondage au port illégal de décorations, pour montrer que seul le premier délit est véritablement continu (3). Mais il est préférable de parler de délit d'habitude.

S'il n'y a pas, hors ces cas exceptionnels, d'infractions continues, mais seulement des infractions successives, sans doute toutes les difficultés ne vont pas s'aplanir et

---

(1) 21 déc. 1907, S.09.1.413, pour un fait régi par la loi du 21 mars 1905 qui, jusqu'à la loi du 25 mars 1909, ne contenait pas la disposition d'après laquelle l'action publique résultant de l'insoumission ne commence à se prescrire qu'au jour où l'insoumis a 50 ans.

(2) C'est à ces cas que j'ai fait allusion ci-dessus, p. 112, note 3.

(3) Op. cit. p. 5.

toutes discussions disparaitre quand se poseront les questions de point de départ de la prescription d'application
de l'amnistie ou d'une loi nouvelle, etc.; mais on saura
sur quel terrain devront porter les recherches et la discussion: Il faudra rechercher si l'activité criminelle a dû
continuer à s'exercer pour maintenir les choses en l'état
où les avait mises l'acte initial ou si, au contraire, elles
s'y sont maintenues d'elles-mêmes par la seule force
d'inertie.

Au second cas, nous sommes en présence de ce qu'avec
les auteurs, et parfois les arrêts, j'ai appelé les délits
permanents. Et la jurisprudence, par de nombreux arrêts, d'ailleurs bien connus, a décidé de façon constante
que les infractions consistant à déposer des matériaux
sur la voie publique (1), se présentent pour chaque fait
de dépôt, comme des infractions séparées se prescrivant
chacune, malgré le non enlèvement, à partir de sa date;
que les infractions consistant dans la construction de bâtiments par empiètement ou en saillie sur la voie publique,
dans leur élévation plus haute qu'il n'est autorisé, ou dans
l'exhaussement sans autorisation d'une chute d'eau, se
prescrivent à dater du jour de l'achèvement des travaux (2).

De même, en cas de bigamie, la prescription du crime
commence au jour du second mariage (3) : Le mariage
une fois célébré subsiste sans la persistance de la volonté des époux. Le délit consistant dans le fait pour un
fonctionnaire de prendre ou recevoir un intérêt dans les
actes, adjudications, entreprises ou régies dont il a l'administration ou la surveillance (175, C. pén.), se prescrit
du jour de l'adjudication lorsqu'il s'agit d'un maire et
d'un receveur qui se rendent adjudicataires, sous un
nom supposé, de la ferme des terres appartenant à la
commune (4). Par l'adjudication, en effet, leur droit sur
les terres est acquis et l'avantage qu'ils visent est as-

---

(1) Cass. 24 déc. 1859. S. 60.1.296 ; 1er mars 1867. P. 67.895 ; 30 août 1844.
P. 45.1.395.
(2) Cass. 12 juillet 1912. *B. crim.* 398 ; 3 déc. 1891. *B crim.* 237. ; 8 mars 1872.
B. crim. 62. etc. 3 nov. 1870. S.70.1.416.
(3) Cass. 5 sept 1812. *B. crim* 204.
(4) Cass. 15 avril 1848. S.48.1.670.

suré; et surtout il ne dépend plus d'eux seuls de se dégager, puisqu'en se portant adjudicataires ils ont pris des engagements. Toutefois le caractère successif du gain qu'ils en retirent, laisse quelques doutes sur l'exactitude de la solution.

Il en est tout autrement de l'ouverture sans autorisation d'un établissement insalubre ou incommode. La prescription de l'infraction ne commence qu'à partir des derniers faits d'exploitation (1). C'est qu'en effet celle-ci ne se poursuit que grâce à l'activité sans cesse renouvelée de l'exploitant. De même pour l'ouverture d'une boucherie sans la déclaration prescrite par l'autorité municipale. L'exploitation quotidienne renouvelle la contravention qui ne peut être considérée comme prescrite que quand la boucherie est restée fermée pendant un an (2). De même encore pour la séquestration: dès qu'on envisage sa durée, ne serait-ce que quelques jours, elle suppose la persistance de l'activité du délinquant.

Au point de vue de l'amnistie, une opération de défrichement continuée après une loi qui innocente les premiers faits ne bénéficie pas de l'amnistie pour la suite de l'entreprise (3).

L'activité est, ici, patente.

Au point de vue de la compétence, l'affiliation à une congrégation non autorisée se commet en tous lieux où l'inculpé s'est trouvé avec la qualité de congréganiste: Mais pour cela il faut précisément relever des faits d'activité en cette qualité (4).

Ces arrêts sont d'ailleurs bien connus; et l'inspiration qui les anime a été relevée (5). Mais, on n'a pas vu qu'elle

---

(1) Cass. 22 mai 1854. *B. crim.* 149.

(2) Cass. 28 juin 1912. *B. crim.* 353 ; 30 mars 1912. *B. crim.* 189. — La Cour de Cass. paraît avoir admis implicitement la solution contraire en matière d'ouverture de débit de boisson. Mais il s'agissait de savoir si un débit d'abord régulièrement ouvert puis dont la fermeture avait été ordonnée par décision de justice pouvait, continuant à être ouvert, être regardé comme un débit ouvert nouveau (Cass. 10 mars 1923. Gaz. Pal. 23.1.654). La question était donc très spéciale, et l'arrêt ne peut être utilisé comme manifestation d'une idée de principe.

(3) Cass. 20 oct. 1832. S. 33.1.653. P. chr.

(4) Cass. 25 juillet 1902. S. 03.1.541.

(5) A. Le Poittevin, *Rev. pén.* 1905, p. 102, en note: Vidal et Magnol, n° 77. Garraud, *Précis*, p. 78, n. 1.

impliquait une négation de la notion de délit continu, et on n'a pas utilisé la conception très rationnelle qu'ils contiennent pour trancher les problèmes que peut soulever la pratique aux différents points de vue indiqués. Il faut ici reprendre, avec son aide, quelques-uns des délits dont on a discuté la nature, et je crois que grâce à elle on ne se trouvera plus dans cette situation fâcheuse de décider sans conviction réelle, sur une analyse, surtout verbale, de la définition légale.

La définition légale jouera sans doute un rôle important. Quand ses termes seront tels que le fait matériel constitutif du délit ne peut, en aucun sens des mots être conçu comme renouvelable, il ne peut être parlé de délit successif: C'est ainsi que, le vol consistant dans la soustraction de la chose d'autrui, bien qu'il ne répugne aucunement à l'esprit de punir le fait de conserver la chose soustraite, le vol ne pourra jamais être un délit successif (hors le cas de pluralité d'objets soustraits: c'est le cas du vol d'eau ou de gaz).

Mais quand l'article 10 de la loi du 9 novembre 1915 nous dit: nul ne pourra *ouvrir* un débit pour y vendre à consommer sur place des boissons alcooliques autres que celles à base de vin titrant moins de 23 degrés, on peut très raisonnablement, alors qu'il est profondément choquant qu'un débitant puisse impunément continuer le trafic que la loi a voulu restreindre, lorsque le fait de la première ouverture est couvert par prescription ou amnistie, entendre le mot « ouvrir » de l'ouverture quotidienne (1). Le renouvellement de l'activité criminelle fait voir ici un délit successif.

Mais, il en est autrement, pour les motifs indiqués plus haut, de l'infraction de l'article 1er de la même loi: ouverture d'un débit sans en faire déclaration 15 jours à l'avance: consistant dans un fait d'inaction, l'absence de déclaration, elle devra se prescrire à dater du jour de l'ouverture.

C'est dire que, quand les termes de la loi permettront

---

(1) On peut ajouter, mais cela ne me paraît pas indispensable, que le 3e alinéa de l'art. 10 assimile, dans un certain cas, la vente des boissons interdites à l'ouverture d'un nouveau débit.

d'envisager le fait délictuel dans son renouvellement, ce délit sera ou non successif suivant les circonstances de fait. C'est d'ailleurs ce qu'a établi de façon décisive M. Garçon en disant que, les infractions étaient, en général, susceptibles de se présenter sous forme continue aussi bien que sous forme instantanée. Il suffit de remplacer dans sa démonstration le mot continu par le mot successif. Et ne paraît-il pas, en montrant que par opposition au vagabondage, le port illégal de décorations est en réalité un délit successif, avoir considéré que le délit continu (aux points de vue où je me place actuellement) est quelque chose de tout à fait exceptionnel.

Déjà, d'ailleurs, Ortolan, le grand criminaliste, avait montré (1) que le recel, le complot, ne peuvent pas être regardés comme des délits continus; que l'infraction s'y prolonge seulement quand interviennent de nouveaux actes qui sont un renouvellement de l'activité interdite. Le receleur qui enterre dans sa cave les objets détournés n'est pas, s'il les laisse là recéleur jusqu'à sa mort: il n'y a donc pas de recel continu; mais le délit se renouvelle le jour où il déplace les objets pour les vendre ou les transporter ailleurs (2). Le complot ne se continue pas par le fait purement passif de la persévérance de la première résolution collective, mais se renouvelle à chaque nouvelle délibération, à chaque acte accompli.

Je ne fais donc que généraliser ce qui a déjà été dit, et pousser à leurs conséquences logiques des idées déjà affirmées par des maîtres. Ce qui les a empêchés d'aller jusqu'au bout c'est que d'assez nombreuses infractions se présentent dans la presque totalité des cas comme ayant une certaine durée: tels, pour puiser dans la liste d'Ortolan, le fait de retenir un commandement ou une fonction qui vous ont été enlevés, de retenir un prisonnier sans mandat, de tenir une troupe assemblée après

---

(1) *Op. cit.* I. n°⁸ 734 et s. Il y ajoute l'enlèvement ou détournement de mineurs, par fraude ou violence et le rapt de séduction. Mais il y a là une raison spéciale qui empêche d'y voir des infractions continues : c'est le fait que la loi a fait de la séquestration un délit indépendant.

(2) L'arrêt de Cass 31 août 1922. D. 22.1 218 qui voit dans le recel un délit continu, pour dire que plusieurs tribunaux sont compétents est, donc bien rendu, puisqu'il suppose que les objets recelés ont été déplacés.

l'ordre de licenciement, de tenir une maison de jeux de hasard, d'exposer des images obscènes. Mais nous savons maintenant que cette durée n'est pas indispensable, que, dans le cas de fait d'action, elle suppose une activité renouvelée, et ceci également quand la loi, comme dans l'entretien d'une concubine dans la maison conjugale, ne punit qu'en présence d'une habitude. Enfin, dans le cas de fait d'inaction c'est seulement par exception, et dans le cas de délit d'habitude, que l'inaction peut être punie tant qu'elle persiste.

Il convient de mentionner, en terminant, l'art. 4 de la loi du 1er août 1905 sur la répression des fraudes; ce texte incrimine la détention de faux poids ou fausses mesures, de denrées ou médicaments falsifiés. La détention elle-même est incriminée, et non l'usage ou la vente: il faut que la détention soit constatée dans un lieu servant au commerce ou à la fabrication, de telle sorte que l'usage est présumé. C'est sur le fondement de la même présomption que la loi du 24 mai 1834 art. 2 et la loi du 19 juin 1871 art. 3 (mod. 18 déc. 1893), punissent la détention de poudre ou d'engins explosifs. — Il est clair, d'ailleurs, qu'il est loisible au législateur de punir un fait purement passif aussi longtemps qu'existe l'état incriminé, — ce qu'il fait pour lutter contre les dangers particulièrement graves. Mais il y a loin entre admettre l'existence exceptionnelle, dans cette mesure, d'infractions continues et voir dans celles-ci un type normal d'infractions.

II

J'ai renvoyé, pour l'examiner à part, la question de savoir si, dans les infractions renouvelées, plusieurs peines peuvent être infligées et si (ce n'est qu'un autre aspect du même problème), la chose jugée empêche une nouvelle poursuite.

La discussion est évidemment close aussitôt pour ceux qui admettent l'existence de délits continus (et pour moi dans les rares cas où je reconnais des infractions d'inaction persistante). Dire qu'il y a délit continu, c'est dire qu'il n'y a qu'un seul délit; qu'une seule peine, une seule poursuite (1) sont concevables.

Cela ne s'impose plus pour le délit successif. Et, au moins pour les infractions auxquelles ne s'applique pas la règle du non cumul des peines de l'art. 365 C. intr. crim., il y a lieu de rechercher si plusieurs peines ne pourront pas être infligées, comme s'appliquant à des faits différents qui réunissent chacun tous les éléments de l'infraction.

Or, une jurisprudence abondante, en matière de contraventions, non soumises à la règle du non cumul, décide à la fois qu'il y a autant de contraventions punissables que de faits successifs en réunissant les éléments, en particulier de répétitions quotidiennes de l'activité irrégulière (2), et même autant de contraventions concomitantes que de faits concomitants les réunissant également ment (3). La Cour de Cassation a même approuvé l'application de deux peines à l'occasion d'un fait unique

---

(1) Sauf, d'après la jurisprudence, le cas d'une nouvelle poursuite après acquittement avec une nouvelle qualification. Cass. ch. réunies 10 janvier 1876. S. 77 1.41.

(2) Cass. 15 mars 1861. B. crim. 60 : Faits d'usage d'une fosse d'aisance ; 17 déc. 1864. B. crim. 298 : Exploitation d'établissement insalubre; 8 janvier 1864. B. 9: Voyageurs non inscrits sur le registre d'hôtel ; 5 février 1887 B. crim. 498 : Etalage sans autorisation : 19 fév. 1898. B. crim. 79 : Meules placées à moins de 100 m. des bâtiments, en violation de l'arrêté municipal ; 3 janvier 1896. B. crim. 6 Entretien d'un chenil dans des conditions interdites ; 31 mars 1898 S. 99.1.112 (motifs) : ouvrier employé contrairement aux lois pendant plusieurs jours.

(3) Cass. 30 nov. 1861. B. crim. 259 : autant de contraventions que de voitures en cas d'inobservation des règlements sur les convois : 1er déc. 1877 : autant d'infraction que de nos de journal publiés ; 14 avril 1883. S. 85.1 401 : Epizootie : autant d'infractions que de têtes de bétail ; 9 juin 1883 S. 85. 1.282 : Autant d'infractions que d'enfants employés contrairement aux lois sur les manufactures ; 7 févr. 1873. B. crim. 42 : Autant de contraventions que d'affiches apposées : 23 janv. 1874. B. crim. 25 : autant de contraventions que de rues non balayées par l'entrepreneur de balayage.

L'art 26 de la loi du 2 nov. 1892 sur le travail des enfants et des femmes décide expressément qu'il y aura autant d'amendes que de personnes employées (V. Cass. 31 mars 1898, S.99.1.112 ; 24 février 1900, S 03.1.110) On ne peut à mon avis tirer argument de ce texte ni pour ni contre la solution de la question en d'autres hypothèses. Mais on a pu légitimement en induire que le législateur avait entendu ne pas infliger autant de peines que de jours de travail pour chaque personne employée (Cass. 31 mars 1898 précité).

d'où résultait à la fois une détérioration de la voie publique et un embarras de cette voie (1).

Cette jurisprudence a été critiquée très vivement. On a dit qu'elle paraissait nier jusqu'à l'existence de contraventions successives (2). Il me semble cependant que ce dont elle nie l'existence, ce sont les infractions continues. Par définition, l'infraction successive est celle qui se compose de plusieurs infractions semblables faisant partie d'une même opération d'ensemble, ou ayant exactement les mêmes éléments de droit et de fait, sauf celui de temps. Sans doute les auteurs (3), invoquant en particulier l'exemple si frappant du voleur qui fait plusieurs voyages ou qui soustrait une série d'objets, ou des faits d'adultère successifs entre les mêmes personnes, affirment qu'il y a là un délit collectif, ne comportant rationnellement qu'une seule peine. Mais au fond, puisque chaque fait réunit tous les éléments nécessaires à l'application de la peine, le seul motif qui empêche d'en prononcer plusieurs est cette pensée d'humanité qui a fait établir la règle de l'art. 365, C. Instr. crim., lequel, précisément, ne s'applique pas aux contraventions, et à certains délits. On ne voit pas, rationnellement, pour quel motif le fait d'avoir commis plusieurs infractions dans une opération d'ensemble, ou de les avoir répétées au détriment de la même personne serait de nature à les innocenter toutes, sauf une (4). Ou alors il faut abandonner complètement la conception de notre droit pénal, d'après laquelle la peine est appliquée en considération des faits accomplis, pour adopter celle des positivistes, d'après laquelle le fait n'est que l'occasion qui permet à la justice d'intervenir pour apprécier la témibilité du délinquant. Et encore, en matière de contraventions, les positivistes seraient bien obligés d'envisager les choses comme leurs prédécesseurs.

---

(1) Cass. 7 mars 1857. *B. crim.* 42.
(2) Garçon, *op. cit.,* p. 17.
(3) Ortolan, I. n° 758; Roux ; *op. cit.* p. 90; Vidal et Magnol, *op. cit.,* n° 79; Garçon, *op. cit* p. 8.
(4) V Cependant dans le sens de la doctrine et voyant un délit complexe frappé d'une seule peine : Cass. 31 oct. 1902. B. 337 : exposition pendant 2 jours successifs, constatée par deux procès-verbaux, de drapeaux interdits : 14 août 1871, S 71.1 116 : contrefaçon d'appareils brevetés pour la fabrication d'alcool de betteraves : chaque campagne de fabrication constitue un seul délit.

Sans doute, on peut arriver à un total de contraventions impressionnant à la charge d'un même individu. Mais n'est-ce pas parce qu'il les a réellement commises? Et je ne crois pas qu'on demande l'extension de l'article 365 aux contraventions. Sans doute aussi, leur poursuite ayant lieu d'ordinaire sur un procès-verbal, pratiquement le nombre de condamnations dépendra souvent du nombre de procès-verbaux dressés: c'est bien ce que nous montrent certains arrêts (1); et l'on a dit que c'était abandonner le montant de l'amende, et la durée de l'emprisonnement, s'il y a récidive, à la discrétion de l'agent verbalisateur. C'est exact, mais ces agents sont sous la direction et le contrôle de l'Administration et des Parquets. En toute matière il y a, en définitive, un homme qui décide s'il y a lieu ou non de poursuivre. Il convient seulement que des agents inférieurs ne soient pas incontrôlables. Et, par ailleurs, on pourrait aussi bien dire qu'il n'est pas mauvais que les peines de simple police puissent être redoutées. Ces peines répriment, d'ordinaire, des fautes qui n'ont pas encore causé de dommages, et mieux vaut prévenir que punir. On se rendra compte de l'utilité du cumul des peines, si l'on songe qu'en matière de contraventions *permanentes*, où une seule peine peut être prononcée, il a fallu imaginer d'autres moyens pour que force reste à la loi: soit une action civile en vue d'obtenir la démolition du bâtiment comme construit sur le sol d'autrui, laquelle existe certainement (2); soit, quand la propriété n'est pas en jeu, un ordre du Tribunal prescrivant les travaux nécessaires pour faire disparaître la cause de l'infraction, ordre que certains arrêts font rentrer peut-être un peu hardiment, parmi les ordres de restitutions et dommages-intérêts dont parle l'art. 161, Code Instr. crim. (3).

D'ailleurs, les auteurs n'abandonnent-ils pas à la fois la conception du délit continu et celle du délit complexe

---

(1) Cass. 30 mars 1912 *B. crim.* 189 ; 3 janvier 1896, *B. crim*, 6.
Contra pour les infractions permanentes : Cass. 3 janvier 1885. S.85.1.1400. embarras de voie publique).
(2) Cass. 1er août 1856. P 57.834 : 11 août 1864 P. 64.1193. Cf. Cass. 4 juin 1910. S 11.1.296 et la note ; Conseil d'Etat 14 avril 1870. S.72.2.118.
(3) Cass. 11 juin 1914. *B. crim.* 272 ; 10 févr. 1898, *B. crim.* 79.

lorsqu'ils admettent (1), avec la jurisprudence (2), que la persistance de l'infraction après une première condamnation prononcée constitue un nouveau délit justifiant une nouvelle condamnation: c'est un nouveau délit qui commence. Cette solution me paraît inadmissible si le délit est véritablement un par suite de la continuité ou de la complexité. On pourrait concevoir qu'une peine soit prononcée pour non obéissance aux ordres de la Justice, à la manière anglaise. Mais c'est tout. Et, comme cela n'existe pas chez nous, je vois là un aveu implicite en faveur de l'opinion que j'ai cru devoir soutenir.

Je crois donc que les contraventions, ainsi que les délits auxquels l'art. 365 ne s'applique pas, sont susceptibles d'un cumul indéfini. Mais il faut, bien entendu, distinguer soigneusement du concours réel d'infractions, le concours purement idéal. Il est inadmissible (3) que le délinquant, parce qu'il se trouve, en somme par hasard, tomber sous le coup de deux textes criminels, soit puni deux fois: ce ne serait plus du droit humain, mais de la mécanique juridique (4).

Seulement il faut se rendre compte que les faits visés par les deux textes concurrents sont rarement absolument identiques: et s'ils ne le sont pas entièrement est-ce encore un concours purement idéal? Spécialement, dans les délits d'inaction qui ne supposent pas la réalisation d'un dommage (c'est fréquent dans les contraventions), le fait c'est la violation de la loi, et s'il y a deux textes, il y a par là même deux faits différents.

On échappera alors au cumul qu'en envisageant non l'unité de fait, mais l'unité de faute. Aussi bien, la faute n'est-elle pas ce qui justifie la peine, le fait externe n'étant que l'occasion de l'intervention répressive?

---

(1) Garçon, *op. cit.* p. 13; Roux, *op. cit.* n° 97.

(2) Cass. 29 oct. 1921, Gaz. Trib. 24-25 avril 1922.
Très nombreux arrêts dans la première moitié du XIX° siècle : 19 nov. 1840. P. 41.1.95 et les renvois. De même un acquittement n'empêche pas la poursuite pour des faits postérieurs ; Cass. 28 janv. 1832.

(3) Cass 25 février 1921, S 23.1.89 (Note J. A. Roux).

(4) Mais c'est une tout autre question, sur laquelle on peut sans contradiction prendre parti en sens opposé, que celle de savoir si l'on peut envisager à son choix ou successivement les différentes qualifications. Mais V. Roux. S.23. 1.89.

Il sera impossible de distinguer deux fautes dans le cas de l'automobiliste qui, en raison d'un excès .de vitesse (1re infraction), obligé de freiner brusquement, dérape et écrase un passant (2e infraction) (1). Ou encore dans le cas de l'inculpé qui, en faisant commerce d'acheter des monnaies étrangères, s'est mis dans le cas d'être poursuivi à la fois pour n'avoir point tenu le répertoire de change et pour avoir acheté des monnaies étrangères pour plus de 1.000 francs, autrement que par l'intermédiaire d'une personne astreinte à la tenue du répertoire de change (loi du 1er août 1917, art. 1 et loi du 3 avril 1918, art. 2) (2).

Seule l'idée de faute unique me paraît pouvoir rendre compte de ces solutions, qui s'imposent à mon avis. Et la faute est ici la contravention aux règles de moralité généralement acceptée, ou même, dans les délits non intentionnels, l'imprudence ou la maladresse. C'est donc la même faute que la faute civile. On en arrive ainsi à prendre comme critérium une notion assez imprécise et mouvante. Mais, il n'y a que cette alternative à une rigide et choquante sévérité.

Mais, rien n'empêchera, la faute étant bien différente, de·punir l'automobiliste pour absence de permis de conduire en même temps que pour excès de vitesse; et d'autre part, rien n'empêcherait, en supposant que l'article 365 Code Instr. Crim. ne s'applique pas ici, de punir le changeur à la fois pour n'avoir pas tenu de registre de change et pour n'avoir pas fait déclaration à l'Enregistrement de la profession qu'il exerce (loi du 1er août 1917, art. 1er), ou pour n'avoir pas exigé des clients la déclaration de leurs identité, nationalité et domicile (art. 2).

Paul Esmein.

---

(1) La Chambre criminelle vient cependant de se prononcer en sens contraire (29 nov. 1923. *Dall. hebdom.* 1924, 167). Il est vrai que l'art. 31 du Décret du 31 déc. 1922, dont la violation constituait dans l'espèce la contravention, déclare : « Sans préjudice des responsabilités qu'il peut encourir à raison des dommages causés aux personnes, aux animaux. ., tout conducteur doit rester maître de sa vitesse ». Mais l'arrêt est motivé en principe général, et d'ailleurs je ne crois pas que le texte ci-dessus manifeste la volonté d'établir le cumul des peines de façon certaine.

(2) Cass. 25 février 1921 précité.

LES CORPORATIONS
ET LE PROBLÈME DE LEUR ACTIVITÉ
ET RESPONSABILITÉ PÉNALE

Par M. E. HACKER
Professeur à l'Université de Miskolcz (Hongrie)

I. — A l'encontre de l'opinion prédominante que, à l'égard des corporations il n'est pas possible d'admettre une répression criminelle, on trouve maintenant souvent exprimé l'avis contraire de leur responsabilité pénale. Législativement, cette solution a été acceptée par les droits anglais et américain (New-York).

La cause de cette évolution, nous la trouvons dans ce fait d'expérience même, que des organisations ont une force puissante. Quand cette force est employée pour le bien, elle rend les plus grands services, à l'humanité, mais lorsqu'elle est employée pour le mal, le danger croît l'une manière incroyable.

Par le moyen des organisations, la force sociale, politique, intellectuelle et économique d'un individu s'accroît considérablement.

Un homme isolé ne peut pas croire qu'il réalisera ses différents buts; en collaboration la chose devient possible. La force d'un individu et la durée de sa vie ne sont pas suffisantes pour cela, mais unies et continuées avec la force et la durée d'une autre génération, la réalisation de ses rêves peut se produire.

Spécialement dans le système actuel du capitalisme la vie économique nous montre souvent la grande importance des organisations.

Et c'est non seulement dans la vie économique que nous pouvons le constater, mais aussi dans les œuvres intellectuelles, scientifiques et sociales; ces différents buts qui sont impossibles à atteindre par un seul individu, peuvent l'être seulement par l'association de plusieurs.

Mais la concentration des forces dispersées n'atteindra tout son effet que lorsque ces forces se réuniront et se grouperont en un centre, qui existera indépendamment de l'existence des individus, sera influencé seulement par des buts corporatifs et ne respectera pas les intérêts individuels.

En connexion avec le problème de l'activité et responsabilité pénale des corporations on peut se poser la question suivante : est-il nécessaire de prendre en même temps parti sur le concept de la personnalité juridique ? Nous croyons qu'il n'est pas nécessaire de le faire, et nous renvoyons à cet égard aux solutions identiques de Garraud (1) et de Hamel (2).

Le droit fait de plus en plus rentrer les corporations sous sa protection; dans quelques pays les corporations peuvent déjà être le sujet passif des offenses. Et les corporations partagent, de plus, tous les droits concernant le régime des biens.

L'évolution de cette matière aboutira finalement à cette conclusion que les corporations recevront non seulement toujours plus de droits, mais que leurs devoirs seront aussi mesurés en comparaison de leurs droits et également en corrélation de leur puissance croissante. Et qu'en outre de leur responsabilité en matière civile, on acceptera leur responsabilité pénale. Contre la criminalité, qui est le résultat du développement du capitalisme, nous ne pouvons, en effet, nous défendre que par la responsabilité pénale des corporations.

II. — Gierke (3) est le premier qui a retracé l'histoire de ce problème dans son œuvre capitale; après lui Mestre (4) a développé le même thème.

---

(1) Garraud : *Traité théorique et pratique du droit pénal français*, 1913, t. I., p. 536.

(2) Van Hamel : *Inleiding tot de studie van het nederlandsche strafrecht*, 1913, p, 190.

(3) Gierke : *Das deutsche Genossenschaftsrecht*, I-IV., 1868-1913.

(4) Mestre : *Les personnes morales et le problème de leur responsabilité pénale*, 1899.

Brièvement nous remarquons que, dans les temps passés, particulièrement le droit pénal germanique et les autres droits qui ont été sous son influence ont admis la responsabilité des corporations.

De plus, nous pouvons encore constater que l'ordonnance criminelle de 1670 de Louis XIV réglementait dans un titre spécial (tit. XXI), « la manière de faire les procès aux communautés des villes, bourgs, corps et compagnies », — et, que la loi du 10 vendémiaire An IV, tit. IV, reconnaissait également la responsabilité pénale des communes.

Pour le droit présent, le Code pénal de New-York de 1881 dans l'article 718 (alinéa 13), et en Angleterre l'article 2 de l'*Interprétation Act* de 1889 décrètent: qu'au point de vue du droit pénal les personnes morales peuvent être sujettes à des infractions. Et on trouve la même manière de voir dans l'article 458 du projet du Code pénal des Etats-Unis de 1891.

Pareillement, en Algérie une loi de 1874, ainsi que le projet espagnol de 1884 (art. 25, 40, 67-69, 296-297) reconnaissent la responsabilité des collectivités.

III. — Avant d'aborder la discussion de notre problème, nous devons étudier la vie et la manière de vivre des corporations.

Les corporations existent indépendantes de leurs membres et des autres individus. Elles ne sont pas le résultat de la spéculation; la tendance des hommes à s'associer et les besoins de la vie sociale produisent les corporations.

Elles sont traitées par le droit de la même manière que les individus. Le droit privé, administratif et public admettent l'indépendance des corporations.

En conséquence elles se présentent également comme des sujets séparés dans la vie juridique. Elles peuvent avoir des droits, posséder des biens, être débitrices et créancières; en même temps avoir des devoirs et des obligations distinctes de ceux de leurs membres. Excepté pour le droit pénal, ces solutions ne sont pas douteuses.

Mais leurs devoirs et leurs droits sont limités selon leur capacité. Et, outre leur capacité, on doit tenir compte des droits de famille, lesquels dépendent d'une existence personnelle.

Comme conséquence de leur existence séparée, les corporations ont également une volonté séparée et peuvent agir indépendamment de leurs membres.

Pour le prouver, nous nous rapportons à ce fait que les corporations peuvent intenter des procès non seulement indépendamment de leurs membres, mais même contre leurs membres.

Leur existence séparée est établie d'une manière péremptoire par cette circonstance que la volonté et les actes des corporations diffèrent souvent de la volonté et des actes de tous leurs membres. Si par exemple une association prend une résolution par un compromis, dans ce cas chaque membre doit céder quelque chose de sa propre volonté pour arriver à l'entente corporative.

IV. — Mais, tandis que l'homme prend ses résolutions en lui-même, et que le monde ne peut pas observer cette formation psychologique, — dans la vie des corporations nous pouvons au contraire observer comment se développe leur volonté d'agir, parce que les décisions des corporations sont prises par leurs membres. Chez l'homme on ne peut pas observer son état psychologique et, par conséquent, il est impossible de séparer la volonté de la manifestation des faits. Mais pour les corporations, il est plus facile de séparer la source d'une résolution et sa réalisation.

La volonté corporative peut se former par une résolution unanime, ou par majorité des membres. La formation de la résolution unanime se fait sans difficulté.

Mais, dans la plupart des cas, la résolution se forme par la majorité des membres, particulièrement s'ils sont nombreux. Et aussi, lorsque les membres d'une corporation ne sont pas nombreux, les résolutions se forment souvent par la simple majorité, parce que chaque membre pense différemment.

Dans le cas d'une résolution de majorité, ces membres qui ont une autre opinion, restent en minorité.

Le principe de la majorité est mis en valeur seulement au moyen d'une modalité qui permettra de trouver la volonté du plus grand nombre des membres. Ce sera au moyen de la création d'un organe, par lequel la corporation réalisera sa volonté; et ainsi la masse des membres sera gouvernée par eux-mêmes.

Par l'application du principe de la majorité, il sera fait, sans aucun doute, violence à la minorité des membres; mais quiconque entre dans une corporation doit tenir compte de cela.

La réunion des volontés individuelles, la formation et l'exécution d'une volonté collective sera possible seulement, lorsqu'il existe un organe créé pour ce but.

Mais, tandis que la formation de la volonté d'une corporation est possible seulement par le moyen d'un organe, qui doit être créé conforme aux règles, — la volonté des corporations peut s'extérioriser non seulement par un organe, mais aussi par quelqu'un, qui diffère d'un organe. Hafter (1) en montre un exemple frappant dans le cas d'une corporation d'étudiants qui prend la résolution d'engager un homme d'équipe très fort pour insulter un de leurs camarades, qu'ils haïssent tous.

Mais il n'est pas exclu que tous les membres réunis puissent également extérioriser eux-mêmes la résolution d'une corporation.

Pareillement, il est certain que la volonté des corporations peut se réaliser uniquement par l'intermédiaire d'une personne physique : par tous les membres, par un seul, par un organe, ou par quelqu'un d'étranger qui même n'est pas membre de la corporation.

La volonté et l'action se présentent aussi comme des fonctions vitales des corporations non seulement si elles sont le résultat d'une résolution collective, mais aussi si un organe, qui est créé conformément aux règles, agit avec sa qualité pour le compte de la corporation.

Pour cette raison, les corporations ont toujours besoin d'organes. Elles peuvent exprimer leur volonté seulement par eux. Et l'exécution de leur volonté, c'est-à-dire l'action, se réalise le plus souvent aussi au moyen d'un organe, qui accomplit par son acte, non seulement une fonction vitale de la corporation, mais aussi la

---

(1) Hafter : *Die Delikts und Straffähigkeit der Personenverbände*, 1903, p. 85.

sienne propre. Mais, c'est surtout pour le compte de la corporation, que l'action se présente; car souvent un individu isolé n'a pas les moyens de réaliser une action. Dans les hypothèses d'usure, sans la disposition du capital d'une banque ou d'une société anonyme, il ne sera pas possible d'accomplir de semblables opérations. Comme dans le cas indiqué par Hafter, l'homme d'équipe peut même ignorer l'existence de l'étudiant haï de ses camarades; sans l'impulsion de la corporation, il n'aurait pas pu l'insulter.

Il s'en suit une chose importante à constater : c'est que seulement par ce moyen nous pouvons nous persuader de l'existence indépendante des corporations. Et, par cette raison nous pouvons reconnaître que les organes agissant avec cette qualité procurent des avantages et chargent d'obligations les corporations.

Pour cette raison donc, c'est seulement par leurs organes que les corporations ont une existence réelle.

L'existence et les actions des corporations développées par des organes sont toujours de plus en plus reconnues. Et on accepte déjà non seulement la possession de biens, pratiquée par les corporations dans le droit privé, mais aussi la possession d'un patrimoine au point de vue du droit pénal.

V. — L'importance de notre problème, c'est qu'il contient deux questions fondamentales. *Premièrement:* les corporations peuvent-elles produire un résultat important au point de vue du droit pénal, et *deuxièmement,* est-il possible d'accepter leur responsabilité pénale ?

Occupons-nous d'abord de la première question.

Bishop (1) montre le cas d'une corporation qui a pris la résolution de barricader un chemin public, et qui a ainsi causé un grand malheur. Un cas semblable a été indiqué par Hafter; nous l'avons déjà rappelé plus haut.

Dans la vie pratique, nous voyons souvent des cas semblables. Dans ceux-ci, ce ne sont jamais les individus, mais toujours les corporations qui ont produit ces résultats; elles se mettent en opposition avec l'ordre so-

---

(1) Bishop : *Commentaries on the criminal law*. t. I., 1868, p. 289.

cial et légal; et pour cette raison elles doivent être rendues responsables. L'individu seul ne peut pas produire ces résultats; car souvent il ne possède pas même les moyens de causer des infractions, comme dans le cas cité plus haut pour le délit d'usure.

Ces infractions, réalisées en dehors de la volonté de l'individu, sont la preuve la plus convaincante de la volonté et de l'existence séparées des corporations, ainsi que de leur activité au point de vue pénal. Nous ne disons pas que leur activité pénale est illimitée; nous prétendons seulement dire que jusqu'à un certain degré les corporations peuvent accomplir des faits importants au point de vue pénal.

On objecte cependant que les corporations, ne pouvant se constituer que pour un but légal, ne peuvent pas commettre des infractions; parce que les infractions seraient hors de leur but légal. Mais cette manière de voir est fausse; on oublie qu'il y a une différence fondamentale entre un être autorisé et un être capable. Par exemple, si nous donnons des armes à quelqu'un pour s'en servir dans un but noble, plus tard il pourra employer ces mêmes armes pour un but condamnable. Et si un tel événement se présente pour l'action d'une corporation en dehors de son but légal, le fait n'en reste pas moins à sa charge.

Pour cette raison, nous prétendons pouvoir affirmer que les corporations possèdent la capacité de commettre des infractions et peuvent accomplir des actes importants au point de vue pénal.

VI. — Mais, malgré notre solution à l'égard de l'activité pénale des corporations, le problème de leur responsabilité pénale reste encore en suspens. Parmi les individus il y en a beaucoup, en effet, qui commettent des infractions, et qui ne sont pas déclarés responsables.

Nous devons donc encore examiner s'il est possible de rendre responsables les personnes morales, qui ont commis un fait illicite important au point de vue du droit pénal. Et nous devons envisager ce problème à deux points de vue :

Premièrement au point de vue de la politique criminelle, et *deuxièmement* au point de vue dogmatique du droit pénal.

1) Au point de vue de la politique pénale, il y a une objection élevée contre cette responsabilité pénale. Elle consiste à dire que si nous acceptons la responsabilité pénale des personnes morales, la peine atteint principalement leur bien commun; par là tous les membres éprouvent les conséquences du méfait; aussi bien ceux qui n'ont pas pris part à la résolution; et aussi ceux, tout à fait innocents, qui se sont opposés à cette résolution. Mais, à cette objection on peut répondre que quiconque entre dans une corporation doit tenir compte de cette éventualité.

Au reste, on ne peut atteindre les vrais malfaiteurs, c'est-à-dire les corporations, que par l'établissement de leur responsabilité pénale. Autrement on punit les instruments des corporations, c'est-à-dire leurs organes qui, le plus souvent, ne commettent pas des infractions de leur propre initiative, mais en exécution d'un ordre reçu. Sans la responsabilité pénale des corporations, la justice trop souvent serait donc obligée de laisser sans châtiment le vrai criminel.

Nous trouvons encore un motif pour la reconnaissance de leur responsabilité pénale dans cette circonstance que si les personnes morales gagnent de plus en plus de droits, leurs devoirs doivent être en rapport avec leurs droits, et ainsi nous sommes obligés d'admettre leur responsabilité pénale.

Autrement, il deviendra toujours de plus en plus difficile de préserver l'ordre social, particulièrement contre la croissante influence des concentrations du capitalisme et contre les associations qui ont un grand nombre de membres soumis à une autorité absolue.

Enfin, dans le cas de la criminalité des corporations, il est souvent très difficile de découvrir les individus, qui ont joué un rôle comme organes. Si on ne rend pas les corporations responsables, non seulement elles restent impunies, mais aussi les individus qui ont joué un rôle comme organes.

Au point de vue de la politique criminelle, on dit cependant que, dans le cas de l'irresponsabilité des corporations, pour préserver l'ordre social il est nécessaire de prendre des mesures ayant un caractère administratif. Mais, non seulement ce caractère, mais aussi l'emploi de ces mesures seront beaucoup plus satisfaisantes, si ces mesures ont un caractère pénal et sont employées par les tribunaux pénaux avec toutes leurs garanties.

2) Au point de vue dogmatique, la citation des corporations devant les tribunaux souffre des difficultés.

Et on aperçoit là une objection importante contre la théorie de leur irresponsabilité. La punition de certains délits dépend, en effet, des circonstances constitutives des infractions (conditions de la criminalité); par exemple, la punition de la banqueroute est subordonnée à la suspension des payements ou à la déclaration de faillite. Souvent cette condition est réalisée, ou cette déclaration est faite contre une société. Si on n'accepte pas la responsabilité pénale corporative, personne ne sera puni. Non seulement les corporations resteront impunies, mais aussi les individus, qui ont joué le rôle d'un organe, parce que la suspension des payements ou la déclaration de faillite n'a pas été faite contre eux, mais contre la corporation, par exemple contre une société anonyme. Les tentatives faites pour donner la solution de ce problème ne nous paraissent pas satisfaisantes.

On objecte par contre qu'il est très difficile de résoudre le problème de leur culpabilité et qu'il y a peu de peines qui atteignent les corporations elles-mêmes.

La science pénale moderne est, en effet, fondée sur le principe de culpabilité. Et la question est de savoir s'il est possible de mettre une culpabilité à la charge d'une corporation ? Les collectivités ont-elles, indépendamment des individus, une conscience et la faculté de vouloir ? Et on ajoute, en outre, que les normes des lois ne sont pas adressées aux corporations, mais seulement aux individus et que pour cela il est impossible d'admettre la responsabilité pénale des personnes morales.

Nous croyons, au contraire, que toutes les règles des lois sont adressées sans exception non seulement aux individus, mais également aux personnes morales. Sinon il serait tout à fait impossible de préserver l'ordre social.

Quant à l'autre objection qu'il y a peu de punitions

qui atteignent les corporations elles-mêmes, elle n'est pas mieux fondée. La technique de l'emploi des punitions et des mesures de sûreté est déjà si développée, qu'il est possible jusqu'à un certain point de rendre chaque mesure pénale individuelle. Mais nous ne devons pas oublier que les punitions appliquées aux individus atteignent non seulement ceux-ci, mais aussi leurs proches. Une peine appliquée à un père de famille atteindra toujours les autres membres de la famille. Et pareillement une mesure pénale appliquée à une corporation n'atteindra pas plus fortement les membres de la corporation. Si ces punitions et ces mesures sont établies avec prudence et précaution, les inconvénients ne seront pas plus sensibles dans le droit pénal des corporations.

En ce qui concerne la culpabilité des corporations, nous avons au contraire certains doutes.

3) Parmi ceux qui acceptent la responsabilité pénale des corporations, comme par exemple Van Hamel (1), quelques-uns gardent également des doutes touchant la culpabilité des collectivités.

Et Hafter, contrairement à son opinion déjà citée, fait maintenant (2) une proposition, et cette proposition développée plus complètement sera peut-être capable de résoudre ce problème.

Nous croyons que le développement de cette idée est possible de la manière suivante :

La science pénale accepte actuellement, outre les peines, une longue série de mesures de sûreté; et ces mesures sont applicables bien que la culpabilité des malfaiteurs ne soit pas constatée. Ces mesures n'ont pas, en effet, pour but une réprobation morale.

L'application de ces mesures dépend simplement de l'état des malfaiteurs, suivant qu'ils sont dangereux pour la société ou non.

Nous pensons pouvoir résoudre le problème de culpabilité des personnes morales seulement par le moyen de l'emploi des mesures de sûreté.

---

(1) Van Hamel, *op. cit.*, p. 199.
(2) Hafter : *Strafrechtlicher Patent schutz gegenüber Aktiengesellschaften,* 1910, principalement p. 33 et suiv.

C'est seulement de cette manière qu'il sera possible de faire disparaître les difficultés qui sont les conséquences de cette circonstance que, entre les actions des corporations et leur résultat manquent les relations psychologiques.

VII. — Maintenant notre premier devoir est de circonscrire ces infractions que les corporations peuvent accomplir. Nous sommes convaincus que d'une part les personnes morales peuvent sûrement commettre des infractions, mais que d'autre part leur capacité de les accomplir est limitée.

Elles ne peuvent pas réaliser les infractions qui se rapportent à la sphère d'activité la plus individuelle des hommes. Mais, ce serait toutefois une erreur de croire que les corporations ne peuvent jouer aucun rôle concernant ces sortes d'infractions.

Par exemple la loi hongroise concernant le mariage civil obligatoire, de 1894 porte (art. 123) que celui qui contracte un mariage religieux sans le faire précéder du mariage civil, commet un délit. Dans ce cas, il est possible qu'une association fasse une propagande contre l'institution du mariage civil obligatoire; et alors cette association joue le rôle d'un provocateur; quoique elle-même, elle ne puisse pas commettre ce délit.

Cet exemple nous prouve qu'il est impossible de limiter la sphère de l'activité pénale des corporations.

On trouve très répandue l'opinion que les corporations peuvent commettre des infractions seulement si l'existence et la capacité d'avoir des droits leur sont reconnues par l'Etat. C'est une autre erreur. C'est, en effet, une confusion de leur liberté et de leurs droits avec leur pouvoir d'agir. Gustave Schwarz (1) fait la remarque très juste, que, dans ce cas, les plus dangereuses associations secrètes, par exemple une *maffia* qui commet les forfaits les plus terribles, resteraient toujours sans punition, lors même que l'on accepterait la responsabilité pénale des corporations.

---

(1) Schwarz : *Les personnes morales* (publié en hongrois sous le titre : *A jogi személy magyarazata*), Budapest, 1907, p. 107.

VIII. — En terminant nous voudrions ajouter deux mots sur les mesures employées envers les corporations.

1) Le trait caractéristique de ces mesures doit s'accorder avec ce que nous avons déjà mentionné plus haut. A savoir, qu'on ne peut pas appliquer des peines, parce qu'il est impossible de déclarer coupables des corporations.

L'application des mesures de sûreté dépend, lorsqu'une infraction a été commise par un malfaiteur, d'une part du caractère dangereux de ce malfaiteur pour la société, et d'autre part de la nécessité d'une prévention individuelle. Dans le cas de criminalité des collectivités, **ces** conditions sont toutes deux existantes. Mais les conditions pour l'application des peines, c'est-à-dire la culpabilité et la possibilité d'un blâme moral font défaut. En conséquence, nous pouvons appliquer seulement les mesures de sûreté envers les corporations.

Et ces mesures de sûreté doivent produire des effets proportionnés à la gravité de l'infraction commise.

Mais, un trait caractéristique doit être indiqué plus en détail; c'est-à-dire que les mesures de sûreté doivent atteindre et frapper seulement la personne morale elle-même et non pas ses membres. Naturellement ces mesures ne peuvent pas être absolument personnelles; toujours des membres innocents en ressentiront les effets indirectement. Mais jusqu'à un certain point il serait possible de satisfaire à l'exigence de la personnalité des mesures. D'un autre côté toutes les propositions pour exonérer les membres innocents suppriment l'effet des mesures elles-mêmes.

2) Les mesures de sûreté, que nous pouvons appliquer envers les corporations sont : leur dissolution, la suspension de leur activité pour un certain temps, la restriction de leur sphère d'activité, la privation de leur capacité de droit en dehors du domaine du droit criminel, la caution de se bien conduire, la confiscation, la privation des privilèges, la publication de la condamnation, l'obligation de congédier leurs organes, et enfin la surveillance de la haute police.

L'application des peines pécuniaires serait désirable; particulièrement envers les associations qui ont un but économique et qui disposent de grands capitaux. Mais l'application des amendes n'est pas possible, parce que l'application des peines est généralement irréalisable devant l'impossibilité d'établir la culpabilité des corporations. Jusqu'à un certain degré, la caution de se bien conduire remplacera donc l'amende.

IX. — Dans les infractions commises par des personnes morales les individus y participant comme organes, commettent aussi des actes individuels. Malgré que les corporations existent indépendamment des individus, il serait souvent possible de déclarer ces individus coupables.

A ce point de vue les principes de la participation criminelle seront décisifs.

D'un autre côté au point de vue du droit pénal il n'est pas juste de rendre les collectivités solidairement responsables pour les amendes appliquées à leurs organes.

X. — La responsabilité pénale des corporations sera un des problèmes les plus importants du droit pénal futur. L'immense développement des associations avec un but économique et leur rôle prédominant exigent la solution de ce problème.

Nous concluons donc par les propositions suivantes :

Premièrement, que la reconnaissance de la responsabilité pénale des corporations n'ait pas une tendance anticapitaliste. Dans les pays les plus capitalistes : comme en Angleterre et dans l'Etat de New-York, la responsabilité pénale des corporations est acceptée pour empêcher le développement nuisible du capitalisme.

Deuxièmement, il est tout à fait impossible de résoudre ce problème théoriquement. Mais il faut prendre en considération les exigences de la vie pratique.

PROPOSITION

ADRESSÉE A LA SOCIÉTÉ DES NATIONS
EN VUE DE L'ORGANISATION D'UN

SYSTÉME INTERNATIONAL D'ÉLIMINATION DES CRIMINELS DANGEREUX ET DES DÉLINQUANTS D'HABITUDE

Par M. Vespasien PELLA

Professeur de Droit criminel à l'Université de Iassy (Roumanie)

La Société des Nations, dont la mission est d'assurer la paix entre les peuples et de rechercher les solutions générales les plus propres au progrès et au bonheur de l'humanité, ne peut rester indifférente au développement croissant de la criminalité, qui constitue, particulièrement depuis la guerre, la menace la plus grave pour la société.

Le crime n'étant plus considéré aujourd'hui comme une entité juridique, mais comme un phénomène social, des mesures sévères et générales de prophylaxie s'imposent à son égard.

Le criminel de droit commun est le même dans tous les pays civilisés; partout il présente les mêmes caractères d'antisociabilité.

L'influence des facteurs spéciaux, comme le climat et la race, sur la criminalité de droit commun, étant tout à fait secondaire par rapport à l'influence considérable exercée sur elle par les facteurs biologiques et sociaux qui sont sensiblement les mêmes dans tous les pays civilisés, il est bien évident que, dans l'exercice de la répression, le criminel ne doit plus être considéré aujourd'hui comme le citoyen d'un certain État, mais comme un être humain qui ne peut s'adapter aux conditions générales et permanentes de la vie sociale.

Dans les sciences médicales, les mesures de prophylaxie prises à l'égard des malades sont indépendantes de leur nationalité; dans l'administration des médicaments, on considère l'homme et non le citoyen. De même, nous estimons que le problème de la criminalité de droit commun ne peut être résolu scientifiquement que par l'emploi de moyens universels dirigés contre l'homme en général.

Mais pour trouver ces moyens et pour assurer leur fonctionnement, un accord et une communauté de vues des plus parfaits sont nécessaires entre tous les Etats.

C'est pourquoi la Société des Nations est dans l'obligation de faire entrer le problème de la criminalité dans le cadre de ses préoccupations.

Les questions qui se rattachent à ce problème sont, bien entendu, nombreuses et variées. Mais il en est une qui s'impose à nous tout particulièrement, par son intérêt immédiat : la question de la récidive. C'est d'elle en effet que dépend le problème de l'élimination des malfaiteurs d'habitude.

Or, sous l'influence du courant humanitaire et des conceptions morales qui dominent la répression moderne, nous assistons depuis plus d'un demi-siècle à l'abolition progressive de la peine de mort dans beaucoup d'Etats d'Europe. Il est donc devenu absolument nécessaire de substituer à la peine de mort un moyen artificiel d'élimination, ne présentant pas les désavantages de cette sanction extrême.

Ce moyen de sélection artificielle ne doit pas priver les malfaiteurs d'habitude de la vie physique, mais seulement de la vie sociale normale, dans la mesure exigée par la défense de la collectivité tout entière.

Il serait donc désirable que tous les Etats d'Europe adoptassent un système commun d'élimination sociale qui serait, par exemple, la transportation des délinquants dangereux et non susceptibles de régénération morale, dans un lieu lointain du continent européen.

Grâce à ce système, même les Etats qui n'ont pas de colonies pourraient recourir à cette mesure de sélection artificielle.

Il y a bien aujourd'hui, dans la doctrine pénale, un

courant prononcé contre la transportation. Mais il ne faut pas perdre de vue que ce courant n'a pas été provoqué par l'incompatibilité du principe même de la transportation avec la conception contemporaine de la défense sociale, mais simplement par la défectuosité de la transportation telle qu'elle a été organisée dans les Etats qui la pratiquent encore.

Si l'on base en effet la transportation sur l'idée de colonisation, elle est fatalement destinée à l'insuccès, car les malfaiteurs, dans la majorité des cas, sont des éléments qui, même transposés dans un autre milieu social, se montrent incapables de fournir le travail productif nécessaire à l'œuvre de colonisation.

Ce n'est donc pas l'idée de colonisation, mais purement et simplement l'idée d'élimination artificielle des délinquants incorrigibles, qui doit constituer la base du système désirable.

Bien qu'il nous soit impossible de pénétrer dans tous les détails de la question, nous pouvons cependant en indiquer les lignes générales.

En premier lieu, il conviendrait de déterminer les catégories de délinquants susceptibles de transportation : il ne peut être question, bien entendu, que des délinquants de droit commun, c'est-à-dire de ceux qui présentent pour la société le maximum de danger, et de ceux qui se sont montrés rebelles à tout emploi dans les prisons continentales.

Dans cette catégorie figureraient donc : les auteurs d'assassinats et d'homicides qui ont montré une perversité particulière dans l'accomplissement de leurs crimes et qui sont plutôt des bêtes féroces que des hommes; puis les criminels qui se sont rendus coupables de plusieurs tentatives d'évasion ou d'assassinat de leurs gardiens; enfin tous ceux qui ont subi plusieurs condamnations pour des délits graves, ainsi que les récidivistes en matière criminelle.

En second lieu, il faudrait fixer le caractère de la transportation que nous proposons : sera-t-elle une mesure facultative ou obligatoire pour les Tribunaux; pourra-t-elle être appliquée aux femmes; enfin, quel sera le minimum et le maximum d'âge dans les limites desquels on pourra l'appliquer ?

Toutes ces questions seraient naturellement résolues par une convention conclue entre les Etats qui voudraient adhérer à ce système; convention à la suite de laquelle chaque Etat signataire pourrait établir, dans son Code répressif propre, les cas exceptionnels d'application de la peine de la transportation.

Nous n'ignorons pas que ce système de sélection artificielle se heurte à des difficultés d'ordre pratique dont les principales sont le choix d'un lieu commun de transportation et la détermination de la part de chaque Etat aux dépenses nécessaires à l'aménagement de ce lieu et à la création de l'appareil administratif et pénitentiaire indispensable.

Mais, en ce qui concerne le choix du lieu, la tâche serait facilitée par le fait que, parmi les Etats qui pratiquent encore la transportation, il existe un ralentissement considérable dans l'application de cette mesure qui tend à devenir toute exceptionnelle: il serait donc facile de trouver une colonie ou une région de colonie, non utilisée, mais munie encore de l'aménagement nécessaire à la transportation.

Cette colonie pourrait être affectée, à la suite d'un accord entre l'Etat qui en a la possession et la Société des Nations, à l'internement des délinquants extrêmement dangereux, sans distinction de nationalité, qui auraient commis un crime sur le territoire d'un des Etats signataires de la convention.

D'autre part, en ce qui concerne les dépenses nécessaires au fonctionnement et à l'administration des établissements pénitentiaires, elles pourraient être supportées au début par tous les Etats proportionnellement au nombre de convicts que chacun d'eux enverrait dans cette colonie.

De son côté, chaque Etat pourrait couvrir ses dépenses par l'augmentation des amendes pénales et par les économies qu'il réaliserait en n'étant plus obligé d'entretenir un certain nombre de délinquants dangereux dans ses prisons continentales.

D'ailleurs, si l'on tient compte du fait que le prix des

articles nécessaires à l'entretien des condamnés est moins élevé dans une colonie lointaine que sur le continent européen où la main-d'œuvre est devenue si chère, on imaginera facilement que les économies réalisées sur l'entretien des condamnés puissent compenser, dans une certaine mesure, les dépenses spéciales faites à l'occasion de la transportation.

Lorsque ce système aura fonctionné un certain temps, la part des contributions de chaque Etat diminuera sensiblement si l'administration des institutions pénitentiaires est confiée à des personnes capables et susceptibles de tirer le maximum de profit du travail des condamnés.

Il y a enfin l'objection de la concurrence que la main-d'œuvre pénale fait aux travailleurs libres; mais si cette objection ne manque pas de force dans les pays continentaux, elle est sans valeur pour une colonie lointaine.

Ces difficultés examinées, reste la question, en présence d'une institution pénitentiaire internationale, du personnel chargé de la direction et de l'administration. Ce serait à la Société des Nations, dont il dépendrait, à le recruter parmi les éléments les plus capables et possédant une préparation technique spéciale dans la matière des sciences pénitentiaires.

La Société des Nations aurait encore à fixer le centre de formation des convois et les centres d'embarquement, et à organiser, avec le concours des Etats qui disposent de moyens de transports maritimes, la transportation des condamnés dans les conditions les plus avantageuses.

En elle-même, la transportation pourrait consister, dans tous les cas, dans l'internement perpétuel des condamnés dans la colonie. Cet internement commencerait toujours par une privation complète de liberté, sans durée déterminée. Pendant ce temps, le condamné serait contraint de travailler, et le profit de ce travail serait destiné à couvrir les dépenses de son entretien. Au cas où, par son travail intensif, il arriverait à augmenter ses revenus, le surplus pourrait être affecté à l'adoucissement de son régime, à titre d'encouragement.

Exceptionnellement, quand l'administration pénitentiaire estimerait que la privation absolue de liberté n'est plus nécessaire, elle pourrait naturellement remplacer cette mesure par une liberté surveillée à l'intérieur de la colonie. Dans ce dernier cas, le condamné pourrait être laissé libre de choisir lui-même son travail et même de fonder une famille.

**

Il est bien certain que la mise en pratique de ce système international d'élimination des criminels soulève une foule d'autres questions de détail qu'il serait impossible d'exposer ici dans toute leur étendue. Mais on peut affirmer que ces difficultés momentanées, pas plus que les idées préconçues contre la transportation, nées de l'application défectueuse qui en a été faite jusqu'ici, n'atteignent le principe de sélection artificielle en lui-même; au point de vue scientifique, la transportation peut être considérée comme la mesure d'élimination la plus efficace qu'on puisse mettre à la place de la peine de mort.

La société, dans sa lutte contre la criminalité, ne peut donc se démunir de ce moyen, et la Société des Nations doit s'employer à en faire bénéficier tous les peuples. Si tous les Etats ont le droit de demander à la Société des Nations de les défendre contre les agressions injustes dont ils peuvent être l'objet de la part des autres Etats, ils ont de même le droit de lui demander son concours dans la lutte contre l'ennemi permanent de l'humanité entière qu'est le criminel !

CHRONIQUE LÉGISLATIVE

LE DROIT PÉNAL ET L'AVIATION

Par M. P. HUGUENEY
Professeur à la Faculté de Droit de Dijon

Soumettre l'aviation à une législation pénale particulière ou même lui appliquer les règles ordinaires du droit pénal, ce sont là des idées qui ont été parfois très vivement critiquées (1). Elles l'ont été soit en considération de l'avenir de l'aviation, soit au nom des droits sacrés des aviateurs.

Et d'abord, a-t-on dit, l'aviation, cette découverte éminemment française, qui a pris en France si rapidement un tel développement, ne risquerait-elle pas d'être entravée par les mesures pénales sous lesquelles on prétendrait la régenter? D'autre part, n'y aurait-il pas quelque ingratitude à frapper aujourd'hui de peines ces aviateurs qui durant la guerre ont cueilli une si ample moisson de lauriers? A quoi bon d'ailleurs brandir ici les foudres du droit pénal? Une autre sanction, inéluctable, mettra en garde l'aviateur contre toute imprudence et toute négligence: la conséquence de la moindre inattention, c'est la chute et l'écrasement sur le sol.

Ces arguments, bien qu'ils ne manquent pas d'une certaine valeur, n'ont pourtant pas, et à juste titre, paru décisifs. Si le droit des aviateurs est respectable, celui des piétons ne l'est pas moins; il faut donc protéger ceux-ci contre la faute de ceux-là. En outre, l'expérience déjà le prouve, l'aviation peut être employée par les malfaiteurs pour commettre plus facilement certains délits. A l'invention nouvelle doivent correspondre des dispositions pénales nouvelles.

---

(1) V. en particulier la discussion à la séance du 19 mai 1922 de la société des prisons, *Rev. pén.* 1922, p, 329 et suiv.

Si l'on interroge le passé, on constate que, chaque fois qu'est apparu un moyen de locomotion, des textes législatifs ont immédiatement surgi pour prévoir et réprimer les infractions auxquelles il pouvait donner naissance. A l'origine des chemins de fer, ce sont la loi du 15 juillet 1845 et l'ordonnance du 15 novembre 1846; à la naissance de l'automobile, c'est le décret du 10 mars 1899. Comment l'aéroplane seul échapperait-il à la règle commune?

La réglementation pénale de l'aviation s'impose même avec une acuité plus grande que celle de tout autre système de locomotion. Par sa rapidité et surtout par la faculté qu'il possède de pouvoir passer n'importe où, en survolant un point quelconque, l'avion apparaît en effet comme particulièrement redoutable. Aussi, le projet de loi sur la locomotion aérienne déposé en 1921 par le Gouvernement sur le bureau de la Chambre des députés (1), ne consacrait-il pas moins de la moitié de ses dispositions aux questions d'ordre pénal. La proportion a paru exagérée; le point de vue civil et commercial, insuffisamment traité a été considérablement développé. Dans le projet voté par le Sénat dans sa séance du 27 novembre 1923 (2) la partie pénale ne constitue plus guère que le quart de l'ensemble. Cette proportion, bien que réduite, suffit à montrer toute l'importance des problèmes de droit pénal soulevés par l'aviation.

Ces problèmes se réfèrent soit au droit pénal proprement dit, soit à la procédure pénale.

I

En droit pénal proprement dit, l'aviation peut-être envisagée soit comme source de délits nouveaux, soit comme occasion de délits anciens.

Les délits nés de l'aviation sont ceux qui consistent dans la violation d'une des règles établies en matière de locomotion aérienne.

---

(1) *J. off.* Débats parlementaires, Chambre, Séance du 23 juin 1921.

(2) *J. off.* Débats parlementaires, Sénat 28 nov. 1923, p. 1728. V. sur ce projet: Vallier. *Un nouveau statut juridique de la locomotion aérienne en France*, dans *Rev. jur. loc. aér.* 1924, p. 1 et suiv.

Ces règles se réfèrent à trois ordres de préoccupations :
les aviateurs, les appareils, le public.

En ce qui concerne les aviateurs, il faut ne leur permettre de piloter un avion que lorsqu'ils auront justifié de
leur aptitude; lorsqu'ils ont acquis le droit de voler il
faut leur interdire les exercices dangereux pour la sécurité des tiers.

L'idée d'exiger des pilotes aviateurs l'obtention d'un
brevet remonte aux origines même de l'aviation. Dès le début de 1920, l'Aéro-club de France établissait le programme
des performances à la suite desquelles serait conféré la
diplôme (1). A la date du 10 septembre 1910, 208 brevets
avaient déjà été délivrés (2). Aujourd'hui les règles relatives
à ce brevet de pilote aviateur sont contenues dans l'arrêté
ministériel du 18 septembre 1920. Le projet de loi sur la
locomotion aérienne (3) (art. 62) frappe d'une amende de 500
à 10.000 fr. et d'un emprisonnement de 6 jours à 1 mois ou de
l'une de ces deux peines seulement l'aviateur qui aura volé
sans avoir satisfait à l'examen de pilote. Si, malgré le
refus du brevet, l'aviateur a néanmoins volé, l'amende
pourra être élevée à 20.000 fr. et l'emprisonnement à
2 mois (art. 63).

Supposons que l'aviateur ait obtenu son brevet; il faut
lui défendre d'accomplir des vols dangereux pour les
tiers.

Lui seront en conséquence interdits sous peine d'une
amende de 100 à 500 fr. et même d'un emprisonnement de
1 à 5 jours les vols acrobatiques au-dessus d'une agglomération ou de la partie d'un aérodrome ouverte au public
(art. 68). Seront, aux termes de l'art. 22, considérés comme
acrobatiques ceux qui comportent des évolutions péril-
leuses et inutiles pour la bonne marche de l'appareil.

Même sans accomplir de « loopings » impressionnants,
l'aviateur peut constituer un danger pour la collectivité
s'il survole une ville à faible hauteur. Au cas d'arrêt sou-
dain du moteur il lui est impossible d'atterrir hors des li-

---

(1) *Revue juridique de la locomotion aérienne*, 1910. p. 285.
(2 *Ibid.* 1910, p. 288.
(3) Par cette expression nous nous référons au projet voté par le Sénat.

mites de l'agglomération. Aussi l'art. 21 lui prescrit-il de se maintenir à une hauteur suffisante pour pouvoir en cas d'arrêt du moyen de propulsion atteindre la campagne ou un aérodrome public. La violation de cette règle exposera le contrevenant, comme dans l'hypothèse précédente, à une amende de 100 à 500 fr. et à un emprisonnement de 1 à 5 jours. Dans les deux cas l'aviateur imprudent sera, s'il y a récidive, puni du maximum de la peine d'emprisonnement, soit 5 jours (art. 68) (1).

Relativement aux appareils, l'idée de les soumettre à une réglementation rigoureuse n'est pas nouvelle. Le 22 avril 1784 une ordonnance de Pierre Lenoir, conseiller d'Etat, lieutenant général de police, considérant « qu'il s'est fait à Paris et dans les environs plusieurs expériences avec des machines aérostatiques auxquelles on adapte des réchauds à esprit de vin, de l'artifice et autres matières capables de mettre le feu » fait sous peine d'une amende de 500 livres « très expresses inhibitions et défenses à toutes personnes de quelque qualité et condition qu'elles soient de fabriquer et faire enlever des ballons et autres machines aérostatiques auxquelles seraient adaptés des réchauds à esprit de vin, de l'artifice et autres matières dangereuses pour le feu (2) ». Seules certaines personnes « savantes et éclairées » pouvaient, après en avoir obtenu la permission spéciale, être admises à faire procéder à des expériences. Une ordonnance du comte Anglès (3) réédita en 1819 les prescriptions de Pierre Lenoir.

Notre législation actuelle se montre, est-il besoin de le dire, moins rigoureuse. Elle n'interdit plus de faire voler des appareils plus légers ou plus lourds que l'air, mais elle prend certaines précautions soit pour contrôler les aéronefs, soit pour s'assurer de leur solidité.

Pour parvenir à contrôler les appareils, le législateur

---

(1) Aux termes de cet art. 68 *in fine* il y a récidive « lorsqu'il a été rendu contre le contrevenant dans l'année précédente un premier jugement pour l'une de ces contraventions ». Nous sommes donc ici en présence d'une récidive de simple police. Et pourtant la peine encourue, amende de 100 à 500 francs est une peine correctionnelle V. infra p. 22.

(2) Schmoll, L'aviation devant la justice, *Rev. jur. loc. aér.* 1912, p. 34.

(3) *Ibid.* p. 35.

exige qu'ils soient munis de certaines marques distinctives faciles à apercevoir même quand l'appareil est en plein vol. Ces marques sont actuellement déterminées par l'arrêté du 12 août 1920 (1). Pour qu'ils puissent être identifiés aisément, ils seront immatriculés sur un registre tenu au ministère chargé des services de l'aéronautique (2) (art. 3 du projet). Enfin, pour renseigner sur la vie même de l'aéronef, un livre de bord sera tenu sur lequel seront consignées toutes les observations relatives aux différents vols exécutés par l'avion.

Il ne suffit pas d'être fixé sur l'individualité de l'aéronef, il faut encore, avant de lui laisser prendre son premier vol, s'assurer qu'il ne présente aucun vice de construction. Chaque appareil devra donc, avant d'être mis en circulation, être examiné par une commission de techniciens qui délivrera, s'il y a lieu, un certificat de navigabilité (art. 32).

Toutes ces prescriptions minutieuses, mais indispensables, sont sanctionnées pénalement. L'aviateur qui aura mis en service un aéronef non muni des certificats d'immatriculation et de navigabilité, celui qui n'aura pas fait apposer les marques d'identification réglementaires, celui qui aura détruit un livre de bord ou porté sur celui-ci des indications sciemment inexactes sera puni d'une amende de 500 à 10.000 fr. et d'un emprisonnement de 6 jours à 1 mois ou de l'une de ces deux peines seulement. L'amende pourra être élevée à 20.000 fr. et l'emprisonnement à 2 mois si le pilote a utilisé un appareil auquel le certificat d'immatriculation avait été refusé. La peine sera plus sévère encore si les agissements de l'aviateur dénotent sa volonté de fraude: s'il appose mensongèrement sur l'appareil des marques d'immatriculation non conformes au certificat de navigabilité ou s'il maquille les marques exactement apposées, il encourra une amende de 1.000 à 20.000 fr. et un emprisonnement de 6 mois à 3 ans. En cas de récidive

---

(1) *J. off.*, 14 août 1920.

(2) Le système employé est donc analogue à celui que prescrit le droit maritime pour les navires; mais ceux-ci ayant une base stable, un port d'attache, c'est sur les registres de ce port qu'ils seront immatriculés. V. sur ces emprunts du droit aéronautique au droit maritime : Ripert, *Bull. Soc. ét. lég.* 1921, p. 264.

survenant dans le délai de 5 ans, l'aviateur sera condamné au maximum des peines d'emprisonnement et d'amende et ces peines pourront être élevées jusqu'au double. En outre, l'aviateur, qui aura piloté un appareil malgré le refus ou le retrait du certificat d'immatriculation, pourra, de même que celui qui aura apposé des marques d'immatriculation mensongères ou falsifié les marques véritables, être privé du droit de conduire un aéronef pour une durée de 3 mois à 3 ans. S'il y a récidive, l'interdiction pourra être prononcée pour une durée double (art. 68). Si cette peine complémentaire lui a été infligée, l'aviateur devra déposer dans les 5 jours qui suivront la date où la condamnation sera devenue définitive ses brevets au greffe du tribunal de son domicile ou au greffe de la juridiction qui aura prononcé la condamnation. Si ce dépôt n'est pas effectué dans le délai imparti, une nouvelle condamnation interviendra: un emprisonnement de 6 jours à 1 mois, une amende de 50 à 1.000 fr. puniront la mauvaise volonté de l'aviateur. Et cette dernière peine ne pourra pas se confondre avec celle qu'il encourrait si, malgré l'interdiction à lui faite, il conduisait un aéronef (art. 69).

Les règles imposées au public en matière de locomotion aérienne sont naturellement beaucoup moins nombreuses et beaucoup moins rigoureuses que celles qui ont été établies à l'occasion des pilotes et des appareils. Au public on ne peut guère demander qu'une chose: ne pas gêner par son imprudence ou sa curiosité la manœuvre des avions. Aussi, l'art. 70 du projet frappe-t-il de l'amende de 1 à 5 fr. prévue par l'art. 471-5°-C.-pén. ceux qui auront pénétré ou laissé pénétrer des bestiaux sur un aérodrome public au mépris du règlement de ces aérodromes. En dehors de cette prescription, le législateur, transportant en notre matière une règle empruntée au droit maritime, ordonne à toute personne, sous menace des peines prévues par l'art. 475-12°-C.-Pén., de déclarer à l'autorité municipale, dans les 48 heures de la découverte, les épaves d'aéroplane qu'elle aurait trouvées.

*****

A côté de ces délits créés par la législation nouvelle, nés de la violation d'une disposition réglementaire relative à l'aviation, il en est d'autres, déjà existants, qui peuvent être facilités par l'emploi des aéronefs.

De ces derniers délits, les uns, les plus fréquents à l'heure actuelle, sont des délits non-intentionnels, les autres des délits intentionnels.

Les délits non-intentionnels, qu'on relève le plus souvent à la charge de l'aviateur, sont certainement ceux d'homicide par imprudence et de blessures par imprudence. C'est surtout à l'occasion de ces délits que des critiques ont été dirigées contre l'idée de soumettre les aviateurs aux rigueurs de la loi pénale. Dans l'état actuel de l'aviation, a-t-on dit, il serait injuste d'imputer à une faute du pilote les accidents qui peuvent survenir; seule la fatalité doit être accusée. Pour étayer cette conception on n'a pas craint de faire appel à l'autorité... du droit romain. Commentant la loi *Cornelia de Sicariis*, Paul s'exprime ainsi: « d'après cette loi la faute lourde n'est pas assimilée au dol. C'est pourquoi si quelqu'un se jette d'un lieu élevé, tombe sur un passant et le tue, ou si un émondeur, sans avoir prévenu, jette une branche et tue un tiers, les rigueurs de la loi ne sont pas applicables (1) ». La situation de l'aviateur occasionnant un accident n'est-elle pas identique ?

Malgré l'ingéniosité et l'imprévu d'un pareil argument, la jurisprudence et la majorité des auteurs ne se sont pas laissées convaincre. Aucune bonne raison n'existe de soustraire les aviateurs à l'application des art. 319 et 320 C. Pén. La seule difficulté sera de faire à leur encontre la preuve d'une faute. Comment démontrer que l'aviateur, seul sur son appareil, a accompli une fausse manœuvre qui a occasionné l'accident? Comment démontrer que celui-ci n'est pas imputable à la rupture d'un des organes délicats de l'avion, à une brusque saute de vent ou à tel

---

(1) Dig. liv. XLII. tit. VIII. fr. 7. V. sur ces questions : Barillet, *Le délit d'imprudence et l'aviation*, *Rev. jur. loc. aér.*, 1910, p. 69 et suiv.

autre cas fortuit. C'est seulement en effet lorsque l'accusation aura fait la preuve à la charge du pilote d'une maladresse, d'une imprudence, d'une inattention, d'une négligence ou inobservation des règlements qu'elle pourra réclamer contre lui une condamnation. L'idée de risque incombant à l'aviateur, idée qui a été assez souvent proposée et qui a été en particulier soutenue par le rapporteur de la loi au Sénat, M. Vallier (1), est en effet naturellement inadmissible en matière pénale. Ce sont ces difficultés de preuve qui, bien souvent, en matière d'homicide ou de blessures par imprudence, ont empêché les poursuites ou écarté la condamnation.

Ce fut le tribunal correctionnel de la Seine qui, le premier, eut à examiner une affaire de cette nature. Le 18 octobre 1909, à Juvisy, l'aviateur Blanck, pilotant un monoplan Blériot, était venu tomber au milieu de la tribune des spectateurs. Deux personnes, une dame Ferrand et un sieur Hanot, avaient été blessées. Tous deux se constituèrent parties civiles et demandèrent la condamnation de Blanck en vertu de l'art. 320 C. pén. Par jugement du 17 juin 1910 (2), le tribunal, estimant que « l'inexpérience de Blanck n'est pas démontrée...; que sa maladresse n'apparaît pas non plus d'une façon évidente, que si certains témoins ont déclaré que le monoplan allait dès le début trop à droite en se dirigeant vers le public et que l'aviateur ne paraissait pas en être maître, le tribunal n'a pas les éléments nécessaires pour dire si cette fausse direction était la conséquence de l'inhabileté de l'aviateur ou l'effet du vent ou du remous aérien produit par une cause quelconque », acquitta l'aviateur. C'était là l'application des principes généraux. Mais, ce qui, dans la décision du tribunal correctionnel, doit retenir l'attention, c'est le regret qu'elle exprime de ne pouvoir frapper l'aviateur en se bornant à relever contre lui cette idée de risque contre laquelle nous nous élevions tout à l'heure en matière pénale. « Attendu, poursuit en effet le jugement, que si l'on peut estimer que les aviateurs, maniant des appareils très

<hr>

(1) Séance du 27 novembre 1923, *J. off.* Débats parlementaires, Sénat, 1923, p. 1727.
(2) *Le Droit*, 20 juillet 1920 ; *Rev. gaz. trib.* 1910, 2ᵉ sem. II, 118.

dangereux pour la sécurité publique, devraient subir
tous les risques des accidents causés par eux, c'est au
législateur seul qu'il appartient d'en décider ainsi, mais
que, dans l'état actuel du droit, le tribunal ne peut retenir
le délit de blessures par imprudence si la preuve d'une
faute ne lui est pas rapportée d'une manière suffisante
d'après le droit commun. » Ici apparaît manifeste cette
confusion des principes du droit pénal et des règles du
droit civil qu'on voit assez fréquemment se produire
aujourd'hui.

Après le tribunal de la Seine, d'autres tribunaux correc-
tionnels ont eu à connaître de poursuites exercées contre
les aviateurs pour homicide ou blessures par imprudence.
Toutes les fois où ils ont pu discerner une faute ils ont
prononcé une condamnation. C'est ainsi que le 28 octobre
1912, le tribunal correctionnel de La Rochelle (1), considérant que l'aviateur Denau avait commis une faute en mettant son moteur en marche trop près de la partie de
l'aérodrome réservée au public, ce qui avait eu pour résultat d'entraîner la mort d'un des spectateurs happé par
l'hélice, le condamnait à 2 jours d'emprisonnement avec
sursis. L'indulgence de la condamnation était due à cette
circonstance que la victime avait-elle-même commis une
faute en s'approchant, malgré la défense faite, trop près de
l'avion (2). La condamnation la plus rigoureuse que nous
ayons rencontrée en cette matière est une condamnation
à 2 mois d'emprisonnement avec sursis prononcée par le
tribunal correctionnel de Limoges.

Pour que la responsabilité pénale de l'aviateur soit engagée, il n'est pas indispensable que son appareil ait
matériellement heurté la victime; il suffit qu'il ait été la
cause directe de l'accident. Une affaire soumise le 14 décembre 1911 au tribunal d'Epernay (3) est à cet égard assez
significative. Un aviateur, allant du camp de Chalons à
Paris, fut, en cours de route obligé d'atterrir. Au moment

---

(1) *Rev. jur. loc. aér* 1912. p. 384.
(2) L'idée que la jurisprudence française ne tient pas compte en matière
pénale de la faute de la victime n'est, on le voit, pas aussi absolue que le
prétendent d'ordinaire les auteurs. V. en part. Vidal et Magnol, *Cours de
droit criminel*, 6ᵉ éd., 1921, p. 194.
(3) *Rev. jur. loc. aér.*, 1912, p. 243.

où, pour repartir, il mettait son moteur en marche un attelage de culture, effrayé par le bruit, s'emballa et renversa son conducteur qui eut une jambe brisée. L'aviateur, traduit en police correctionnelle, fut acquitté, non pas parce qu'il n'y avait point relation de cause à effet entre la prétendue faute et le dommage, mais parce que le tribunal estima insuffisamment démontrée la faute de l'aviateur qui, en mettant son moteur en marche, n'avait pas pu apercevoir les chevaux dissimulés alors par un repli de terrain.

Nous avons jusqu'à présent toujours supposé les poursuites dirigées contre l'aviateur. Il peut arriver qu'à l'occasion d'un homicide ou de blessures involontaires occasionnés par un avion la responsabilité pénale d'autres personnes soit engagée s'il est possible d'établir que l'accident survenu est imputable à une faute commise par elles. C'est ainsi notamment que les organisateurs d'un meeting seront tenus pour responsables des accidents survenus par suite d'un vice d'installation ou de préparation de l'épreuve (1). A l'occasion de l'accident de Juvisy du 18 octobre 1919, le tribunal correctionel de la Seine (2), en reconnaissant la possibilité d'atteindre pénalement les organisateurs du meeting, acquitta, estimant « qu'il est impossible de dire qu'il y a eu défaut de précautions par cette raison qu'on ne peut déterminer d'une façon décisive les précautions nécessaires qui auraient dû être prises. »

En dehors de l'homicide et des blessures par imprudence, on ne relève guère à l'encontre des aviateurs, comme infractions non intentionnelles, que des contraventions de minime importance. Dès 1852 nous voyons le pilote d'un ballon poursuivi en vertu de l'art. 471-13° pour avoir, en atterrissant, endommagé le terrain d'autrui. La cour de cassation, appelée à statuer sur le pourvoi formé contre la décision du tribunal de simple police qui avait prononcé la relaxe du prévenu, rejeta le pourvoi, estimant que l'atterrissage avait été imposé par la force majeure:

---

(1) Bour, *De la responsabilité des organisateurs d'épreuves d'aviation en cas d'accident*, *Rev. de locom. aérienne*, 1910, p. 213.

(2) *Le Droit*, 20 juillet 1910.

« attendu que le procès-verbal dressé par le garde-champêtre constate que Toutain et consorts qui dirigeaient le ballon parti de l'hippodrome, au moment de la descente de ce ballon demandaient du secours (1) ». La commission du contentieux de l'Aéro. club de France, dans sa séance du 17 octobre 1911 (2), a consacré une solution analogue en décidant que « si le fait par un aviateur ou un aéronaute d'atterrir dans un champ préparé ou ensemencé peut en certains cas constituer une contravention, c'est toujours sous réserve de l'excuse de force majeure, laquelle doit, dans l'état actuel de l'aéronautique, être largement admise. »

La locomotion aérienne n'augmente pas seulement le nombre des infractions non intentionnelles, elle facilite dans certains cas la perpétration de délits intentionnels. Par leur rapidité extrême, par leur aptitude à sillonner l'espace aérien en un point quelconque, les avions, dès que leur emploi se sera généralisé, deviendront des instruments particulièrement redoutables entre les mains des malfaiteurs. Dès maintenant, l'attention du législateur a été attirée sur ce danger; et, pour les hypothèses où le danger paraissait le plus grave, c'est-à-dire où l'usage de l'avion semblait rendre l'accomplissement du délit particulièrement aisé, il est intervenu pour renforcer la répression.

Le délit auquel on songe immédiatement lorsqu'on recherche ceux que l'aviation peut favoriser, c'est la contrebande. La possibilité de franchir la frontière à grande hauteur à une vitesse vertigineuse, sans être astreint à suivre une route déterminée facile à surveiller rend à peu près illusoire la surveillance des douaniers, aussi longtemps surtout que ceux-ci ne seront pas pourvus d'avions leur permettant de lutter à armes égales. Dès le début de l'aviation, on a compris le rôle que pourrait jouer le nouveau mode de locomotion en matière de contrebande. Des expériences organisées en février 1910 (3)

---

(1) Cass. crim. 14 août 1852. D. 1852. V. 194.
(2) *Rev. locomotion aéri-nne*, 1911, p. 274.
(3) *Rev. locomotion aérienne*, 1910, p. 87.

aux Etats-Unis, en septembre 1910 (1) en France ont démontré que pour un aviateur rien n'était plus facile que de tromper la vigilance des douaniers surtout pendant la nuit. Pour le transport en fraude de marchandises présentant une grande valeur sous un petit volume, l'avion est sans conteste un instrument merveilleux. Pour décourager les contrebandiers qui seraient tentés de l'utiliser, le législateur a estimé qu'il fallait considérer l'emploi de l'avion comme une circonstance aggravante. Tandis que de droit commun la contrebande est punie seulement, en dehors de la confiscation, d'une amende égale à la valeur de l'objet avec minimum de 500 fr. le projet de loi sur l'aviation prévoit qu'au cas de contrebande réalisée par aéronef l'amende sera égale au quadruple de la valeur avec minimum de 4.000 fr. Pour permettre le contrôle des avions à la frontière, l'arrêté ministériel du 12 janvier 1921 (2) prescrit aux aviateurs de franchir la frontière en certains points déterminés et d'atterrir sur des aérodromes spéciaux dénommés aérodromes douaniers pour y subir la visite. Anticipant un peu sur les événements, l'arrêté, dont les dispositions ont été sur ce point reproduites par le projet de loi, ordonne à l'aviateur de « se soumettre aux injonctions des postes et *aéronefs de police et de douane* sous quelque forme que cette injonction lui soit donnée. »

Un autre délit qui peut se trouver considérablement facilité par l'emploi de l'aéronef, c'est l'espionnage. La guerre a démontré la merveilleuse utilisation qu'on peut faire de l'avion pour se procurer des renseignements; aucune barrière ne lui est infranchissable. aucun point du territoire n'est à l'abri de ses investigations. Des photographies d'une parfaite netteté sont prises du haut de l'aéroplane. Cette fois encore le législateur a pensé qu'à ces facilités exceptionnelles de commettre le délit devaient correspondre des mesures de répression exceptionnelles. Aussi le projet de loi prend-il soin de limiter sous des sanctions pénales la liberté des aviateurs à la fois quant

---

(1) *Ibid.* p. 292
(2) *J. off.*, 18 janv. 1921.

aux territoires qu'ils pourront survoler et quant aux
objets qu'ils pourront emporter à bord de leurs appareils.
Si, en principe, les avions français ont le droit de survoler
librement le sol français, cette faculté peut leur être re-
tirée par un simple arrêté ministériel pour des raisons
d'ordre militaire ou de sécurité publique. Lorsqu'une région a été déclarée en état de siège et que le survol en
a été interdit, l'aviateur qui enfreint la défense doit être
poursuivi pour espionnage. Le transport à bord des aéronefs des explosifs, des munitions de guerre et même des
pigeons voyageurs est prohibé; le transport des appareils
photographiques peut être interdit par arrêté ministériel;
l'installation à bord d'un aéronef privé d'un appareil
radiotélégraphique ou radiotéléphonique exige une autorisation spéciale. Le transport des objets interdits est puni
d'une amende de 500 à 10.000 fr. et d'un emprisonnement
de 6 jours à un mois, au cas où il en aura été fait usage,
l'amende pourra être portée à 20.000 fr. et l'emprisonnement à 2 mois. Les peines plus fortes de l'espionnage seraient en outre naturellement applicables si les éléments
constitutifs de ce délit pouvaient être relevées à la charge
de l'aviateur.

A l'occasion du projet de loi sur l'aviation voté par la
Chambre on s'était demandé si le pilote qui, après avoir
commis un accident, ne s'arrêtait pas, se rendrait coupable du délit de fuite créé par la loi du 17 juillet 1908 (1). Le
projet plus complet qu'a adopté le Sénat prévoit expressément la question et la résout par l'affirmative. Lorsqu'il
aura causé un accident aux personnes de la surface,
l'avion devra interrompre son vol, sauf, ajoute l'art. 72,
« dans le cas où il serait établi que l'arrêt de l'aéronef
aurait compromis la sécurité des passagers. »

Un dernier délit intentionnel visé par la législation
spéciale à l'aviation, c'est le jet d'immondices du haut de
l'aéroplane. D'après le droit commun le jet d'immondices
constitue seulement, lorsqu'il est punissable, une con-

____

(1) V. en part. Rolland, Rapport à la Société des Prisons, *Rev. pén.* 1922,
p. 327.

travention (art. 471-12°, 475-8° et 476 C. Pén.) Cette sanction a paru insuffisante, lorsque le jet d'immondices a
lieu d'un avion. La hauteur de la chute aggrave le danger
et le malheureux piéton serait partout exposé à être
blessé ou souillé par les objets de toutes sortes que pourraient laisser tomber sur eux les aviateurs. Aussi le projet
de loi édicte-t-il dans cette hypothèse une pénalité particulièrement rigoureuse. Tout jet volontaire et inutile d'objets susceptibles de causer des dommages aux personnes
et aux biens de la surface est puni d'une amende de 500 à
3.000 fr. et d'un emprisonnement de 6 jours à 2 mois,
même si aucun préjudice n'a été en réalité causé. Si ce
jet avait occasionné un accident, les peines plus fortes
prévues pour ce nouveau délit, homicide ou blessures par
imprudence par exemple, seraient encourues.

II

Il ne suffit pas de créer des infractions et de les sanctionner de peines même sévères. Il faut encore, portant
la question sur le terrain de la procédure criminelle, organiser la poursuite et la répression de ces infractions.

La première difficulté qui surgit, c'est de constater l'infraction commise. Comment, pour nous en tenir à quelques-unes des hypothèses que nous venons de passer en
revue, apprécier si un avion ne survole pas une agglomération à une hauteur insuffisante? Comment s'assurer
qu'il ne transporte pas quelque objet prohibé? Comment
saisir l'instant précis où il laisse tomber sur le sol des
immondices? La tâche était malaisée. Pour atteindre ce
résultat le législateur a pensé qu'il convenait de multiplier le nombre des personnes ayant qualité pour
verbaliser. De droit commun, seuls les officiers et agents
de police judiciaire peuvent en principe constater un délit;
lorsque celui-ci est commis par un avion, de nombreuses
autres personnes sont à cet effet déclarées compétentes:
les employés des contributions indirectes, les agents fo-
restiers ou des douanes, les employés d'octroi, les ingénieurs de l'aéronautique, les agents et sous-agents tech-

niques de l'aéronautique, les ingénieurs et conducteurs des ponts et chaussées, les ingénieurs et contrôleurs des mines, les agents-voyers, les militaires, marins et agents de l'autorité militaire, maritime ou aérienne commissionnés à cet effet. Bien mieux, la loi ne se borne pas à accorder à ces fonctionnaires le droit de constater l'infraction, elle leur donne encore le pouvoir de pratiquer, concurremment avec les officiers de police judiciaire, la saisie des explosifs, munitions de guerre, appareils de radiotélégraphie ou de radiotéléphonie et de tous les autres objets dont le transport est interdit à bord des aéroplanes.

Supposons que, grâce à la multiplication des personnes ayant qualité pour verbaliser, l'infraction ait été constatée. Quel tribunal sera compétent pour en connaître? La question se pose à la fois au point de vue de la compétence *ratione materiae* et au point de vue de la compétence *ratione personae*.

En ce qui touche la compétence *ratione materiae*, celle-ci sera d'ordinaire attribuée au tribunal correctionnel. La plupart des infractions que nous avons signalées sont en effet punies de peine correctionnelle. Le tribunal de simple police aura pourtant à connaître de quelques contraventions nées de l'aviation: c'est ainsi par exemple que sera traduit devant lui l'individu poursuiyi pour avoir, malgré la défense, pénétré ou laissé pénétrer des bestiaux sur un aérodrome. Mais, si d'ordinaire l'attribution de compétence soit au tribunal correctionnel, soit au tribunal de simple police, ne soulève pas de difficultés il en est autrement dans les hypothèses visées à l'art.68 du projet de loi. D'après ce texte le pilote qui n'aura pas tenu l'un des livres de bord; le propriétaire qui aura omis de conserver l'un de ces livres pendant trois ans à partir de la dernière inscription, l'organisateur de spectacles publics d'aviation qui n'aura pas été muni de l'autorisation administrative nécessaire, l'aviateur imprudent qui aura survolé une agglomération à une hauteur insuffisante ou qui aura, dans les circonstances prohibées, exécuté un vol d'acrobatie seront punis « d'une amende de 100 à 500 fr. inclusivement et pourront l'être en outre suivant les circonstances, d'un emprisonnement d'un à

5 jours. » Sommes-nous ici en matière correctionnelle ou en matière de simple police? La raison de douter vient de ce que la loi, pour la répression de l'infraction, édicte à la fois une peine correctionnelle, l'amende de 100 à 500 fr. et une peine de simple police, l'emprisonnement de 1 à 5 jours. Et même, chose curieuse, le texte que nous critiquons paraît attacher une gravité plus grande à la peine de simple police qu'à la peine correctionnelle. La volonté du législateur semble être, en effet, que dans les hypothèses normales la peine d'amende soit seule prononcée, l'emprisonnement étant réservé aux cas particulièrement répréhensibles. A laquelle des deux peines faut-il donc s'attacher pour déterminer la compétence, à l'amende de 100 à 500 fr., ce qui ferait porter l'affaire devant le tribunal correctionnel, ou à l'emprisonnement de 1 à 5 jours, ce qui la ferait soumettre au tribunal de simple police? Il nous semble que le conflit doit être résolu en faveur du tribunal correctionnel; celui-ci peut bien en effet prononcer des peines de simple police tandis qu'à l'inverse le tribunal de simple police est incompétent pour infliger une peine correctionnelle. Le législateur paraît pourtant s'être rallié au point de vue inverse; la preuve en est selon nous qu'il a considéré la récidive des infractions visées à l'art. 68 comme une récidive de contraventions. « En cas de récidive, porte en effet le dernier alinéa de ce texte, la peine d'emprisonnement prévue, par l'art. 482 C. Pén. sera prononcée. Il y a récidive lorsqu'il a été rendu contre le contrevenant, dans l'année précédente, un premier jugement pour l'une de ces contraventions. » En réalité le projet de loi a commis une méprise, il a confondu le fait et le droit. En fait, il est certain qu'aujourd'hui, par suite de la dépréciation de la valeur de l'argent, une amende de 100 à 500 fr. est considérée comme moins rigoureuse qu'un emprisonnement de 1 à 5 jours; mais, en droit, cette amende, peine correctionnelle, est plus forte que cet emprisonnement, peine de simple police. Aussi, bien que le législateur paraisse avoir considéré les infractions visées à l'art. 68 comme des contraventions, bien qu'il ait même expressément, à la fin du texte, prononcé ce mot de contraventions, nous dirons que ces faits, punis d'une peine correctionnelle, sont des délits, et par suite

nous attribuerons compétence au tribunal correctionnel.
La solution contraire violerait directement le principe fondamental posé par l'art. 1er C. Pén.: « l'infraction que les
lois punissent de peines correctionnelles est un délit. »

Au point de vue de la compétence *ratione personae*, la
question doit être examinée successivement en droit interne et en droit international.

En droit interne la solution est simple; aucune raison
n'existe de faire échec aux principes généraux; une triple
compétence sera donc reconnue, au tribunal du lieu du
délit, à celui du domicile du prévenu, à celui du lieu de
l'arrestation.

En droit international le problème est beaucoup plus
épineux (1). Si on l'envisage *a priori* on est tenté de dire:
deux règles essentielles se rencontrent ici, l'une de droit
international public : la souveraineté d'un Etat s'étend à la
colonne d'air qui domine le territoire national; l'autre de
droit pénal: la loi pénale a une application territoriale.
La conséquence logique qui découlerait de ces prémisses
serait que dans l'hypothèse de délit commis en avion,
compétence serait attribuée à la loi de l'Etat au dessus
du territoire duquel l'infraction aurait été consommée.
Cette solution à laquelle on aboutirait par le raisonnement
présenterait en pratique de graves inconvénients. Il ne
suffit pas d'attribuer compétence à la loi pénale d'un
Etat pour telle ou telle infraction, il faut encore qu'en
fait cet Etat ait la possibilité d'obtenir la soumission du
contrevenant à sa loi. Or, qu'arrivera-t-il lorsqu'à bord
d'un avion effectuant un parcours international un délit
sera commis? Si l'aéronef n'atterrit pas aussitôt après la
perpétration de l'infraction, l'Etat dont le territoire était
survolé au moment où s'est produit le délit, le plus souvent, l'ignorera. Alors même que la connaissance du fait
lui serait parvenue, cet Etat n'aurait, au moins à l'heure
actuelle, aucun moyen d'exercer une coercition quelconque
sur ce délinquant qui, poursuivant son vol, s'empresserait
de franchir les frontières. C'est seulement lorsque l'avion

---

(1) V. sur ces difficultés la discussion engagée à la Société des Prisons dans
la séance du 10 mai 1922, *Rev. pén.* 1922, p. 337 et suiv.

aura atterri qu'on pourra songer à appréhender le coupable pour lui infliger un châtiment. S'inspirant de ces idées, le congrès international tenu à Buenos-Ayres les 29 et 30 août 1922 (1) a proposé de n'attribuer compétence à la loi du lieu du délit que dans l'hypothèse où le délit est commis à un moment où l'avion est encore sur le sol. Si le délit est commis alors que l'avion est en plein vol, la loi pénale applicable sera la loi du pays d'origine de l'aéroplane; l'Etat, sur le territoire duquel l'aéroplane aura atterri après l'infraction, devra, par la voie de l'extradition, livrer le coupable à ce pays d'origine. Notre projet de loi attribue à la loi pénale française une compétence plus étendue. Il la déclare applicable d'abord, suivant les vœux du congrès de Buenos-Ayres, lorsque l'infraction se produit alors que l'avion est à terre, ou, si l'avion est en plein vol, lorsqu'il s'agit d'un avion français. Mais il soumet encore à son empire deux autres hypothèses, celle où l'auteur ou la victime du délit est de nationalité française et celle où l'appareil atterrit en France postérieurement au délit. En attribuant compétence aux tribunaux français lorsque l'auteur ou la victime de l'infraction est de nationalité française, le législateur de 1923 étend, on le voit, le domaine de l'art. 5 C. I. cr. en supprimant les conditions exigées de droit commun pour l'exercice des poursuites; en faisant tomber sous le coup de la loi pénale française l'infraction commise au dessus d'un territoire étranger si ultérieurement l'avion atterrit sur le sol français il s'inspire de cette considération pratique que nous faisions valoir tout à l'heure, à savoir que la coercition de la loi pénale ne peut-être effective qu'à partir du moment où l'avion a repris contact avec le sol.

L'aviation soulève on le voit, toute une série de difficultés en droit pénal, tant en matière de droit pénal proprement dit qu'en matière de procédure pénale. Ces dif-

---

(1) *Rev. jur. loc. aérienne* 1922, p. 435 et 576.

ficultés, notre législateur a tenté, — c'est là un effort dont il faut lui savoir gré, — de les résoudre au moyen de dispositions d'ensemble. Son mérite est d'autant plus grand qu'aucune législation étrangère européenne n'a encore réalisé pareille synthèse. L'Angleterre ' elle-même, malgré l'étendue donnée à son *air navigation act* de 1920, ne s'occupe que fort peu de la question pénale. A peine prévoit-elle comme constituant un délit le vol dangereux pour lequel elle se montre d'ailleurs particulièrement rigoureuse puisqu'elle autorise le juge à prononcer dans cette hypothèse une amende, pouvant aller jusqu'à 200 livres et un emprisonnement avec ou sans travaux forcés pour une durée qui peut atteindre 6 mois (1). L'arrêté du conseil fédéral suisse du 27 janvier 1920, après avoir édicté une série de prescriptions de police relatives à l'identification et à la circulation des aéronefs, se borne à sanctionner en bloc par un emprisonnement maximum d'un an et par une amende de 10.000 francs au plus la violation de ces règles (2). En Espagne, l'ordre royal du 13 décembre 1919 sur la navigation aérienne (3) contient une disposition assez ingénieuse pour assurer la soumission des aéroplanes aux prescriptions douanières : il proclame la responsabilité pénale du propriétaire de l'aérodrome particulier non habilité qui n'aura pas immédiatement avisé l'autorité compétente de l'atterrissage sur son terrain, la mettant ainsi dans l'impossibilité de percevoir les droits de douane. Une amende de 50 à 1.000 pesetas punira sa négligence; quant à l'avion fraudeur il pourra être saisi et ne sera restitué que contre paiement des droits de douane. Le décret ministériel italien du 19 novembre 1921 (4) interdit aux aviateurs un certain nombre de faits: le vol acrobatique, le survol d'une agglomération à moins de 1.000 mètres d'altitude, le jet d'objets quelconques; après quoi, comme le législateur suisse, il édicte une pénalité unique pour réprimer l'atteinte portée à l'une quelconque de ces prohibitions.

Laconisme extrême sur les questions de droit pénal

---

(1) Air navigation act. 1920, t. 10. *Rev. jur. loc. aér.* 1922, p. 90.
(2) *Rev. jur. loc. aér* 1922, p. 149.
(3) *Ibid.*, p. 123.
(4) *Rev. jur. loc. aér.* 1922, p, 280.

proprement dit, silence complet en matière de procédure
pénale, tel est le bilan qu'on est amené à dresser lorsque,
se plaçant au point de vue de l'aviation, on jette un coup
d'œil sur les législations étrangères européennes.

En Amérique un'effort intéressant a été tenté. Un projet de loi destiné à réglementer la navigation aérienne
civile a été déposé sous le titre de *civil aeronautic act
of 1923* (1). Ce projet contient au point de vue pénal toute
une série de dispositions curieuses soit en matière de
droit pénal proprement dit, soit en matière de procédure pénale.

Ce qui frappe dès l'abord lorsqu'on examine ce projet
au point de vue du droit pénal proprement dit, c'est la
multiplicité des délits qu'il prévoit et le désordre dans
lequel il les prévoit. Un même texte, l'art. 38 du projet punit celui qui pour entraver la locomotion aérienne entre-
tient de faux signaux et lumières, celui qui volontairement
empêche de fonctionner les signaux ou lumières officiels,
celui qui détruit ou falsifie un livre de bord, celui qui
établit un faux certificat d'aptitude ou de navigabilité ou
qui altère un certificat originairement véritable, celui qui
pille, vole ou détruit un appareil de navigation aérienne
ou sa cargaison, profitant de ce que l'appareil est en dé-
tresse, celui qui vole à un séquestre un aéronef ou une
cargaison confié à sa garde, celui enfin qui, connaissant
l'origine frauduleuse de l'aéronef ou de la cargaison, l'utilise néanmoins. Toutes ces hypothèses, entre lesquelles il
est pourtant difficile de découvrir en lien quelconque et
qui apparaissent comme présentant une gravité très différente, sont punies d'une même pénalité, une amende
qui ne peut-être inférieure à 5.000 dollars, ou un emprisonnement minimum de 5 ans, ou même de ces deux peines réunies.

En dehors de ces délits un peu hétéroclites, le projet
de loi américain punit encore la contrebande par aéronef
(art. 74) et en particulier l'introduction frauduleuse, par
cette voie, des narcotiques, de l'opium spécialement (art.
85). Ce qu'il est intéressant de relever ici, c'est l'assimilation constante que fait le projet de loi américain entre le

---

(1) *Rev. jur. loc. aér.* 1924, p. 56 et 115.

droit applicable aux aéronefs et le droit applicable aux navires. Que le délit soit commis au moyen d'un aéronef ou au moyen d'un navire, ce sont en principe les mêmes dispositions pénales qui s'appliqueront.

Cette assimilation, nous la retrouvons d'ailleurs plus intéressante peut-être encore, si, quitant le droit pénal proprement dit, nous pénétrons dans le domaine de la procédure pénale. Qu'il s'agisse de poursuites civiles en réparation du dommage (art.50) ou de poursuites pénales (art. 64) le projet de loi prescrit de calquer le plus possible les règles applicables. à la répression des délits commis à bord des aéronefs sur celles qui déjà sont usitées en matière de délits perpétrés sur un navire.

Régir, autant que faire se peut, le droit de l'aviation par des règles empruntées au droit maritime, telle est donc la tendance très nette de la législation américaine. Telle est aussi, nous l'avons vu, la solution volontiers préconisée en France (1). Ne voyons pas là une simple coïncidence; nous touchons ici à l'un des principes fondamentaux qui régissent l'évolution du droit. Le progrès du machinisme et le progrès des institutions mettent le juriste en face de problèmes nouveaux. Pour résoudre ces problèmes, il essaiera, plutôt que d'imaginer des procédés nouveaux, de les faire entrer dans un cadre préexistant. C'était là déjà le système que pratiquaient les jurisconsultes romains; c'est celui vers lequel, vingt siècles plus tard, se tournent encore avec prudence, toutes les fois qu'ils le peuvent, nos jurisconsultes modernes.

Sur ces solutions que nous venons de dégager, quel jugement portera l'avenir? Parmi elles sans doute certaines devront être modifiées, d'autres devront être complétées. Les progrès de la locomotion aérienne feront peut-être surgir de nouveaux délits que nous ne prévoyons pas; peut-être à l'inverse l'expérience démontrera-t-elle

---

(1) V. Supra p. 151, n. 2 et p. 152.

l'inanité de certaines craintes que fait naître aujourd'hui le développement de l'aviation dans l'esprit des criminalistes. Sur ce terrain nouveau, il convient de n'avancer qu'avec une extrême prudence. Cette prudence, elle s'impose au législateur qui, moins ici encore qu'en d'autres domaines, peut avoir la prétention de faire œuvre immuable; davantage elle s'impose à l'interprète qui a commis l'imprudence de s'aventurer sur ce sable mouvant. Cet interprète, qu'il n'essaie donc pas de se transformer en devin chargé de prophétiser l'avenir du droit pénal en matière d'aviation. Aussi bien notre ambition a-t-elle été plus modeste : dans l'évolution du droit pénal appliqué à l'aviation nous avons essayé seulement de fixer une phase, une phase, il est vrai, particulièrement intéressante, celle où, l'aviation étant sortie de l'enfance, le législateur, en France comme à l'étranger, a senti la nécessité de lui forger une armature pénale.

Gérant : M. Lavaud, 14, place Dauphine, Paris.

Sté Gle d'Imp. et d'Edit., 1, rue de la Bertauche. — Sens. — 7-24.

LE PREMIER PRÉSIDENT

FRANCISZEK NOWODWORSKI

Un grand deuil vient d'atteindre l'Association internationale de droit pénal. M. FRANCISZEK NOWODWORSKI, Premier Président de la Cour suprême de la République polonaise, vice-président de l'Association internationale, est décédé le 3 août 1924, à l'âge de 65 ans. Dans la séance récente du Conseil de direction, M. le Président Carton de Wiart a rendu hommage à sa mémoire, et, s'adressant au représentant du groupe polonais, il a exprimé l'émotion et les regrets profonds qu'inspire à tous ses collègues la disparition de l'homme éminent dont la haute autorité, l'activité et la science devaient être, pour notre Association, un précieux appui. Nous nous empressons de publier la notice biographique que nous adresse, au nom du groupe polonais, M. le Professeur Rappaport.

Le président Nowodworski termina ses études universitaires à Varsovie en 1880. Après 5 ans de stage judiciaire, il était entré au barreau de Varsovie où bientôt il acquit une grande notoriété par ses plaidoyers dans les affaires criminelles et surtout par ses défenses en matière politique. En même temps il devint, pendant une série d'années, un collaborateur plein de talent de la *Gazette des tribunaux de Varsovie.* Il collabora aussi aux autres journaux et périodiques d'ordre général, et rédigea de nombreux articles en matière juridique, sociale et politique.

Citons, parmi ses nombreux ouvrages : « La nouvelle loi sur l'usure », « Le cercle polonais dans la Diète russe », « Les projets législatifs », « Les lois d'exception », « Les lois scolaires », « En faveur de la tempérance du peuple », « Recueil des ordonnances sanitaires ».

Très actif dans la vie politique, il fut l'un des fondateurs d'un grand nombre d'institutions sociales qui au temps de la domination russe remplaçaient pour les Polonais les libertés politiques et notamment : la Caisse des gens de lettres, la Société d'Hygiène, la Société du travail social, la Société des colonies agricoles pour les délinquants mineurs, la Société des beaux-arts, etc.

En 1896-1899, François Nowodworski occupait la place de directeur en chef du quotidien le plus répandu en Pologne *Kurjer Warszawski* (Courrier de Varsovie). Exerçant à ce titre une grande influence sur l'opinion publique, il attira l'attention de la police russe. Accusé d'avoir soutenu parmi les Polonais l'esprit de la résistance et de l'hostilité envers le gouvernement russe, il fut emprisonné à la Citadelle de Varsovie, puis dans la prison de Pétersbourg, et enfin condamné à la déportation pour trois ans en Russie. Après son retour à Varsovie, François Nowodworski reprit ses occupations d'avocat et renouvela son activité en matière sociale et politique. En 1906, au moment de l'avènement du régime constitutionnel dans la Russie Impériale, le Président fut élu député de Varsovie à la diète russe. Après la dissolution de la première diète il conquiert de nouveau le mandat de député de la capitale polonaise en 1907; dans la diète, il est élu secrétaire Général de la commission des propositions de loi. De cette époque datent un certain nombre d'importants discours parlementaires du Président Nowodworski, ainsi que les projets législatifs dans toutes les matières concernant l'ancien royaume de Pologne.

Au moment où éclate la grande guerre, on trouve François Nowodworski parmi les organisateurs du Comité civique de Varsovie ; en même temps, avec Roman Dmowski, Stanislas Wojciechowski (Président actuel de la République Polonaise). Ladislas Grabski (Président actuel du Conseil des Ministres). Comte Maurice Zamoyski. Lutoskawski, le prince Czetwertynski, Skirmunt et d'autres, François Nowodworski se mit à constituer, en octobre 1914, à Varsovie, le Comité National polonais. C'était avant l'occupation de Varsovie par les Allemands, qui, en octobre 1914, était déjà imminente. Avec la majorité des membres de ce Comité, Nowodworski se rendit à Pétersbourg, y assumant les charges de membre du Conseil de direction du Comité Central civique polonais et de président du club polonais. Quand le siège du Comité na-

tional polonais fut transféré à Paris, François Nowodworski, poursuivit son activité au sein du Comité de
secours pour les réfugiés polonais en Russie.

Il retourna en Pologne pendant l'été de 1918 et fut
immédiatement nommé Président à la Cour Suprême de
la République Polonaise, et en 1922 premier Président ;
il devint, à ce titre le plus haut représentant de la
magistrature polonaise. Sous sa direction parut l'importante édition du recueil officiel de jurisprudence de la
Cour suprême qui comprendra à la fin de cette année,
12 volumes de jurisprudence (en matière civile et criminelle). En sa qualité de premier Président de la Cour
Suprême, le Président Nowodworski était en même temps
Président du Tribunal d'Etat (institué par la Constitution
polonaise pour juger le Président de la République et
les Ministres en cas de mise en accusation). Il était aussi
Président de la section criminelle de la Commission de
codification de la R.P., Président du Groupe polonais
de l'Association internationale de Droit Pénal, vice-président du Conseil de Direction de cette Association, et Président du Comité de rédaction de la « Revue polonaise de
législation civile et criminelle » (partie criminelle).

ASSOCIATION INTERNATIONALE
DE DROIT PÉNAL

Conseil de Direction

Le Conseil de Direction a tenu sa deuxième séance, à la Faculté de Droit de Paris, le 4 octobre 1924, à 4 heures de l'après-midi, sous la présidence de M. Carton de Wiart, président de l'Association.

Etaient présents : MM. le conseiller CALOYANNI; le professeur MIRICKA (de Prague); ALBERT RIVIÈRE, ancien magistrat (de Paris); MERCIER, doyen honoraire de l'Université de Lausanne; le professeur DONNEDIEU DE VABRES (de Paris); E. AUGER, ancien avocat à la Cour de Cassation (de Paris), trésorier; le professeur ROUX (de Strasbourg), secrétaire général; G. LEREDU, ancien ministre, président de la *Société générale des Prisons* et le Commandant JULLIEN, secrétaire général de cette société, délégués du groupe national français; le professeur E. RAPPAPORT, président du groupe national polonais; le Dʳ JAIME MASAVEU, délégué du groupe national espagnol.

S'étaient faits représenter : MM. D'AMELIO, vice-président de l'Association, premier président de la Cour de Cassation (de Rome); le doyen BERTHÉLÉMY, membre de l'Institut (de Paris); le professeur TORP (de Copenhague); le professeur TEODORESCO (de Bucarest); le professeur L. HUGUENEY (de Paris).

M. le Président a fait part à ses collègues du décès de M. le Premier Président Nowodworski, vice-président de l'Association internationale, survenu le 3 août 1924. Il a traduit les sentiments de tous les membres du Conseil en exprimant au représentant du groupe polonais sa profonde sympathie.

A l'unanimité des membres présents, M. le Professeur Rappaport, juge à la Cour Suprême de Pologne, a été nommé membre du Conseil de Direction, et vice-président de l'Association internationale, en remplacement de M. le Premier Président Nowodworski.

M. le Secrétaire Général a informé le Conseil de la constitution en cours de groupes nationaux en Belgique, aux Etats-Unis, en Tchéquo-Slovaquie.

M. le Trésorier a exposé la situation financière. Les cotisations devront être perçues, avant la fin de l'année, par les soins de MM. les Trésoriers des groupes nationaux.

Le Conseil a décidé, en principe, que le premier Congrès de l'Association internationale se réunira à Bruxelles, au mois d'avril 1926.

La prochaine réunion du Conseil aura lieu à Paris, pour la fixation du programme du Congrès, dans la seconde semaine de janvier 1925.

Groupes Nationaux

Des groupes nationaux ont été constitués, conformement à l'article 5 des Statuts, en Italie et en Grèce.

1° ITALIE

Le groupe italien a tenu une première séance à Rome, le 15 juillet 1924, sous la Présidence de M. le Sénateur d'Amelio, Premier président de la Cour de Cassation. Il a fixé pour le mois d'octobre le commencement de ses travaux, et mis à l'ordre du jour la réforme des dispositions pénales du code de la marine marchande. La composition du bureau sera indiquée ultérieurement.

2° GRÈCE

Président :

M.

A. Caloyanni, *ancien Conseiller à la Haute Cour d'appel du Caire, membre de l'Institut d'Egypte, juge* ad hoc *à la Cour permanente de Justice internationale.*

Secrétaire :

M.

Antoine Riganacos, *avocat général près la Cour d'appel, membre de la Commission de codification de l'instruction criminelle.*

Membres titulaires
délégués au Conseil de direction

MM.

Nicolas Spithakis, *président à la Cour d'appel, agent général du Gouvernement hellénique auprès des tribunaux arbitraux mixtes.*

Jean Youpis, *conseiller à la Cour d'appel, juge hellénique aux tribunaux arbitraux mixtes.*

LA COUR PERMANENTE
DE JUSTICE INTERNATIONALE

ET SA

VOCATION EN MATIÉRE CRIMINELLE

Par H. DONNEDIEU DE VABRES

Professeur à l'Université de Paris

Lorsqu'en 1920, sur l'initiative du Conseil de la Société des Nations, un Comité de juristes fut chargé d'élaborer le projet de statuts de la *Cour permanente de justice international*, l'idée d'une organisation internationale de la justice criminelle fut soumise aux membres de ce Comité. La proposition de son Président, le baron Decamps, tendait à l'institution d'une juridiction spéciale. Elle reçut, du Comité, un accueil favorable (1). Mais l'Assemblée de la Société des Nations, à qui elle fut soumise ensuite, ne crut pas devoir la ratifier. Le rapport de la Commission nommée par la première Assemblée, qui fut approuvé par elle, contient l'appréciation suivante :

« La Commission a pensé qu'il était inutile d'instituer, à côté de la Cour de justice internationale, une autre Cour criminelle, et qu'il serait préférable, comme il est d'usage dans notre procédure internationale, de confier aux tribunaux ordinaires la poursuite des crimes. Si des crimes de ce genre tombent un jour sous l'application d'une loi pénale internationale, il sera constitué une Chambre criminelle au sein de la Cour de justice internationale. En tout cas, ce problème est très prématuré à l'heure actuelle. »

Nous ne croyons pas que la résolution précédente constitue, pour le problème que le Comité des juristes et l'As-

---

(1) *Actes et documents relatifs à l'organisation de la Cour permanente de justice internationale*, t. II, p. 408 et suiv.

semblée de la Société des Nations ont envisagé, une solution définitive.

Nous constatons, depuis qu'elle est intervenue, l'*étendue* et la *variété singulière des attributions* que la Cour permanente de justice internationale a reçues. Elle n'intervient pas seulement pour régler les différends que lui soumettent soit les Membres de la Société des Nations, soit les Etats « mentionnés à l'annexe au Pacte », soit tous autres Etats qui, par une déclaration spéciale à une affaire, ou générale, ont accepté sa juridiction (1). On sait qu'elle joue, auprès du Conseil de la Société des Nations, un rôle consultatif. On sait qu'un accord international, qui témoigne déjà du résultat de ses efforts et de son prestige, a donné à son Président un rôle de premier ordre dans l'interprétation et l'exécution des traités de paix.

Nous constatons, en second lieu, le caractère *obligatoire* de sa juridiction, qui la différencie profondément des tribunaux d'arbitrage qu'avaient créés, précédemment, les Conférences internationales de 1899 et de 1907. Sans doute, ce caractère obligatoire n'est pas affirmé directement. Il résulte d'une adhésion, d'un engagement volontaire, dont les modalités sont variables (2). Il s'établit donc progressivement.

Nous constatons enfin que la juridiction de la Cour permanente n'a pas pour seul objet de prévenir des conflits, d'éviter des dommages en réglant des différends. Le préjudice causé, il lui appartient encore d'en assurer la réparation. Aux termes de l'art. 36 § 2 de ses statuts, sa juridiction obligatoire s'étend *à toutes ou quelques-unes des catégories de différends juridiques ayant pour objet :*

a) *l'interprétation d'un traité ;*

b) *tout point de droit international ;*

c) *la réalité de tout fait qui, s'il était établi, constituerait la violation d'un engagement international ;*

d) *la nature ou l'étendue de la réparation due pour la rupture d'un engagement international.*

---

(1) A. S. de Bustamante y Sirvén, *La Cour permanente de justice internationale,* conférence faite à l'Académie de droit international de La Haye, La Haye 1923, p. 37 et suiv.

(2) Art. 35 des Statuts. Cf. A. S. de Bustamante, *loc. cit.* p. 39 ; E. Lémonon, *La Cour de justice internationale, J. du dr. intern. privé* 1922, p. 561.

Or ces caractères, qu'il était essentiel de rappeler, sont loin d'exclure l'attribution, au profit de la Cour permanente de justice internationale, d'une compétence criminelle. La justice pénale, elle aussi, si l'on remonte à ses origines historiques, a un caractère *volontaire* et *consensuel* (1). La justice pénale, elle aussi, est *obligatoire* par excellence. Enfin, dès lors qu'obéissant à un désir de justice, on se préoccupe d'assurer la réparation intégrale du préjudice causé par un délit tel que « la rupture d'un engagement international » est-il toujours facile et rationnel de séparer les conséquences civiles et pénales de ce délit. l'indemnisation de la victime et le châtiment infligé au coupable ? La négative résulte des termes même de l'art. 36, qui laisse à la Cour le soin de fixer « la nature de la réparation ».

La négative est imposée par l'histoire qui place sous nos yeux le développement presque simultané de la juridiction civile et de la juridiction pénale, dans les rapports internationaux. Dans la Grèce antique, il n'existait pas seulement des juridictions arbitrales chargées de trancher les différends de nature civile qui s'élevaient entre les villes ou entre leurs habitants. Des accords particuliers avaient pour objet la constitution de tribunaux dotés d'attributions répressives, dont l'autorité était reconnue par les cités contractantes. Un accord de ce genre, réunissant un plus grand nombre d'Etats, régissait, pour un objet limité et sur un territoire restreint, la compétence pénale du Tribunal des Amphictyons (2). Le cosmopolitisme hellénique avait atteint. dans le domaine du droit pénal, un degré d'organisation qu'on ne retrouve, ni, à l'origine de Rome, dans la fédération des villes du Latium, ni, du XIIe au XVIe siècle, dans la communauté des cités lombardes.

Mais lorsqu'au XVIIe siècle, Grotius, le fondateur, ou tout au moins le vulgarisateur du droit international, rêve d'appliquer aux nouvelles unités politiques, aux rapports entre les Etats, les principes d'une justice supérieure, la préoccupation pénale n'est pas étrangère à son

____

(1) Durckheim, *Division du travail social*, Paris 1893, p. 73 et suiv. ; Fouillée, *Science sociale contemporaine*, livre IV.

(2) Donnedieu de Vabres, *Introduction à l'étude du droit pénal international*, Paris 1922, p. 16.

projet d'une « Société universelle des hommes ». S'il n'a proposé l'institution d'une juridiction pénale universelle, il a du moins envisagé une sanction. La guerre juste est présentée et réglementée par lui comme une procédure criminelle ayant pour objet un châtiment (1).

Au XIXᵉ siècle, les Conférences internationales de La Haye (1899 et 1907) n'ont organisé, comme on l'a vu, que des tribunaux d'arbitrage. Elles n'ont prévu, pour sanctionner les violations du droit de la guerre, que des réparations civiles (2). L'expérience de la guerre universelle, les atrocités, les trop nombreuses violations du droit des gens qui en ont marqué le cours, devaient mettre en lumière l'insuffisance de ces réparations. L'art. 227 du Traité de Versailles a institué, pour juger les responsabilités issues de la déclaration de guerre, une juridiction internationale. Les dispositions suivantes (art. 228 à 230) soumettent à des tribunaux militaires alliés ou interalliés « les personnes accusées d'avoir commis des actes contraires aux lois et coutumes précédentes ». Il conviendra de déterminer les raisons pour lesquelles ces règles n'ont pas été suivies d'exécution. Du moins révèlent-elles l'aspiration de la conscience contemporaine à la répression internationale des crimes internationaux. Le moyen le plus simple et le plus pratique d'y pourvoir consiste à investir d'attributions pénales la juridiction internationale permanente que la Société des Nations a créée et dont l'expérience a consacré le succès.

Il ne peut être question d'envisager dans toute leur complexité, ni à plus forte raison de résoudre les questions multiples qu'une telle réforme implique. Nous croyons, cependant, qu'il n'est pas inutile de la préparer en esquissant de grandes lignes. La détermination des attributions précises que suppose la répression des « crimes internationaux » est évidemment la question préalable dont dépend l'organisation et le fonctionnement d'une « Chambre criminelle » de la Cour permanente de justice internationale.

---

(1) Voir notre *Introduction...* p. 285.
(2) Art. 3 de la quatrième Convention de La Haye, du 8 octobre 1907. Voir le rapport de M. L. Renault à la Société générale des prisons, *Revue pénitentiaire*, 1915, p. 416. — Cf. J. Dumas. *Les Sanctions pénales des crimes allemands*, p. 42, 92.

I

Des attributions répressives
de la Cour permanente de justice internationale

La principale objection qu'a rencontrée, au cours des
travaux préparatoires du Comité de juristes, l'institution
d'un Tribunal criminel international est relative à l'*inuti-
lité* d'une telle juridiction. Tous les actes immoraux et
antisociaux commis à la surface du globe, a-t-on dit (1), ont
leur siège sur le territoire d'un Etat déterminé. Ils tombent sous la compétence de ses tribunaux, sous l'application de sa loi pénale. Il n'est pas nécessaire, pour assurer
l'ubiquité de la répression et sauvegarder l'ordre social
universel, d'instituer une juridiction supra-nationale. Il
suffit de faire respecter l'ordre normal des compétences.

I. — En admettant, pour les besoins de la discussion,
qu'il soit en effet possible de localiser toutes les infractions, et de spécialiser les compétences, en admettant, en
d'autres termes, qu'il n'existe pas, à proprement parler,
de délits internationaux, il reste nécessaire de fixer *inter-
nationalement* cet ordre normal des compétences, dont on
se prévaut. A nos yeux le rôle essentiel de la Cour permanente, en matière criminelle, sera celui d'une Cour régu-
latrice chargée de préparer, par voie jurisprudentielle, la
solution internationale des conflits de compétence. Aussi
longtemps, en effet, que ce résultat n'est pas obtenu,
l'anarchie règne dans le domaine du droit pénal international.

L'anarchie règne, parce que chaque Etat, aveuglément
attaché au préjugé territorial, limite aux infractions commises à l'intérieur de ses frontières l'intervention de ses
tribunaux, ou n'apporte à ce principe que d'arbitraires et
d'insuffisantes exceptions (2). L'anarchie règne, parce que

---

(1) *Actes et Documents...* t. II, p. 498 et suiv,; A. S. de Bustamante, *loc. cit.*,
p. 20 et suiv.

(2) Nous nous excusons de renvoyer nous-même, sur ces questions concernant la solution rationnelle des conflits de compétences pénales, à une série

s'il étend, en quelque mesure, sa juridiction extraterritoriale, cette extension lui est dictée, presque toujours, par une pensée égoïste, une préoccupation nationaliste, le souci de la protection pénale de ses propres intérêts. Ainsi se produisent, entre les juridictions d'Etats différents, soit des conflits négatifs de compétences qui créent des lacunes dans la répression, qui entraînent de fâcheuses impunités, soit des conflits positifs de compétences, ayant pour conséquences d'injustes cumuls de procédures et de peines.

En admettant que les progrès de la tendance universaliste ouvrent à la compétence judiciaire de plus larges horizons (1); en admettant qu'une extension rationnelle aux matières pénales du « principe de Savigny » chasse le préjugé qui exclut aujourd'hui l'application des lois pénales étrangères; en admettant que l'autorité et la force exécutoire des sentences pénales étrangères soient reconnues : ces progrès et ces concessions n'aboliront pas les divergences entre les systèmes nationaux de compétence internationale (2), car ces divergences ont des raisons profondes. Elles sont en rapport avec la constitution politique des Etats. Ou bien elles procèdent du lien intime — qu'exprime la théorie ingénieuse des « qualifications » (3) — entre les lois internes des divers Etats, qui diffèrent les unes des autres, et les règles correspondantes de droit international. Montrons, par quelques exemples pratiques, la réalité de ces conflits qu'ont mis notamment en relief les Conférences internationales de 1902 et de 1910 sur la traite des blanches et la répression des publications obscènes.

Dans l'application du principe « territorial » qui fait dépendre la compétence du lieu de l'infraction, il faut définir le lieu du délit. C'est, pour les uns, le lieu de l'activité

---

d'études que nous avons publiées dans la *Revue de droit international privé :* Donnedieu de Vabres. *Le système de la répression universelle, Revue du dr. int. pr.,* 1923, p. 535.

(1) Donnedieu de Vabres : *Essai d'un système rationnel de distribution des compétences... Rev. de dr. int. pr.* 1924, p. 48 et suiv.

(2) Donnedieu de Vabres, *La communauté internationale en droit pénal, et les limites que lui impose le particularisme des Etats, Rev. de dr. int. pr.* 1924, n° IV.

(3) Bartin, *Etudes de droit intern. privé, La théorie des qualifications*, p. 1 à 82.

crimineile *(Handlungstheorie)* pour d'autres le lieu du résultat *(Erfolgstheorie)* ou du but immédiat *(Zwischenwirkungstheorie)*. Sur ce point, les législations sont généralement muettes, les doctrines et les jurisprudences offrent les plus graves divergences.

Dans l'application du principe personnel, qu'il s'agisse de déterminer le juge compétent ou de fixer la loi applicable, on devra choisir, pour criterium de la personnalité, entre la *nationalité* ou le *domicile*. Ici la constitution unitaire ou fédérative de l'Etat aura, comme on l'a remarqué, son influence sur la décision du juge.

Dans l'exécution des accords qui subordonnent la répression de certains attentats aux mœurs à la minorité de la victime il faut « qualifier » cette minorité, en déterminer les limites qui sont en rapport avec les conditions physiques, morales, sociales de chaque pays. La tendance naturelle des juges est de consulter exclusivement, sur ce point, leur loi nationale.

Nous venons d'évoquer quelques raisons qui entravent la solution rationnelle, harmonieuse et constante des conflits de compétence. Or cette solution est nécessaire pour réaliser l'ubiquité de la répression, pour assurer la fixité dans l'application de la loi pénale et le respect international des droits acquis. On a essayé d'y pourvoir par voie d'accords internationaux. Jusqu'ici, ces accords sont restreints à des matières spéciales. Dans l'application, ils sont l'objet, comme on l'a vu, d'interprétations qui varient avec les jurisprudences nationales. L'entente se fera, si les Etats dont les juridictions s'opposent soumettent à un tribunal supérieur le point qui les divise. Elle se fera, non sans doute par le triomphe d'une « solution rationnelle et définitive », qui, dans notre domaine, ne peut pas être obtenue (1), mais par voie d'approximations, de concessions et de sacrifices réciproques, pour lesquels il sera tenu compte, et du droit des individus, et de l'intérêt respectif des Etats. Dans le domaine du droit privé, nous croyons, contrairement à une opinion autorisée (2), que

---

(1) Bartin, *De l'impossibilité d'arriver à une solution rationnelle et définitive des conflits de lois, J. du dr. int. pr.*, 1897, p. 225, 466 et 720.

(2) A. de Bustamante, *loc. cit.* p. 28.

le soin de régler la compétence législative serait utilement soumis à une juridiction internationale. A combien plus forte raison cette solution s'impose-t-elle dans le domaine du droit pénal international où des intérêts publics sont en jeu ! L'affaire de la Créole, entre l'Angleterre et les Etats-Unis, l'affaire Cutting, entre les Etats-Unis et le Mexique montrent les inconvénients qu'entraînent l'isolement et le désaccord des jurisprudences nationales, sur des problèmes de compétence criminelle. Inversement, l'affaire Savarkar, l'affaire des déserteurs de Casabianca, lourdes de menaces pour la paix européenne, mais dénouées par un tribunal d'arbitrage dans un esprit de transaction constituaient, dès avant la guerre, les précédents heureux d'une jurisprudence internationale, dans le domaine du droit criminel.

II. — Nous croyons d'ailleurs qu'il existe des *délits internationaux*, c'est-à-dire des infractions qui, à raison de leurs caractères propres seront utilement soustraites à la compétence des juridictions d'Etats. Dans sa remarquable conférence sur la *Défense sociale universelle* (1), notre collègue M. Saldaña, professeur à la Faculté de Droit de Madrid, en a proposé l'énumération. Essayons de la rattacher à quelques idées maîtresses.

Le caractère international du délit procède parfois du *lieu de commission* qui échappe à la souveraineté territoriale de tout Etat organisé. Nous songeons aux délits perpétrés dans un pays sauvage ou généralement inhabité, aux actes de piraterie ou de vandalisme (rupture de câbles sous-marins, etc.), commis sur la mer libre. La solution qui substitue à la compétence territoriale la compétence subsidiaire fondée sur la nationalité de l'agent ou sur le lieu d'arrestation n'est qu'un pis aller, car la partialité du juge national, l'indifférence du *judex deprehensionis*, mal outillés pour l'appréciation des faits, sont à prévoir: Quand les auteurs du même délit sont de nationalités diverses, ou sont arrêtés sur des territoires différents, cette solution entraîne d'ailleurs, la séparation des procédures,

---

(1) Saldaña, *La Défense sociale universelle*, conférence faite à Paris, le 29 mars 1924, publiée par l'Institut d'études hispaniques, Cahors 1924.

et peut avoir pour conséquence la contradiction des jugements. Pour des cas de ce genre, l'attribution de compétence à un tribunal supérieur est donc préférable. La difficulté est la même quand le lieu du délit est inconnu, ou se trouve sur un territoire contesté entre deux Etats (1). La Cour permanente, qui juge impossible, ou inopportune, la détermination d'une compétence territoriale, *évoquera* utilement le litige. Enfin, le développement de la navigation aérienne ouvre à l'application du principe que nous venons de dégager des horizons nouveaux (2).

Le caractère international de l'infraction peut se rattacher, en second lieu, aux *éléments matériels* qui la constituent. Il y a des entreprises criminelles dont le succès, dans l'état actuel des relations économiques et sociales, est subordonné à l'*activité internationale* de leurs auteurs. Ceux-ci s'exposent aux risques les plus graves ou se condamnent à l'impuissance si leurs agissements ne se prolongent *sur le territoire de plusieurs Etats*. Généralement d'ailleurs, ces infractions sont l'œuvre de bandes, dont les affiliés, appartenant à des nations différentes, se communiquent mutuellement des moyens d'action, et s'offrent un refuge dans leurs pays respectifs. Il n'est pas besoin de rappeler pourquoi les auteurs du honteux trafic connu sous le nom de traite des blanches, pourquoi les éditeurs et les vendeurs de publications obscènes sont, le plus souvent, des malfaiteurs internationaux. Mais cette catégorie s'accroît aujourd'hui des voleurs à la tire, des tricheurs au jeu, des grands escrocs professionnels dont l'activité mondiale appelle une plus forte coordination entre les efforts des polices nationales, et aussi l'institution d'une juridiction unique. Nous citerions encore les faux-monnayeurs, s'il ne convenait de les rattacher, plutôt, à la catégorie suivante.

Cette catégorie comprend les malfaiteurs dont l'activité est internationale par *son objet*. Ceux qui contrefont la monnaie d'un pays quelconque menacent un bien d'une *valeur universelle :* car le trafic ne connaît plus de fron-

---

(1) Voir notamment, pour les difficultés qui se sont élevées, avant la guerre, au sujet du territoire de Moresnet, qui était l'objet de contestations entre l'Allemagne et la Belgique : *Rev. générale de dr. int. public,* 1904, p. 68.
(2) Hugueney, *Revue internationale de droit pénal,* 1924, n° 2, p. 147 et suiv.

tières; il existe une solidarité indéniable entre le *crédit* des divers Etats. On est d'accord pour reconnaître que l'*anarchie*. sous toutes ses formes historiques, n'est pas un crime politique, mais menace les fondements de la *société* tout entière. Dans sa Conférence précitée, M. Saldaña cite enfin les *attentats à l'humanité* que constitueraient des crimes sociaux collectifs non réprimés par un Etat, « tels que les massacres de races (1) ». Sur ce dernier point nous formulons une réserve. Il résultera de nos explications ultérieures que nous n'excluons pas, pour des cas de ce genre, une intervention répressive internationale. Mais la mise en jeu de responsabilités individuelles nous paraîtrait bien malaisément conciliable avec le respect nécessaire de l'indépendance et de la souveraineté interne des Etats.

A l'égard des catégories précédentes, et de la dernière en particulier, l'admission d'une juridiction pénale internationale ne vient pas combler une lacune. Elle ne supplée pas au défaut de toute juridiction, puisqu'il existe une compétence territoriale, nettement déterminée. Mais le caractère local, national de cette compétence s'accorde mal avec l'aspect universel, international de l'infraction. Quand une association criminelle a prolongé sur divers territoires le hideux trafic des femmes et des enfants, il ne suffit pas de soumettre au juge local de « l'embauchage » la connaissance d'une entreprise criminelle dont les origines, les ramifications et les conséquences dépassent ses connaissances et ses moyens d'instruction. De même, le juge d'un pays est mal outillé pour juger telle manifestation isolée d'une vaste organisation anarchiste. La Cour internationale à qui l'auteur du « délit international » sera déféré, présentera les garanties d'une meilleure spécialisation, celles d'une technicité supérieure, et d'une plus grande largeur de vues (2).

III. — La variété des attributions répressives de la

______

(1) Saldaña, *loc. cit.*, p. 36.

(2) Voir en ce sens l'argumentation présentée au Comité de juristes par M. de Lapradelle. qui justifie la compétence de la juridiction internationale par la théorie de la « dénaturalisation du criminel » *Actes et Documents*, t. II, p. 507.

Cour permanente de justice internationale résulte suffisamment de nos explications précédentes. Nous l'avons fait intervenir comme *juge du droit* entre ces *personnes morales* que sont les Etats, pour le règlement des questions de compétence internationale. Nous l'avons fait intervenir, comme *juge du fait*, vis-à-vis des *individus* inculpés devant elle de délits internationaux, qui sont des infractions de *droit commun*, susceptibles d'être commises en temps de paix. Au cours des travaux précités du Comité de juristes (1), on proposa de soumettre à la compétence internationale deux catégories d'infractions qui offrent le caractère commun de se rapporter aux circonstances de la *guerre :* le fait du Souverain qui a déclaré une guerre injuste; les attentats au droit des gens, commis au cours des hostilités. L'auteur de ces propositions se prévalait d'une tradition doctrinale qui remonte jusqu'à Grotius. Il pouvait invoquer, d'ailleurs, le précédent créé par les articles 226 et 227 du Traité de Versailles.

Nous avons constaté que ces dispositions sont demeurées théoriques. Cette circonstance n'influe pas sur la position de notre problème. Elle s'explique par les difficultés internationales qu'a rencontrées l'exécution des traités de paix. Elle se justifie à nos yeux, par des principes supérieurs dont on a contesté en vain la valeur internationale, puisque, sauvegarde essentielle de la liberté individuelle, ils sont écrits dans la Déclaration des Droits de l'Homme et gravés dans la conscience universelle : la règle *Nulla pœna sine lege*, et le principe que *Nul ne doit être distrait de ses juges naturels.* Dans les textes précités, les puissances alliées et associées instituaient une commission extraordinaire; elles créaient, en vue d'une affaire déterminée une incrimination nouvelle; elles admettaient l'application d'une peine qui n'était prévue par aucune loi. La rétroactivité de la loi pénale est aussi contraire à la justice internationale qu'à la justice interne. Elle est condamnée par l'expérience de tous les pays et de tous les temps.

Pour l'avenir, le problème d'une *responsabilité pénale*

---

(1) *Actes et documents...* t. II, p. 498 et suiv.; A. de Bustamante *loc. cit.* p. 32 et suiv.

individuelle ne concerne pas seulement les infractions visées par le Traité de Versailles. Il se pose dans des termes analogues pour les attentats à l'humanité qui seraient commis dans un pays sous l'influence d'une haine de races. Il se pose, comme l'a justement remarqué M. Saldaña, pour les crimes de droit commun qui ont eu lieu sur un territoire occupé par une armée étrangère. Il se pose. en un mot, pour tous les actes qui offensent un sentiment général de justice, mais dont la répression met en jeu des considérations politiques. Or l'idée de soumettre à une juridiction internationale les individus inculpés d'infractions de cette nature éveille, à notre sens, au double point de vue de l'opportunité et de la justice, les plus pressantes objections.

Pratiquement, nous n'apercevons pas qu'une nation puisse, sans un intolérable abaissement de sa dignité et de son prestige, livrer pour une instance pénale, même à un organe international, la personne de son Souverain. — Quand il existe, soit en temps de paix, soit en temps de guerre une occupation militaire, il est essentiel à la sécurité de l'occupant que l'exercice de la justice pénale soit réservé à ses propres juridictions. — Lorsque, sur le territoire d'un Etat, un crime collectif, causé par des passions politiques ou religieuses a été commis, cet Etat abdiquerait, il renoncerait à sa souveraineté et à son indépendance, s'il laissait à d'autres le soin d'en assurer la répression.

L'intérêt même de la justice internationale conduit à de semblables conclusions. Envisageons le problème sous sa forme la plus ancienne et la plus topique : la responsabilité pénale. internationale, du Souverain qui a déclaré une guerre injuste. Cette responsabilité, Grotius l'affirme, et sous quelques réserves, ses disciples et successeurs l'ont affirmée après lui. Mais, au temps de Grotius, l'Etat qu'il envisage est soumis au régime autocratique qui fait reposer le droit de paix et de guerre sur la tête du Souverain. Au temps de Grotius, la guerre crée des rapports d'hommes à hommes : la lutte des Pays-Bas et de Philippe II venait d'en offrir un illustre exemple. Aujourd'hui, sous l'influence de Rousseau, a prévalu la thèse que la guerre est un rapport d'*Etat à Etat* (1). Les constitutions de tous les Etats d'Europe, supprimant le pouvoir de décision d'un seul, attachent aux responsabilités internationales nées de la guerre un caractère collectif (2).

Collective, donc, la responsabilité pénale du peuple qui a déchaîné la guerre, ou dont les ressortissants l'ont déshonorée par leur conduite. Collective, la responsabilité de celui qui a toléré ou favorisé sur son territoire de sanglants attentats aux droits des minorités. Collective, la responsabilité de l'occupant qui a organisé, sur un territoire où il était provisoirement le maître, une répression injuste et impitoyable. Responsabilité qui n'efface sans doute, ni ne couvre les responsabilités individuelles, dont elle est, au contraire, la garantie. Celles-ci seront d'autant plus efficaces qu'elles s'exerceront *nationalement*, soit au lieu du délit (3), soit, à titre subsidiaire, dans la patrie du délinquant (4), suivant l'ordre normal des compétences, judiciaire et législative. Mais à l'égard d'une catégorie de crimes où le déchaînement des forces politiques, l'influence du milieu social, l'autorité d'ordres supérieurs réduisent dans une si large mesure la part du facteur individuel, comment obtenir, pour celui-ci, une appréciation équitable d'un Tribunal aussi éloigné du lieu du crime

---

(1) Donnedieu de Vabres, *Introduction à l'étude du droit pénal international*, p. 303 et suiv.

(2) Joseph Barthélemy, *Les Institutions politiques de l'Allemagne contemporaine*, p. 108 et suiv.; J. Dubois, *La Constitution de l'Empire allemand du 11 août 1919*, avec préface de M. Larnaude, Paris 1920.

(3) C'est la solution qui résulte aujourd'hui de tous les codes de justice militaire: par exemple, l'article 64 du Code français. J. Dumas. *Les sanctions pénales des crimes allemands*, p. 61 et suiv.; Garraud, Rapport à la Société générale des prisons. *Revue pénitentiaire*, 1916 p. 21 et suiv.

(4) Cette solution a prévalu, après l'inexécution de l'art. 228 § 2 du traité de Versailles. Loi allemande du 13 décembre 1919 *sur la poursuite des crimes et délits de guerre. — Art. 1. La Cour Suprême de l'Empire est seule compétente pour instruire et juger en première et dernière instance les crimes ou délits commis par un Allemand en Allemagne ou à l'étranger au cours de la guerre, et jusqu'au 28 juin 1919, à l'encontre de ressortissants ennemis ou de propriétés ennemies. — Art. 2. Le Procureur Général d'Empire a l'obligation de poursuivre les actes de la nature de ceux visés à l'article 1 et punissables d'après la loi allemande, même lorsque ces actes ont été commis à l'étranger, s'ils sont punissables d'après la loi de la localité où ils ont été commis. — On remarquera l'observation de la loi territoriale étrangère.* — Cf. sur le procès de Leipzig : *Les criminels de guerre devant le Reichsgericht, J. du dr. int. pr.* 1921, p. 440.

que du criminel? (1) — Devant la Cour permanente de justice internationale, c'est l'Etat qui comparaîtra, prêt à subir, en dehors des sanctions civiles que les accords de La Haye ont instituées, une sanction pénale, réparation du préjudice qu'il a causé, par son abus d'autorité, par son défaut de surveillance ou par son déni de justice, à la Société des Nations.

On le voit, nous n'en venons pas à réduire les attributions répressives de la Cour de justice internationale. Nous en consacrons, au contraire, la variété, en lui donnant, en troisième lieu, le pouvoir de juger et de frapper pénalement ces hautes personnes morales que sont les Etats. Ce pouvoir se concilie-t-il avec le respect de leur souveraineté et de leur indépendance réciproque ? L'objection serait embarrassante si nous n'avions pris soin d'exclure toute intervention de la justice internationale dans la politique intérieure de l'Etat, dans le règlement, qui lui appartient, des responsabilités individuelles, et si, d'autre part, l'existence d'une autorité supra-nationale, celle de la Société des Nations, n'impliquait que la Souveraineté de l'Etat a des limites. Limites sans doutes assez imprécises, et que le progrès de la Société internationale déplacera. Cette observation va nous imposer quelque réserve dans la seconde partie de notre tâche qui a pour objet l'organisation pratique de la justice pénale internationale.

II

L'organisation de la justice pénale internationale

La proposition soumise en 1920 au Comité des juristes, et qui reçut son approbation, tendait à l'institution, pour

---

(1) Voir, en sens divers, sur la question des responsabilités pénales individuelles ; W. Loubat, *De la nécessité d'un Code pénal international, Le Temps* du 31 octobre 1920 ; *Responsabilité civile et pénale de l'Allemagne, J. du dr. int. pr.* 1919 p. 717 ; *Deutsche Juristen Zeitung*, 1920, p. 802 ; Loubat, *Le droit pénal international, J. du dr. int. pr.* 1921, p. 109. La conférence de droit international réunie à Buenos-Aires, le 25 août 1922, a voté par 31 voix contre 22 une proposition du délégué britannique, M. Bellot, relative à la création d'une Cour internationale permanente pour juger les crimes de guerre, malgré l'opposition de M. Olivart, délégué espagnol, qui a déclaré qu'il s'agissait d'une question politique. *Journal des Débats* du 26 août 1922.

les affaires criminelles, d'une juridiction spéciale, distincte de la Cour permanente de justice internationale. Elle était, en effet, conçue dans les termes suivants (1) :

ART. 1. — *Il est institué une haute Cour de justice internationale.*

ART. 2. — *Cette cour se compose d'un membre par Etat, respectivement choisi par le groupe des délégués de chaque Etat à la Cour d'arbitrage.*

ART, 3. — *La haute Cour de justice internationale sera compétente pour juger les crimes contre l'ordre public international et le droit des gens universel, qui lui seront déférés par l'Assemblée plénière de la Société des Nations ou par le Conseil de cette Société.*

ART. 4. — *La Cour possèdera un pouvoir appréciateur pour caractériser le délit, fixer la peine et déterminer les moyens appropriés à l'exécution de la sentence. Elle détermine la procédure à suivre dans ce cas, par son règlement d'ordre intérieur.*

L'Assemblée de la Société des Nations, tout en ajournant la résolution, se prononça pour la spécialisation d'une « Chambre criminelle » de la Cour permanenté de justice internationale. Ce second parti semble préférable. Il offre l'avantage pratique de la simplification, de l'économie des forces. Il satisfait au principe de « l'unité de la justice civile et de la justice pénale » qui domine, dans la plupart des pays, l'organisation judiciaire, et qui se recommande, en droit international, de raisons semblables (2). Les questions de compétence, qu'elles se posent en droit pénal ou en droit civil, soulèvent des difficultés du même ordre, et obéissent aujourd'hui aux mêmes principes. La sanction pénale et la sanction civile s'accompagnent le plus souvent, elles procèdent des mêmes faits; vis-à-vis des Etats, on verra qu'elles ne diffèrent pas essentiellement l'une de l'autre, quant à leurs modalités et leurs garanties d'exécution; il serait fâcheux de les séparer, en les confiant à des organes distincts (3). Sans dresser un plan

---

(1) A. S. de Bustamante, *loc. cit.*, p. 33 et suiv.
(2) L'unité de juridiction fut préconisée, au Comité des juristes, par M. Ricci-Busali. *Actes et Documents*, t. II, p. 501.
(3) Ricci-Busali, *loc. cit.*

détaillé d'exécution qui serait « prématuré » nous voudrions montrer que l'organisation actuelle de la Cour permanente de justice est d'une adaptation facile à son rôle répressif.

I. — Nous n'insistons pas sur le recrutement ni sur la compétence de ses membres qui sont « des magistrats indépendants, élus (par l'Assemblée et par le Conseil de la Société des Nations) sans égard à leur nationalité, parmi les personnes jouissant de la plus haute considération morale, et qui réunissent les conditions requises pour l'exercice, dans leurs pays respectifs, des plus hautes fonctions judiciaires, ou qui sont des jurisconsultes possédant une compétence notoire en matière de droit international » (art. 2 des Statuts) (1). Le nombre de ces magistrats qui est normalement de 15 (11 juges titulaires et 4 membres suppléants) peut être élevé à 21 (15 juges titulaires et 6 juges suppléants) par décision de l'Assemblée, et sur proposition du Conseil de la Société des Nations. Cette augmentation est évidemment nécessaire, s'il y a lieu d'instituer une Chambre criminelle. Le statut a prescrit, pour des affaires spéciales (affaires de travail, de transit et de communications) l'institution de Chambres formées de 5 juges et 2 suppléants (art. 26). Une Chambre criminelle, comprenant un nombre au·moins égal de spécialistes des sciences pénales connaîtrait des affaires où sont en jeu les responsabilités individuelles nées de crimes internationaux. A raison de leur gravité et de leur caractère général, les procès relatifs à la compétence internationale et à la responsabilité pénale des Etats seraient soumis à la Cour permanente entière, toutes Chambres réunies.

On ne saurait admettre que la Cour soit saisie sur l'initiative d'un particulier, quel qu'il soit. Son caractère de juridiction d'exception exclut même, à notre sens, le droit pour une personne lésée *de se constituer partie*

---

(1) Aux termes de l'article 9, *les électeurs auront en vue que les personnes appelées à faire partie de la Cour, non seulement réunissent individuellement les conditions requises, mais assurent dans l'ensemble la représentation des grandes formes de civilisation, et des principaux systèmes juridiques du monde.*

civile, de réclamer et d'obtenir d'elle une allocation de dommages-intérêts. Aux termes de l'art. 34 des statuts, *seuls les Etats ou les membres de la Société des Nations* (1) *ont qualité pour se présenter devant la Cour*. On appliquera le principe de l'art. 40, en admettant que deux Etats ,se trouvant en litige sur un problème de compétence pénale internationale, porteront ce litige devant la Cour « par notification de compromis ». L'Etat victime d'une viola- tion grave du droit des gens qu'il impute à un autre Etat agira « par voie de requête » suivant les règles de la procédure accusatoire qui ont leur place, plus ou moins large, dans le droit de tous les Etats civilisés. Mais l'exercice de l'action pénale appartient, en premier lieu, à un Ministère public, représentant l'intérêt social. La Société des Nations est un organisme politique, où l'Assemblée détient le pouvoir législatif, la Cour permanente le pouvoir judiciaire, tandis que le pouvoir exécutif est exercé par le Conseil. Il est donc rationnel que la police judiciaire et l'exercice de l'action publique appartiennent au Conseil. A lui revient le soin de constater les infractions, d'en rassembler les preuves, d'en livrer les auteurs au Tribunal chargé de les punir, et de requérir l'application de la peine, par l'organe du haut magistrat qu'il aura délégué à cet effet.

La gravité et la complication des affaires criminelles soumises à la Cour permanente exigeront toujours une instruction préalable. Or, pour les affaires civiles, l'article 43 des Statuts prévoit la division du procès en deux phases. De plus, en matière sommaire, l'art. 29 des statuts admet, sur la demande des parties, l'organisation d'une Chambre formée de 3 juges. C'est aussi, semble-t-il, à un organe collectif, plutôt qu'à un magistrat unique, que l'instruction des affaires criminelles sera utilement confiée. A lui appartient le soin de recevoir les mémoires et les déclarations orales des parties, d'examiner les preuves qui lui sont apportées par le Ministère public, par la partie civile, ou par la défense, enfin, de procéder activement à des recherches. Dans ce but, il aura le pou-

---

(1) Par exemple, les dominions et les colonies autonomes de la Grande-Bretagne, qui ne sont pas des Etats. (A. S. de Bustamante, *loc. cit.* p. 36).

voir d'adresser aux magistrats locaux des commissions rogatoires, par la voie diplomatique, ou, simplement, par la voie judiciaire. Dans quelle mesure et sous quelle forme l'organe international, disposant d'une police qui lui soit propre, pourra-t-il enquêter en son nom personnel, sur le territoire des Etats ? La solution de ce problème où se trouve engagée la notion du super-Etat et des restrictions qu'elle inflige aux indépendances nationales est trop lointaine pour autoriser autre chose qu'une vague prévision (1).

Il va de soi que, devant la juridiction de jugement, les débats seront entièrement publics, oraux, contradictoires.

La seule voie de recours est la *revision*, déjà instituée pour les matières civiles. Suivant l'art. 61 des Statuts, elle sera éventuellement demandée *à raison de la découverte d'un fait de nature à exercer une influence décisive, et qui, avant le prononcé de l'arrêt, était inconnu de la Cour et de la partie qui demande la revision, sans qu'il y ait de sa part, faute à l'ignorer*. Elle est soumise à un délai maximum de 6 mois à partir de la découverte du fait nouveau, de 10 ans à dater de l'arrêt. Suivant ces termes généraux, la revision s'applique aux erreurs qui entachent, soit la condamnation, soit l'absolution ou l'acquittement. Elle se plie à la variété des affaires criminelles qui seront soumises à la Cour permanente de justice internationale.

II. — La détermination des règles de droit qui s'imposent à la haute juridiction internationale, et dont dépend la solution du litige, est le point le plus délicat de la matière. Les auteurs du traité de Versailles, qui ont rencontré ce problème, l'ont résolu dans les termes suivants (art. 227) :

Le Tribunal jugera sur motifs inspirés des principes les plus élevés de la politique entre nations, avec le souci d'assurer le respect des obligations solennelles, et des engagements internationaux, ainsi que de la morale inter-

---

(1) Au Congrès de police judiciaire tenu à Monaco en 1914, l'idée de constituer une « brigade internationale de recherches » ou au moins un « bureau international de police judiciaire » a été défendue par M. Reiss, directeur de l'Institut de police scientifique de Lausanne.

nationale. Il lui appartiendra de déterminer la peine qu'il estime devoir être appliquée.

Plus récemment, le Comité de juristes décide que *la Cour possèdera un pouvoir appréciateur pour caractériser le délit, fixer la peine, et déterminer les moyens appropriés à l'exécution de la sentence.*

Ces termes reviennent à consacrer le pouvoir arbitraire du juge. Or, ce pouvoir est exclu par la règle *Nulla pœna sine lege.* Nous avons affirmé la valeur absolue, internationale de cette règle. Elle est la garantie indispensable des libertés essentielles de l'homme. Elle est un frein nécessaire aux passions et aux faiblesses du juge « né d'une femme ». En vain des auteurs éminents ont allégué l' « origine récente », la « formation coutumière (1) », la nature évolutive du droit pénal international dont les principes se précisent au fur et à mesure qu'apparaissent les faits auxquels il doit s'adapter (2) ». Historiquement, de telles affirmations sont contestables. Elles font abstraction des droits d'ancienneté, des titres de noblesse que confèrent à notre science les vues pénétrantes et hardies des juristes grecs et des postglossateurs du Moyen Age. Actuellement elles choquent les principes de droit public qu'ont affirmés les hommes de la Révolution française et qu'ont « universalisés » les auteurs du Traité de Versailles, lorsqu'ils ont invoqué « la morale internationale » et prétendu substituer à la Société de fait qui existait entre les peuples une Société de droit. Il faut donc que la loi précède le jugement (3). Mais ce principe n'exige pas, comme on l'a cru parfois, l'élaboration d'un Code pénal international aux prévisions minutieuses et aux dispositions multiples.

Tout d'abord, le principe n'intervient pas, lorsqu'il s'agit

---

(1) Larnaude et de Lapradelle, *Examen de la responsabilité pénale de l'Empereur Guillaume II d'Allemagne*, J. du dr. int. pr. 1919 p. 131 et suiv.

(2) Mérignhac et Lémonon, *Le Droit des gens et la guerre de 1914-1918*, Paris 1921, t. II, p. 576.

(3) Au cours des travaux du Comité consultatif de juristes, M. Loder, aujourd'hui président de la Cour de justice internationale, s'est prononcé nettement pour la définition préalable du droit qui sera appliqué par la Cour, *Actes et documents...* t. II, p. 501. — On lira, dans le même sens, les suggestives observations d'un correspondant du *Temps* (19 août 1924) sous la rubrique : *Opinions de province : «* La vraie justice, qui établit et maintient la paix sociale entre les citoyens d'un même pays, n'a commencé que du jour où elle a eu ses

de procéder à la répartition des compétences pénales. Aux termes de l'art. 38 des Statuts, « *la Cour applique:*

1° Les conventions internationales, soit générales, soit spéciales, établissant des règles expressément reconnues par les Etats en litige;

2° La coutume internationale comme preuve d'une pratique générale acceptée comme étant le Droit;

3° Les principes généraux du droit reconnus par les nations civilisées;

4° Sous réserve de la disposition de l'article 59, les décisions judiciaires, et la doctrine des publicistes les plus qualifiés, comme moyen auxiliaire de détermination des règles de droit.

La présente disposition ne porte pas atteinte à la faculté pour la Cour, si les parties sont d'accord, de statuer ex æquo *et* bono.

Aucune de ces dispositions ne nous paraît inapplicable au règlement des questions de compétence criminelle internationale. La Cour sanctionnera donc les conventions spéciales à quelques Etats ou générales, relatives à la juridiction, à l'extradition, à l'exécution forcée et à l'autorité internationale des jugements. A défaut de traités, elle obéira aux principes qu'ont dégagés la doctrine et la jurisprudence des divers Etats, ou *sa propre jurisprudence*, sans que, comme il va de soi, chacun de ses arrêts ait une valeur réglementaire (art. 59). A défaut de principes, elle se laissera guider par des raisons pratiques, et par le sentiment général de l'équité. Ainsi se formera une coutume, précédant et préparant l'élaboration de la loi, dont l'application immédiate ne contrevient à aucun principe, puisqu'il ne s'agit ni de créer des incriminations ni d'instituer des peines, et qu'en droit interne, les lois de compétence et de procédure ont, de l'avis commun, un effet rétroactif.

---

règles fixées, son chemin étroitement marqué par des textes qui définissaient les crimes et les délits et en déterminaient à l'avance les sanctions. Il en sera ainsi pour les peuples. Créer des juges des nations sans leur mettre entre les mains un code, c'est simplement organiser le désordre international, parce que c'est leur conférer les impossibles fonctions de discerner à chaque occasion, au sein de la complexité énorme des intérêts, des passions, des actes internationaux, la pure justice, le droit vrai, de décider lequel des peuples soumis à leurs sentences a tort, et lequel a raison »

La règle *Nulla pœna sine lege* gouverne, en revanche; les sanctions pénales individuelles. Mais ici, la loi ne fait pas défaut. La loi pénale que l'inculpé, auteur du délit international, a offensée, au nom de laquelle il est poursuivi, et suivant laquelle il sera jugé, c'est celle-là même dont la compétence résulte des principes supérieurs que la Cour a mission de dégager et de sanctionner. Le rôle de la haute juridiction sera double : 1° déterminer la loi applicable; 2° appliquer cette loi au délit qui lui est soumis. C'est ainsi que, dans les Etats composés, tels que les Etats-Unis ou la Suisse, la juridiction fédérale interprète parfois, en dehors de la législation commune, les droits particuliers des Etats ou des Cantons (1). Qu'à l'égard des « délits internationaux » la question soit délicate, nul ne saurait y contredire. Mais cette difficulté, qui s'attache surtout, comme on l'a vu, aux différences de *qualifications*, est la raison d'être de la Cour internationale. Montrons, par quelques exemples pratiques, comment elle peut être vaincue. Si le lieu du délit, commis sur la mer libre ou en pays inhabité échappe à toute souveraineté territoriale, le droit national de l'agent, ou, à défaut même — quand l'agent est un heimatlos — le droit du lieu d'arrestation interviendra comme un droit subsidiaire. Si la commission du délit s'est prolongée sur plusieurs territoires, la loi territoriale la plus sévère s'imposera, suivant la solution communément admise, en droit interne, pour le cumul idéal d'infractions. Si le caractère international de l'infraction tient à son objet (attentats anarchistes) la loi de l'Etat directement menacé par l'agent (c'est-à-dire, le plus souvent la loi territoriale) sera préférée.

Pour les infractions de la dernière catégorie, dont la répression met en jeu des intérêts politiques (déclaration de guerre injuste, crimes commis au cours des hostilités, etc.) l'examen des responsabilités pénales individuelles susciterait, s'il était confié à la Cour internationale, d'inextri-

---

(1 Voir par exemple, aux Etats-Unis, à propos de l'affaire Huntington v. Attril, jugée en 1892 par la Cour suprême, Minor, *Conflict of Laws or Private international law*, Boston, 1901, p. 21 et suiv. § 10. — Pour la Suisse : Stooss, *Die Zuständigkeit der eidgenössischen Strafgerichte, Revue pénale Suisse*, 1922, p. 183 et suiv.

cables difficultés. Il n'est raisonnable d'envisager ni l'application des lois particulières d'Etats, qu'inspire dans ce domaine, un souci égoïste de protection, ni l'élaboration d'une loi commune, qui s'adapterait mal à l'infinie variété des espèces. Aussi bien, la simple application de nos idées sur la compétence judiciaire a fait écarter cette solution. Qu'il soit possible, en revanche, de réglementer et de mettre en œuvre la responsabilité pénale des Etats pour des crimes collectifs, bien des précédents nous le font admettre. Ce sont les études doctrinales et les documents législatifs qui, notamment en France, en Italie et en Allemagne, préconisent ou consacrent la responsabilité pénale des personnes morales privées. Ce sont les accords de La Haye qui, prévoyant la violation, par les Etats, de certaines règles de droit international, ont organisé des sanctions civiles. Ce sont les clauses du Pacte de la Société des Nations qui, pour sanction des règles destinées à prévenir les conflits armés, admettent le recours à des mesures coercitives, l'infliction de certaines disgrâces d'ordre économique, ayant vraiment le caractère de pénalités (1).

On peut compléter ce système (2). On peut multiplier les incriminations, les adapter à l'évolution des circonstances

---

(1) *Pacte de la Société des Nations*, art. 16.

(2) L'ébauche d'une législation pénale ayant pour objet la répression des crimes imputés aux Etats se trouve dans le « projet d'un traité de désarmement et de sécurité » que le Gouvernement américain vient de soumettre à l'Assemblée de la Société des Nations. Nous reproduisons ci-dessous d'après le journal *Le Temps* (29 août et 9 septembre 1924), quelques dispositions de ce projet, qui constituent la mise en œuvre de notre principe :

Art. 1. — *Les hautes parties contractantes déclarent solennellement que la guerre d'agression constitue un crime international. Elles s'engagent individuellement à ne pas se rendre coupables de ce crime.*

Art. 2. — *Un Etat entrant en guerre pour d'autres motifs que celui de légitime défense commet le crime international spécifié à l'article premier.*

Art. 3. — *La Cour permanente de justice internationale, à la requête d'une des puissances signataires, sera compétente pour déclarer, par arrêt, que le crime international défini à l'article premier, a, ou non, été commis dans un cas donné.*

Art. 4. — *Les hautes parties contractantes déclarent solennellement que les actes d'agression, même s'ils n'aboutissent pas à la guerre, et les préparatifs en vue de ces actes d'agression, doivent être considérés désormais comme interdits de par le droit international.*

Art. 5. — *En l'absence de l'état de guerre, l'emploi de la force sur terre, sur mer ou dans l'air, auquel recourrait un Etat contre un autre Etat, pour d'autres* économiques ou sociales, au progrès technique, sans rencontrer des obstacles insurmontables, parce que la diversité des rapports entre les collectivités, la variété des agissements qu'on peut leur imputer a des limites (1). On peut compliquer l'échelle des peines, s'élevant des simples amendes aux mesures humiliantes ou afflictives (déchéances, incapacités, institution d'un contrôle international, etc.) pour comprendre, dans les cas extrêmes, le démembrement de l'Etat ou son annexion (2).

La difficulté principale concernera l'exécution de ces mesures.

---

motifs que ceux de légitime défense ou de protection de la vie humaine, sera considéré comme acte d'agression.

Toute mobilisation générale ou partielle pourra être regardée comme un préparatif en vue d'un acte d'agression.

Toute puissance signataire qui estimerait qu'une autre puissance signataire a violé l'une quelconque des stipulations du présent traité devra soumettre le cas à la Cour permanente de justice internationale.

La puissance signataire qui refuserait de reconnaître la compétence de la Cour, dans un cas de ce genre, sera considérée comme agresseur, aux termes du présent traité.

Le fait de ne pas reconnaître la compétence de la Cour, dans les quatre jours qui suivront la notification du dépôt d'une plainte en violation du présent traité, sera considéré comme un refus de reconnaître la compétence de la Cour.

Art. 6. — *La Cour sera également compétente pour se prononcer, à la requête de toute puissance signataire, sur le point de savoir s'il a été commis, ou non, dans un cas donné, une violation du droit international, aux termes de l'article 4.*

(1) L'élaboration progressive d'une loi pénale internationale est prévue par l'article 7 du projet précité d'un « traité de désarmement et de sécurité. »

Art 7. — *La conférence permanente consultative mentionnée ci-après devra, de temps à autre, poursuivre la codification des principes du droit international qui visent les actes d'agression, et les préparatifs en vue de ces actes.*

A cet égard, la conférence prendra en considération la sécurité additionnelle des puissances signataires et le désarmement progressif, qui sont envisagés dans le présent traité.

Les recommandations de la conférence devront être soumises à l'adoption des hautes parties contractantes et transmises également à la Cour permanente de justice internationale.

(2) Projet d'un traité de désarmement et de sécurité :

Art. 8. — *Au cas où l'une quelconque des hautes parties contractantes aurait été déclarée, par jugement, agresseur, aux termes du présent traité, tous les intérêts : commerciaux, industriels, financiers, mobiliers et immobiliers de l'agresseur et de ses ressortissants cesseront d'avoir droit, soit sur le territoire des autres puissances signataires, soit en haute mer, à tous privilèges, protection, droits et immunités conférés soit par le droit international, soit par le droit national ou par traité.*

Toute haute partie contractante pourra, en pareil cas, prendre telles autres mesures qu'elle jugerait appropriées pour rompre les relations industrielles, commerciales, financières et personnelles avec l'agresseur et les ressortissants de ce dernier; les hautes parties contractantes pourront également s'entendre à cet égard.

La période pendant laquelle les sanctions économiques de ce genre pourront

III. — A ce dernier point de vue, une distinction s'impose.

Quand l'arrêt concerne un problème de compétence internationale, il est presque inutile d'en prévoir l'inexécution. Il est peu vraisemblable en effet que pour une raison d'amour-propre, ou pour la défense d'un intérêt limité, un Gouvernement s'engage dans un conflit où il jouerait le rôle ingrat d'un insurgé contre la justice internationale. Les cas de désobéissance aux décisions des tribunaux internationaux d'arbitrage sont infiniment rares (1). Nous ne croyons pas que, jusqu'ici, aucun arrêt de la Cour permanente internationale soit demeuré sans exécution.

L'exécution des sentences pénales qui frappent des particuliers appartient naturellement aux Etats. Dans chaque espèce, la Cour désignera l'Etat auquel le condamné sera livré par les soins du pouvoir exécutif. En principe, ce sera celui dont la loi pénale a reçu application, c'est-à-dire l'Etat territorial. Cependant, on conçoit aussi, notamment pour l'application des « mesures de sûreté » que la nationalité du condamné entre en ligne de compte. Si, suivant la suggestion ingénieuse que notre distingué collègue de Jassy. M. Vespasien Pella, adressait récemment à la Société des Nations (2), un lieu international de transportation est organisé, il semblerait normalement destiné à recevoir les condamnés de la justice internationale.

Toute la difficulté se rapporte donc à l'hypothèse où le sujet passif de la condamnation est un Etat, ou un membre quelconque de la Société des Nations. On nourrirait une illusion singulière, si l'on pensait qu'un Etat, disposant de forces matérielles, et déjà, par hypothèse, coupable de révolte envers le droit international, se soumettra spontanément soit à la compétence de la Cour in-

---

continuer d'être appliquées devra être fixée à un moment quelconque, par la Cour, à la demande de l'une des puissances signataires.

Dans le cas où il y aurait lieu de recourir à l'emploi de la force, chaque puissance signataire consultera ses propres intérêts et obligations.

Art. 9. — Si une haute partie contractante est déclarée agresseur, par arrêt de la Cour permanente de justice internationale, cette puissance sera responsable de tout dommage subi par les autres hautes parties contractantes, comme conséquence de son agression.

(1) A. S. de Bustamante, op. cit., p. 62.
(2) Revue internationale de droit pénal, 1924, n° 2, p. 141 et suiv.

ternationale devant laquelle il est cité (1) soit à l'exécution d'une sentence qui lui inflige un préjudice grave, qui le dépouille, peut-être, de tout ou partie de son indépendance. L'histoire prouve que « l'égoïsme sacré » guide la conduite des Gouvernements, toutes les fois que se trouve en jeu un intérêt vital de l'Etat qu'ils représentent. C'est sous réserve de cet intérêt — et s'arrogeant d'ailleurs le soin d'apprécier ses exigences — que les Etats, jusqu'ici, se sont soumis à l'arbitrage. Au fond, tout le problème de la Société des Nations se ramène à ceci : soumettre les Etats au droit international, *fût-ce au prix du sacrifice de leurs intérêts vitaux.*

Or, ce problème ne comporte qu'une solution. Mettre au service de la Société des Nations une puissance matérielle suffisante pour s'imposer aux Etats (2). Cette affirmation n'implique aucun scepticisme quant à la valeur ni à l'avenir des forces morales. Mais il est conforme à la nature des choses que les forces morales se manifestent et s'exercent par la production de forces matérielles. Comme il n'y a pas de puissance politique réelle sans une armée, il n'y a pas de juridiction, ni de législation efficace sans une police. Le droit international, a-t-on dit, est une science de sacrifices. Tant que les Etats n'auront pas consenti les sacrifices nécessaires pour incliner leur puissance propre devant la puissance supérieure de la Société des Nations, on pourra se montrer sceptique quant à la réalité et aux effets de la collaboration internationale.

---

(1) Le projet précité, d'un « traité de désarmement et de sécurité » considère comme une agression, et par conséquent comme un délit, le fait, par un Etat, de se refuser à reconnaître la compétence de la Cour internationale (art. 5 al. 3 et 4). Aux termes des dispositions suivantes :

Art. 10. — *Les hautes parties contractantes conviennent d'accepter l'arrêt de la Cour permanente de justice internationale, sur l'exécution ou la violation des engagements pris aux termes du présent traité.*

Toute question soulevée par le présent traité relève ipso facto, *et obligatoirement, de la compétence de la Cour.*

Art. 11. — *Si un différend, soulevé par le présent traité, est soumis à la Cour permanente de justice internationale, il appartient à la Cour de se déclarer compétente ou non, ainsi que de se prononcer sur la question de savoir si sa décision a été ou non exécutée.*

(2) On reconnaîtra aisément le caractère illusoire de la garantie contenue dans l'article 8 *in fine* du « traité de désarmement et de sécurité » qui, dans tous les cas où il y a lieu de recourir à la force, laisse à chaque Etat le soin de consulter « ses propres intérêts et ses obligations » !

Voilà pourquoi nous rappelons avec fierté, mais avec regret, la proposition soumise sans succès, en 1919, au Congrès de Versailles par le Chef de la délégation française.

Plus récemment, à l'Assemblée de Genève, le Chef du Gouvernement français rappelait, en faveur de la même thèse, ces paroles profondes de Pascal : « La justice sans la force est impuissante. La force sans la justice est tyrannique. La justice sans la force est contredite parce qu'il y a toujours des méchants. Il faut donc mettre ensemble la justice et la force, et, pour cela, faire que ce qui est juste soit fort, et que ce qui est fort soit juste. »

Le jour où le résultat indiqué alors sera atteint, la Société des Nations sera autre chose qu'une institution philanthropique, bienfaisante sans doute, mais bornée, et la justice internationale, autre chose qu'une illusion.

**

L'étude qu'on vient de lire était imprimée, lorsqu'a paru le texte définitif du « protocole pour le règlement pacifique des différends internationaux » dont l'assemblée de la Société des Nations recommande l'acceptation aux gouvernements de tous les Etats qui sont ses membres. L'arbitrage de la Cour permanente revêt définitivement, pour tous les Etats signataires, et dans les cas visés à l'art. 36 al. 2 des *statuts*, un caractère *obligatoire* (art. 3). La guerre d'agression est qualifiée *crime international* (préambule). Développant le principe posé par l'art. 5 du projet américain, le protocole donne, de l'Etat agresseur, une définition précise. Notamment une « présomption d'agression » est créée à la charge de tout Etat qui, dans les cas prévus, s'est refusé à l'arbitrage, ou a tenté de se soustraire à l'exécution de la sentence (art. 10). Dès que le crime est constaté *par le Conseil* et sur son injonction, l'application des sanctions économiques, financières ou militaires prévues par l'art. 16 du Pacte est obligatoire pour les Etats signataires (art. 11). Sans porter atteinte, en aucun cas, à l'intégrité territoriale ou à l'indépendance politique de l'Etat agresseur, elles ont du moins, pour conséquence de lui imposer la réparation des dommages et le remboursement des frais occasionnés par la répression (art. 15). Il appartient à la Cour permanente de justice internationale de donner, sur tous points de droit contestés, les avis qui lui sont demandés par l'entremise du Conseil (art. 4); de déterminer les questions que le droit international laisse à la compétence exclusive d'une partie (art. 5); de se prononcer sur tout différend relatif à l'interprétation du protocole (art. 20).

L'appréciation de l'œuvre que la société des Nations vient d'accomplir, la prévision de ses conséquences dépasserait singulièrement l'objet de cet article. Nous signalons simplement qu'en admettant et en organisant la responsabilité pénale des Etats, elle constitue, dans l'ordre d'idées qui nous intéresse, un véritable tournant de l'Histoire. Nous pensons que cette œuvre sera complétée, dans l'avenir, par une prévision plus étendue des infractions imputables aux Etats et ressortissant de la Cour, par un élargissement des sanctions (1). Nous constatons, d'autre part, qu'elle omet, actuellement, *la réglementation internationale des responsabilités pénales individuelles.* Mais, précisément, la formation récente dans l'atmosphère genevoise, sous l'égide de la Société des Nations, d'une *Académie de droit international privé* ne prouve-t-elle pas que les préoccupations des juristes s'orientent vers l'organisation internationale des rapports de droit qui concernent *les individus?*

La science du droit pénal international ne peut rester étrangère à cette évolution. Nous avons dit pourquoi le jugement des criminels internationaux et surtout la répartition, à leur égard, des compétences d'Etats constitue à nos yeux la mission essentielle d'un tribunal pénal international. Nous avons dit que l'élaboration, par la doctrine et par le législateur, d'un droit commun doit, dans une large mesure, précéder et préparer la juridiction. Cette dernière observation ouvre, nous semble-t-il, une large et séduisante carrière à l'activité future de l'*Association internationale de droit pénal.*

---

(1) En dehors des pénalités formellement prévues par l'art. 15 du Protocole, le rapport de M. Benech admet la possibilité d'exiger des garanties, de « prendre des gages » (*Temps* du 28 sept.).

LA LÉGISLATION PÉNALE ET SA RÉFORME EN TCHÉCO-SLOVAQUIE

Par le Dr Auguste MIRICKA,

Professeur à l'Université de Prague.

I.

Selon la loi du 28 octobre 1918 concernant la création d'un Etat tchécoslovaque indépendant, toutes les lois et les décrets de l'ancien régime restèrent provisoirement en vigueur. En conséquence, on voit en Tchécoslovaquie un dualisme du droit pénal : le territoire autrefois autrichien conserve le code pénal du 27 mai 1852, tandis qu'en Slovaquie et en Russie subcarpathique la loi pénale hongroise de 1878 est en vigueur avec les modifications et compléments postérieurs.

L'inconvénient de ce dualisme nécessitait une révision totale, qui serait en même temps l'unification et la réforme des dites lois, déjà vieillies. Mais comme une telle réforme ne peut pas être accomplie dans un bref délai, nous voyons qu'en matière pénale les premières années de notre république n'ont produit que quelques lois spéciales, que l'on jugeait les plus urgentes, surtout la loi du 22 mai 1919 sur la fausse monnaie, la loi du 17 octobre 1919 sur la condamnation conditionnelle et sur la libération conditionnelle, les deux lois de même date sur les bénéfices de guerre et les lois du 19 mars 1923 sur la protection de la République et sur le tribunal d'Etat.

Mais ce sont précisément les travaux législatifs concernant ces lois qui ont démontré clairement les difficultés que fait naître chaque tentative de greffer de nouvelles prescriptions communes sur deux législations différentes.

Etant données ces circonstances, il n'est pas étonnant, qu'une grande enquête parmi les spécialistes ordonnée par le ministre de la justice en juin 1920 ait abouti à la conclusion unanime qu'il était nécessaire d'entreprendre aussi tôt que possible une réforme radicale du droit pénal en Tchécoslovaquie.

Par la suite, une commission de criminalistes fut chargée par le ministre de la justice d'élaborer un avant-projet de code pénal tchécoslovaque. Déjà au mois de septembre 1921 la partie générale de ce projet était achevée et publiée avec un exposé détaillé des motifs. Les travaux de la commission concernant la partie spéciale du code sont en ce moment déjà si avancés qu'on peut attendre sous peu leur achèvement.

Le droit pénal concernant les mineurs n'est pas compris dans le projet, mais doit être réglé par une loi spéciale. Ainsi il sera possible d'exécuter cette œuvre urgente à part et aussi tôt que possible, en tout cas avant la réforme totale du droit pénal. Si tous les pronostics ne trompent pas, l'Assemblée nationale aura bientôt l'occasion de s'occuper du projet en question.

J'expliquerai dans leur ordre, et en peu de mots, les principes dominants des dispositions de la partie générale de l'avant-projet tchécoslovaque.

II.

Il ne faut pas prendre en considération l'ancienneté respectable du code pénal autrichien, qui date de l'année 1852, et à vrai dire de l'année 1803, pour en conclure que le droit nouveau doit abandonner entièrement ce code. Le code pénal hongrois, beaucoup plus jeune (1878), imité du code pénal de l'empire allemand, est, malgré les modifications, déjà vieilli et impropre à servir de fondement à la réforme législative. On ne pourra non plus prendre comme modèle aucun des codes et projets pénaux plus récents, y compris le projet autrichien de l'année 1909 et les projets suisses justement loués. Car, en premier lieu, la guerre mondiale est intervenue après le dépôt de ces projets, amenant avec elle un tel renversement dans les idées, un tel changement dans les valeurs, que la législation même doit en tenir compte. Ensuite, un code pénal qui convient à un Etat ne convient pas dans la même mesure à un autre. Le droit pénal, pour atteindre son but, doit correspondre aux conditions économiques et politiques, culturelles et sociales de la Nation. Ces réflexions suffisent à prouver qu'une réforme du droit pénal ne peut être féconde qu'à la condition de s'appuyer sur des fondements *indépendants*.

Cela est d'une grande importance à l'égard du point de savoir si l'on doit maintenir la division des faits punissables en *crimes, délits* et *contraventions,* ou si, imitant peut-être les projets suisses, le code pénal italien ou norvégien, on doit se contenter d'une division en deux parties. Ce dernier procédé se ramènerait à éliminer les faits punissables peu importants (contraventions) du code pénal et à les renvoyer aux bureaux de l'administration publique. Cette solution n'est réalisable qu'après une codification et une réforme préalable du droit pénal administratif. On peut préparer cette réforme en réunissant les contraventions dans un code spécial ou au moins dans une partie spéciale du code pénal, mais on ne peut pas attendre celle-ci à cause du retard qu'elle entraînerait pour la réforme du droit pénal dans son ensemble.

En ce qui concerne les faits criminels eux-mêmes, une division précise des crimes et délits est indispensable afin de pouvoir déclarer criminels ceux-là, et ceux-là *exclusivement*, qui le sont d'après la saine conviction du monde. Et ce sont seulement les individus qui ont commis un fait vraiment infâme, un fait provenant d'un motif méprisable et de sentiments infâmes. Le *motif méprisable* doit dès lors servir de critère divisant les crimes et les délits; cette division doit être appliquée dans le code entier sans distinction. Ainsi on punira les crimes de la peine de la réclusion, les délits de la peine de l'emprisonnement seulement, les contraventions de la privation simple de la liberté (la détention). Le caractère déshonorant de la réclusion doit être indiqué tant par le lieu que par le régime d'exécution de la peine. Le criminel doit être en outre frappé de la privation des droits civiques, obligatoirement par la loi même, ou, quand il s'agit des peines de réclusion plus courtes, facultativement, par décision du tribunal. La condamnation conditionnelle et la libération conditionnelle seront plus difficiles et le délai de prescription plus long.

On doit laisser, en général, au juge le soin de décider si, en fait, l'acte punissable a été commis sous l'inspiration d'un mobile méprisable, et, si par conséquent cet acte doit être considéré comme un crime. Pour permettre cette détermination il faudra que le code prescrive, dans le plus grand nombre des infractions, alternativement la peine de réclusion et celle de l'emprisonnement.

La *peine de mort* n'est prévue que dans le cas où un détenu, condamné à la réclusion perpétuelle, commet, de nouveau, un crime faisant encourir cette peine. Cette exception est motivée par la considération que la peine prévue en général pour les crimes commis par de tels détenus (la cellule jusque à trois ans, susceptible d'être aggravée dans la première année) paraîtrait absolument insuffisante et que le coupable, qui a commis un crime si grave, échapperait au châtiment qu'il mérite.

L'*amende* est admise comme une peine acessoire des faits punissables de chaque catégorie, quand ces faits ont été inspirés par l'âpreté du gain, ou quand le coupable a amélioré par les faits punissables ses conditions d'existence. La peine devrait être fixée dans sa quotité pour tous les crimes et délits, mais avec un taux un peu plus modéré pour les contraventions. Cependant le juge doit être autorisé, par une prescription spéciale, à frapper *au-dessus* de ce tarif les revenus des malfaiteurs qui sont particulièrement élevés et en tout cas, à confisquer tout ce qui a enrichi le coupable par le fait punissable. Le changement des amendes non payées malgré la poursuite en peines privatives de liberté est écarté, parce qu'il contient une inégalité sociale pour les gens sans fortune; cependant le condamné pourra être autorisé à racheter l'amende au moyen d'une prestation sur son travail libre.

En ce qui concerne *la mesure de la peine*, on doit laisser au juge la plus grande liberté possible tant par les peines alternatives que par le pouvoir de descendre au-dessous de la peine légale. Il doit être autorisé, dans les cas prévus par la loi, à réduire celle-ci et même à atténuer librement la peine. Il est tout naturel que la condamnation conditionnelle soit maintenue. Pourtant, on indiquera dans le code nouveau d'une manière plus précise le caractère exceptionnel de cette institution, pour répondre aux réclamations attestant l'abus qui en est fait.

III

On devra accorder une attention spéciale à l'*exécution des peines privatives de liberté*. Les peines de réclusion et d'emprisonnement d'une durée supérieure à une année doivent être exécutées dans les établissements spéciaux affectés à ces peines. Les peines de ces deux catégories (réclusion ou emprisonnement) qui sont d'une durée plus courte seront subies dans les prisons des tribunaux; mais les condamnés à la réclusion seront totalement séparés des autres. Ceux qui ont déjà subi la peine de réclusion ne doivent pas être en contact avec les autres détenus, même quand ils sont condamnés à l'emprisonnement ou à la détention; pour cette raison ils doivent, autant que possible, subir leur peine en cellule. Les peines de l'emprisonnement de moins d'une année en général et toutes les peines de détention doivent d'ailleurs être exécutées en cellule, autant que possible, et les peines de réclusion pendant les premiers mois seulement, selon les dispositions du règlement. Un emploi plus large de la cellule serait difficilement réalisable, en l'absence du nombre nécessaire des prisons cellulaires et à cause des grands frais qu'exigerait leur construction.

L'institution de la *libération conditionnelle* établie par la loi du 17 octobre 1919 (n° 562 du recueil des lois et décrets) devrait être maintenue dans son ensemble; pourtant elle doit être liée organiquement, en ce qui concerne la peine de réclusion, à la division des détenus en classes disciplinaires fondées sur le système bien connu *des points*. Ce système consiste, comme on sait, dans le classement journalier des détenus au point de vue de la conduite, surtout du travail à l'école, etc. D'après le nombre des points obtenus, on décide de faire passer le détenu dans une classe supérieure ou de lui accorder sa libération conditionnelle. La libération conditionnelle pourra être précédée du renvoi à l'*établissement intermédiaire*, afin de préparer le détenu à la vie libre en lui donnant une liberté plus grande d'allées et venues. On doit attacher une importance particulière au *Patronage des détenus libérés*, parce que c'est la plus forte et, selon les circonstances, l'unique protection contre la récidive. Pour cette raison, la loi doit contenir des directives pour le patronage des détenus.

L'institution de la *sentence indéterminée*, selon le modèle de l'Amérique, n'a été empruntée que dans une mesure limitée. On a recours à elle quand une personne amendable, qui n'a pas encore atteint sa trentième année, est condamnée en raison d'un crime faisant encourir la réclusion d'une année au moins et de huit années au plus. Le juge, dans ce cas, peut indiquer dans la sentence, relativement à la peine, la disposition légale seulement, et ordonner l'exécution de la peine dans l'*établissement de correction pour les adultes*. Celui-ci forme un établissement spécial de réclusion ou une partie spéciale d'un établissement de réclusion. La détention dans l'établissement de correction pour les adultes remplace alors la peine de réclusion et pour cette raison, l'exécution de la peine doit être réglée en harmonie avec les dispositions pour les établissements de réclusion, mais arrangée de telle sorte que le détenu puisse, en cas de bonne conduite, obtenir la liberté conditionnelle dans le temps équivalent au *minimum* de la peine légale indiquée dans la sentence. Au contraire, quand il se montre incorrigible, on le renvoie à l'établissement de réclusion et on le traite comme un condamné devant subir au maximum la peine légale. Ces décisions sont prises par le tribunal des détenus.

On doit pourvoir, de même, à une *surveillance* intensive de l'*exécution des peines*. Pour chaque établissement doit être nommé un procureur ou un juge comme commissaire, et en outre, un conseil de surveillance et un tribunal des détenus. On devrait se servir de la collaboration des personnes du peuple, surtout des hommes et des femmes aux connaissances sociales étendues. C'est là une mesure capable sans aucun doute de faire naître et de maintenir l'intérêt du public à l'égard de l'exécution des peines, d'augmenter la confiance dans l'œuvre loyale des organes chargés d'appliquer la loi pénale, et de protéger enfin le détenu contre le mépris public. La loi doit déterminer les punitions disciplinaires ainsi que la compétence de ces commissions, chargées de veiller à l'exécution des peines. La surveillance et l'administration suprêmes de l'exécution des peines doivent être réservées au ministère de justice, et également confiées aux membres d'un conseil convenablement composé.

IV

La réglementation juste du traitement *des récidivistes* par la loi pénale est une condition principale du succès de la lutte contre le crime. Si la loi se montre largement indulgente envers le délinquant primaire, elle doit, au contraire, infliger un traitement sévère aux récidivistes et surtout aux criminels d'habitude. Agir autrement, ce serait, au point de vue de la politique législative pénale, une grosse faute, pour ne pas dire plus. Leur traitement exige au contraire, une sévérité impitoyable de la loi comme du juge. Il faut, qu'il soit possible d'empêcher que la société soit menacée, de nouveau, par des individus dangereux, après qu'ils ont subi une peine privative de liberté assez courte. Pour cette raison il faut que la loi contienne l'autorisation d'augmenter considérablement les sanctions pénales, dès la première récidive, et on ne doit pas craindre d'empêcher les personnes dangereuses de nuire à la société en les emprisonnant à perpétuité, quand il s'agit de récidives répétées. Pour atteindre ce but on prévoit l'internement dans un établissement de sûreté après l'exécution de la peine. Par cette disposition le projet passe aux mesures de sûreté.

Le projet a maintenu une distinction minutieuse des peines et des *mesures de sûreté*. Bien qu'elles poursuivent partiellement le même but, c'est-à-dire de mettre hors d'état de nuire les ennemis de la société, et bien que leur emploi alternatif soit possible selon les circonstances, la distinction de principe reste néanmoins intacte. C'est que les mesures de sûreté ne s'appliquent pas à un fait punissable commis et ne doivent comporter aucune expiation, aucune souffrance pour le malfaiteur. Elles évitent toutes les duretés, qui ne sont pas nécessaires pour atteindre le but de ces mesures, c'est-à-dire la sûreté. La durée de la détention de sûreté de même n'est pas fixée de façon définitive comme celle de la peine de liberté ; elle cesse seulement quand son but est atteint.

Outre la confiscation des objets dangereux, le projet prévoit comme mesures de sûreté le renvoi dans un établissement de sûreté et l'interdiction des auberges. L'institution du cautionnement préventif n'a pas été acceptée, parce que, le cas échéant, son but peut être atteint aussi bien par l'amende conditionnelle.

Le projet prévoit trois espèces d'*établissements de sûreté :* la maison d'éducation au travail, l'établissement pour les détenus aliénés et la maison d'internement.

La *maison d'éducation au travail* a pour but d'habituer les internés par l'éducation professionnelle systématique à un travail correspondant à leurs aptitudes physiques et psychiques, un travail qui pourrait leur être utile pour leur faciliter une vie honorable en liberté. L'internement dure le temps nécessaire pour atteindre ce but, mais une année au minimum et dix années au maximum. Après une année, la libération conditionnelle peut avoir lieu. On peut envoyer dans la maison d'éducation au travail tels détenus capables de travail, qui ont subi deux fois déjà une peine privative de liberté à cause d'un crime ou délit commis en dégoût du travail réglé, ou par légèreté, âpreté au gain ou ivrognerie et qui commettent de nouveau un semblable crime. La peine ordonnée est exécutée dans cet établissement. Les criminels graves ne peuvent pas y être envoyés.

L'*établissement pour les détenus aliénés* est destiné en partie aux fous et débiles mentaux dangereux pour la société, contre lesquels celle-ci doit être protégée, en partie aux buveurs au sens élargi du projet ; ce sont tous ceux qui se livrent à l'usage exagéré des boissons alcooliques ou des autres produits enivrants ou des poisons toxiques et qui doivent être guéris de leur affection dans l'établissement. Les internés, quand ils sont capables d'un travail, doivent être occupés convenablement sous la direction d'un médecin tout en veillant surtout à leur guérison. Leur envoi suppose, quand il s'agit des fous et des débiles mentaux dangereux, qu'ils soient acquittés de l'accusation à raison d'un crime ou d'un délit pour manque de responsabilité; quand il s'agit des buveurs, qu'ils aient commis un crime ou délit, que l'on peut attribuer à l'ivrognerie, sans distinguer s'ils sont condamnés ou s'ils sont acquittés pour manque de responsabilité. Enfin on peut encore y envoyer les condamnés à raison d'un crime ou délit qui ne peuvent pas être soumis à la discipline de l'établissement de réclusion ou de la maison d'éducation au travail à raison de leur âge avancé ou de leurs défauts physiques ou psychiques, lorsque du moins une peine de liberté d'une année au moins a été prononcée contre eux ou quand les conditions de renvoi dans la maison d'éducation au travail se trouvent remplies. L'internement dure aussi longtemps que l'exige son but avec un minimum d'une année. Après une année la liberté conditionnelle peut être accordée. Suivant la décision du tribunal, la peine qu'il prononce sera ou non exécutée dans l'établissement. Cela prouve d'une façon évidente, que l'on poursuit de cette manière, le but de dégager les prisons et les autres établissements de sûreté de tous les individus, dont l'internement empêcherait d'y établir la discipline indispensable, et de concentrer cependant de tels éléments dans l'établissement pour les détenus aliénés.

La *maison d'internement* est destinée à fournir la protection sociale contre les criminels-récidivistes dangereux et d'habitude et en même temps à donner aux internés un travail correspondant à leurs aptitudes psychiques et physiques. Le renvoi suppose que le détenu a subi une peine pour deux crimes et qu'il est dangereux pour la société. La durée de l'internement est déterminée par l'état dangereux de l'interné, mais il dure cinq années au moins. Après cinq années la libération conditionnelle peut être accordée. On n'a pas fixé le maximum de cette mesure — non plus qu'en ce qui concerne l'établissement pour les détenus aliénés —, parce que dans les deux cas la condition du détenu, qui y est renvoyé, peut exiger l'internement perpétuel. Le tribunal peut décider, dans ce cas aussi, que la peine prononcée sera exécutée dans l'établissement, quand elle ne dépasse pas cinq années, autrement l'internement n'a lieu qu'après l'exécution de la peine.

L'interdiction des auberges pour une durée de six mois jusqu'à trois années peut être ordonnée par le tribunal même dans le cas d'acquittement pour cause d'irresponsabilité, quand le fait punissable peut être attribué à l'usage excessif des boissons alcooliques. Quand il s'agit des contraventions, cette mesure suppose la deuxième récidive. L'interdiction se rapporte aux auberges et aux débits ainsi qu'aux autres lieux publics, où l'on débite des boissons alcooliques.

Voilà, dans ses grandes lignes, l'exposé des moyens de défense contre le crime, qui sont prévus dans l'avant-projet tchécoslovaque. S'ils sont introduits dans le code pénal futur et si ceux qui seront chargés d'exécuter ces mesures, le font avec intelligence et énergie, on peut espérer que la lutte contre les délinquants en Tchécoslovaquie aura bientôt de bons résultats.

LES SPORTS ET LE DROIT PÉNAL

Par M. P. GARRAUD
Professeur de Droit à l'Université de Lyon.

I. — Le développement rapide du goût et de la pratique des sports dans tous les pays, dans toutes les classes, est un des traits les plus caractéristiques de la vie sociale contemporaine. L'engouement et la mode, les nécessités d'une vie intense, mais généralement urbaine et renfermée, qui impose comme un remède l'activité et l'entraînement corporels au grand air, enfin, dans certains pays, l'utilité militaire, surtout avec le service à court terme, d'une préparation sportive de la jeunesse, d'autant plus rapidement formée au métier militaire, qu'elle est mieux entraînée avant son incorporation, sont les facteurs essentiels de cette importance des sports à l'époque actuelle. Cet élément nouveau de la vie sociale doit forcément réagir sur le domaine du droit, dont c'est précisément le rôle d'ordonner les rapports sociaux, en suivant leurs transformations et en s'adaptant à leur nouveauté.

2. — Si l'on veut dégager les éléments caractéristiques du mouvement sportif actuel, au point de vue de ses conséquences juridiques, il faut d'abord mettre en lumière quelques aspects très particuliers, qui distinguent nettement les sports en vogue, au regard des exercices physiques antérieurement pratiqués (1) : c'est d'abord le succès croissant des sports d'équipe (foot-ball, hockey, polo, etc...), dont la pratique multiplie l'acharnement de la lutte sportive et le nombre des individus exposés à

---

(1) Je me place surtout au point de vue des sports pratiqués dans l'Europe continentale ; et je néglige volontairement certains sports qui sont pratiqués presqu'exclusivement dans les pays anglo-saxons, non sans observer cependant que les arrêts américains et anglais les plus nombreux s'appliquent à ces sports spécifiquement nationaux (par exemple le base-ball aux États-Unis).

ses dangers; c'est ensuite le développement des sports de force au détriment des sports d'adresse; c'est enfin et surtout cette circonstance que des sports très répandus constituent avant tout des luttes entre individus ou entre équipes, et des luttes violentes : les règles de jeux sportifs comme la boxe ou le foot-ball rugby imposent comme moyens du combat sportif, la force, la violence, systématiquement prévues et réglementées. De sorte qu'au point de vue juridique on est amené à distinguer trois catégories parmi les jeux sportifs. La première est celle des *sports qui n'impliquent pas l'idée d'une lutte directe* (1), par l'adresse ou par la force, contre un adversaire (courses de chevaux, d'automobiles, d'avions, courses à pieds, sauts, lancement du poids ou du disque, etc...) : par définition, de pareils exercices ne comportent pas l'éventualité de blessures faites ou de coups portés à autrui : si par extraordinaire l'exercice de ces jeux cause quelqu'atteinte corporelle à des tiers (ainsi de joueurs, de spectateurs ou de passants atteints par un disque maladroitement lancé), il suffit d'appliquer les principes généraux du droit, qui permettent de dire, suivant les conditions d'espèce, s'il s'agit d'un simple accident, ou d'un fait engageant pour imprudence ou négligence la responsabilité délictuelle civile ou pénale de son auteur. Un autre groupe de sports est constitué par les *exercices de lutte directe* (lutte entre deux individus ou entre deux équipes), mais de lutte *par la seule adresse*, les règles mêmes de ces exercices excluant tout emploi de la violence (escrime à fleurets ou épées mouchetés, foot-ball association, lawn tennis, hockey, etc...). Ici encore et par définition, les seules éventualités qui peuvent se produire et les seules conséquences juridiques qui peuvent en résulter sont celles indiquées à propos du premier groupe. En résumé, on peut affirmer que tous les sports de ces deux premières catégories, ne comportant dans leurs règles, ni

______

(1) On spécifie lutte *directe*, car les sports de cette catégorie ne sont pas du tout exclusifs de l'idée de compétition sportive et de classement entre leurs participants : mais ce classement, quand il doit s'opérer, est obtenu par la comparaison des efforts individuels et non pas par la lutte directe entre les adversaires; dans une course hippique, par ex., ce n'est pas par la bousculade des adversaires, fait absolument interdit par les règles de ce sport, mais seulement par les qualités du cheval et la science du jockey, que la victoire est acquise.

comme moyen, ni comme but, l'action de porter des coups ou de faire des blessures à autrui, sont certainement licites en eux-mêmes, soit au point de vue du droit pénal, soit au point de vue du droit civil : ce caractère licite s'attache non seulement à leur exercice même, mais à tous les rapports juridiques et notamment à tous les rapports contractuels (par ex. association pour les exercer) auxquels ils peuvent donner lieu.

3. — Reste le groupe des *sports de lutte violente*, de ces sports dont les règles mêmes imposent l'emploi systématique de la violence (lutte, boxe, foot-ball rugby). C'est une conséquence *fatale* et *normale* (1) de l'exercice de tels sports que les joueurs soient fréquemment, au cours du jeu, atteints de blessures, frappés de coups, qui ont pour auteurs leurs adversaires. Ces lésions corporelles, qui, matériellement, peuvent aller des coups et blessures ayant entraîné la mort sans intention de la donner, jusqu'aux voies de fait et violences légères, tombent-elles sous le coup de la loi pénale ?

4. — C'est là une question qui ne présente pas qu'un intérêt purement théorique, et vis à vis de laquelle il ne suffit pas, pour l'écarter, de constater qu'en fait, ces lésions corporelles résultant des sports violents se réalisent chaque jour, nombreuses et souvent graves, sans que l'opinion publique s'émeuve, et sans que les Parquets songent à faire juger par les tribunaux répressifs la question juridique qui vient d'être posée. Un régime de tolérance ne correspond à aucune sécurité juridique; il peut à tout moment être interrompu par les initiatives individuelles de Magistrats du Ministère Public, ou de particuliers victimes de ces lésions. Au surplus, les faits se sont chargés de prouver les inconvénients d'un pareil régime : on a pu voir une Cour d'Appel française, la Cour de Douai, déclarer licites les coups portés et les blessures faites dans un match de boxe, en estimant que de pareils faits ne peuvent être assimilés aux coups et

---

(1) On se borne à indiquer que les règles du rugby s'occupent à plusieurs reprises du cas où un joueur est blessé; elles considèrent cette éventualité comme si normale qu'elles interdisent d'interrompre pour autant le jeu plus de trois minutes.

blessures prévus par les art. 309 à 311 C. P. (1), à la
même époque où le Ministre de la Justice de Belgique
prescrivait de poursuivre rigoureusement sous l'inculpa-
tion de coups et blessures les individus prenant part à
des combats de boxe (2), et où les législations des Etats
de l'Amérique du Nord se partageaient, les unes érigeant
en infractions les exhibitions publiques de ce sport (3),
les autres les autorisant au contraire formellement; une
pareille divergence apparaît singulièrement troublante,
si l'on songe qu'elle se révèle entre Etats de même
civilisation morale, et qui admettent les uns et les autres
des principes juridiques semblables ou du moins très
voisins sur la répression des coups et blessures volontaires et involontaires (4); elle peut aussi inquiéter au
point de vue du développement des sports, qui se manifeste notamment par des rencontres internationales :
celles-ci peuvent être entravées, empêchées même, par
de pareilles contradictions législatives ou jurisprudentiel-
les (5).

---

(1) Cour d'appel de Douai, 3 décembre 1912, Benoît Carpentier et Descamps
c. Baur et Roux (décision statuant au civil sur une question de validité de
contrat), *Le Droit* du 12 mars 1913 ; *Rec. Gaz. Trib.*, 1913. 2. 137; *Rec. Gaz.
Pal.*, 1913, 1er sem., 403, note anonyme; D. 1913.2.198, note anonyme; S. 1914.
2.217, note de M. Roux ; l'arrêt de Douai a également fait l'objet d'observations
critiques de M. Demogue, dans son examen doctrinal de jurisprudence criminelle de la *Rer. Crit.*, 1914-1915, p. 262 et suiv.

(2) Circulaire de M. Carton de Wiar., Ministre de la Justice de Belgique,
rapportée dans la *Rev. Pén.*, 1913, p. 1100, n° juillet-octobre ; la *Rev.*, sans
indiquer la date précise de cette circulaire se borne à dire qu'il s'agit d'un
document récent.

(3) Ainsi, prises à titre d'exemples, et parce que ces dispositions législatives
se placent sensiblement à la même époque que l'arrêt de Douai et la circulaire
Carton de Wiart, je cite dans le sens de la répression la législation de l'Etat
d'Oklahoma, lois revisées de 1910, sect. 2.567, et, dans le sens de l'autorisation
des combats publics de boxe, la législation de l'Etat de New-York, lois de 1911,
c. 779 (ces dispositions libérales ont été abrogées dans le même Etat par les
lois de 1917, c. 555).

(4) Comme l'observe M. Roux, dans sa note précitée au S., la divergence est
surtout frappante entre l'arrêt de Douai, et les conceptions du Ministre belge,
puisqu'il s'agit « de deux jurisprudences, prétendant appliquer les mêmes
textes, et dont l'une aperçoit, dans les combats de boxe, un délit de coups et
blessures, alors que l'autre en nie la possibilité ».

(5) Les Cours américaines ont eu précisément à régler des questions de
validité de contrats conclus entre boxeurs professionnels et leurs managers,
qui avaient été soulevées par la diversité des législations des différents Etats :
par exemple, la Cour d'Appel du Missouri s'est refusée à faire exécuter les
clauses d'un contrat relatif à un match passé entre un boxeur professionnel et

5. — La nécessité d'une solution juridique et précise sur le terrain pénal résulte encore plus clairement du fait que cette décision doit avoir une influence décisive sur le terrain du droit civil. Et d'abord tout fait illicite aux yeux de la loi pénale est illicite, et donc générateur de responsabilité, au point de vue civil. Surtout, tout contrat, qui a pour cause ou pour objet un fait pénalement réprimé est vicié d'une cause de nullité (art. 6, 1131 et 1133 du C. C.). Dès lors, si l'on considère comme tombant sous le coup des art. 309 à 311 C. P. les coups et blessures résultant de l'exercice des sports violents (lutte, boxe, foot-ball rugby), on devra considérer comme illicites ces sports eux-mêmes, dont le but même est de réaliser des infractions, et tous les contrats qui auront pour cause ou pour objet un de ces sports seront nuls; ce qui entraînerait la nullité des associations sportives formées pour l'exercice de ces sports (art. 3 de la loi du 1er juillet 1901); celle des contrats d'exhibitions et de matchs de boxe, de lutte ou de rugby, qu'ils interviennent entre professionnels et managers, entre amateurs, ou entre sociétés sportives; celle encore des achats ou des locations de terrains ou de salles pour la pratique de ces sports illicites; celle enfin des contrats intervenus entre professeur et élève pour leur enseignement. Moins encore que lorsqu'on se place sur le terrain strictement restreint du droit pénal, une situation de fait, un régime de tolérance ne peut être un argument pour faire estimer qu'il n'est pas utile d'aborder par ce côté le problème. C'est qu'en effet l'expérience de la pratique judiciaire montre que, tôt ou tard, mais toujours, il se rencontre des plaideurs qui, soit pour faire annuler un contrat, soit pour établir une responsabilité civile, invoquent des textes pénaux que le Ministère public laisse, par indifférence ou par système, dans l'oubli; et particulièrement en ce qui con-

---

un entrepreneur de spectacles de boxe ; le contrat avait été passé dans l'Etat de Missouri, où les combats publics de boxe sont contraires à l'ordre public et le « prize fight » considéré comme une félonie, mais le match prévu devait avoir lieu dans un autre Etat, Reisler v. Dempsey, 232, *Southwestern Reporter*, 229, sommaire à l'*American Digest. annotated*, Key Number Series Vol. 13A (1921) vis *Contracts*, n° 108 (2), et *Specific performance*, n° 55.

cerne les sports violents, c'est bien comme un moyen technique de faire prononcer l'annulation d'un contrat relatif à un match de boxe qu'on a vu, en France, des plaideurs demander à la Cour de Douai de proclamer le caractère illicite au point de vue de la loi pénale de ce sport, et des coups et blessures qui résultent de son exercice (1); c'est bien aussi sur le terrain de la validité ou de la nullité des contrats entre boxeurs professionnels et organisateurs d'exhibitions de boxe, que les Cours américaines ont eu à tenir compte soit des conceptions du droit commun, soit des dispositions du droit statutaire des divers Etats, relativement au caractère juridique en droit pénal des combats de boxe (2).

6. — La première question à résoudre peut donc ainsi se formuler : les coups portés et les blessures faites dans

---

(1) Dans l'affaire soumise à la Cour de Douai, Benoît Carpentier, père du boxeur Carpentier, alors mineur, et son manager Descamps s'étaient portés forts de faire disputer à Georges Carpentier trois combats de boxe à Paris dans un délai déterminé (du 1er octobre au 31 décembre 1911) pour le compte de Baur et de Roux. Comme le constate l'arrêt, « la notoriété de Georges Carpentier s'était considérablement accrue, depuis la signature de ce contrat »; aussi Descamps, après avoir traité avec d'autres entrepreneurs de spectacles de boxe, annonça à Baur et Roux qu' « il annulait d'office le contrat » passé avec eux. Baur et Roux, après de vaines sommations adressées à Benoît Carpentier et Descamps les assignèrent en dommages intérêts devant le Tribunal civil de Béthune ; les défendeurs (appelants en appel, après avoir été condamnés par jugement du 2 avril 1912) objectaient que « le contrat du 11 mai 1911 ne saurait avoir d'effet juridique, sa cause n'étant pas licite ». La Cour de Douai répond à l'objection, en proclamant, dans ses motifs, que « les coups échangés par des boxeurs dans un match... ne peuvent être assimilés aux coups prévus par le législateur dans les art. 309 et suiv. C. P. », et en décidant, dans le dispositif, que « Descamps et Benoît Carpentier sont responsables de l'inexécution du contrat, et que ce contrat n'est pas illicite ».

(2) Les difficultés, en matière contractuelle, dans les Etats de l'Amérique du Nord sont résultées soit de la différence des législations des divers Etats, les unes considérant comme licites, les autres réprimant les matchs publics de boxe (v. *supra*, p. 5, note 1), soit des changements législatifs survenus dans un même Etat : ainsi dans l'État de New-York, après le retour aux idées répressives marquées par le c. 555 des lois de 1917, la question de savoir si les stipulations d'un contrat d'exhibition de boxe passé sous l'empire de la législation libérale de 1911 restaient valables a été résolue affirmativement par la Cour Suprême de l'Etat de New-York, Reisler v. Dempsey, 173 N. Y. S. 212 ; sommaire à l'*American Digest annotated*, Key Number Series Vol. A (1917), vis *Contracts*, n° 105 et *Statutes*, n° 273. D'une façon générale, les civilistes anglo-américains, examinant la question du point de vue des « torts » s'appuient indifféremment sur des arrêts répressifs ou sur des arrêts civils, v. les auteurs cités *infra*, p. 218, note 2.

l'exercice régulier d'un sport violent (lutte, boxe, football rugby) doivent-ils être considérés comme des coups ou blessures volontaires, au sens des art .309 à 311 du C. P., ou bien doivent-ils être considérés comme des faits pleinement licites au regard de la législation pénale (1) ? S'ils sont en principe licites, et j'indique par avance que j'essaierai de l'établir, à quelles conditions le sont-ils ? Ce sont là les points essentiels, non seulement parce qu'ils concernent deux des sports les plus populaires (boxe et rugby), mais encore parce que des intérêts civils importants dépendent directement des solutions adoptées à leur égard. Mais ils n'épuisent pas tout le problème : il faut examiner ensuite s'il y a des cas où les lésions corporelles résultant de l'exercice des sports, et, cette fois, des sports en général, sports d'adresse, ou sports excluant l'idée de lutte, aussi bien que sports violents, peuvent constituer les homicides, coups et blessures involontaires prévus et punis par les art. 319 et 320 du C. P. (2). C'est là une question d'un moindre intérêt parce qu'il s'agit purement et simplement d'appliquer à un cas particulier les principes généraux sur la faute d'imprudence et de négligence; cependant l'étude des faits et des arrêts montre combien cette notion de faute d'imprudence offre en matière sportive un caractère intéressant ; de plus, et du point de vue de la jurisprudence française, le problème présente une importance pratique certaine : étant donné la théorie jurisprudentielle, aujourd'hui constante, de l'identité des fautes d'imprudence ou de négligence civile et pénale (3), combinée avec le principe d'autorité de la chose jugée au criminel sur le civil, établir les conditions de la respon-

---

(1) Je pose la question sur le terrain des textes du droit positif français, en observant qu'elle peut se formuler dans des termes identiques pour toutes les législations pénales, puisque toutes prévoient, sous des noms divers, les mêmes faits que ceux prévus par nos art. 309 à 311, c'est-à-dire les lésions corporelles volontaires.

(2) Même observation qu'à la note précédente, toutes les législations, sauf différences de leurs techniques, prévoyant, à côté des lésions volontaires, les lésions corporelles involontaires.

(3) Cf. les arrêts de principe du 18 décembre 1912 et 12 juin 1914, D. 1915. 1.17, et, pour l'arrêt de 1912, S. 1914.1.249, note Morel; *adde* chron.jud. de la *Rev. Pén.*, 1915, p. 509 et suiv.

sabilité pénale pour délit d'imprudence en matière sportive équivaut à établir en même temps les conditions
de la responsabilité pour quasi délit civil, lors même
qu'on prétendrait ne mettre en jeu cette responsabilité
que devant les tribunaux civils (1).

7. — Les problèmes, dont on se propose l'étude, ont
été envisagés notamment par la doctrine et la jurisprudence anglo-américaines (2), par les doctrines italienne
et allemande (3); la doctrine française les a au contraire
négligés jusqu'au moment où l'arrêt de Douai du 3 décembre 1912 lui en a révélé les intérêts (4), si bien que
les dissertations sous cet arrêt constituent l'essentiel de

---

(1) En fait les recueils judiciaires donnent l'impression que les affaires suivies
uniquement au civil sont plus nombreuses que les affaires portées devant les
tribunaux répressifs soit par le ministère public, soit par l'intervention de la
partie civile.

(2) Soit au point de vue de la responsabilité pénale, soit au point de vue de
la responsabilité civile, les deux questions étant étroitement liées par les
auteurs et par les arrêts, v. pour le droit anglais, Kenny, *Esquisse du droit
criminel anglais*, tr. par Paulian, d'après la neuvième éd., Paris, Giard, 1921,
p. 139 à 141; Pollock, *The law of Torts*, onzième éd., Londres, Stevens, 1920;
p. 160 à 164; Clerk et Lindsell, *The law of Torts*, septième éd. par Wyatt-
Paine. Londres, Sweet et Maxwell. 1921, p. 192 et 193; pour le droit des Etats-
Unis, May, *The Law of Crimes*, troisième éd. par Bigelow, Boston, 1905, p. 23
et 24 (*effect of consent*) et 230 (*accident in the Course of a Game*); Burdick,
The Law of Torts, troisième édition, Albany, 1913, nᵒˢ 83 et suiv. *Adde* Gérard,
Les « Torts » ou délits civils en Droit anglais, thèse de Rennes, 1910. Pour la
jurisprudence anglo-américaine, on notera qu'outre les arrêts cités par ces
auteurs, les reports anglais, et surtout américains offrent des références abon-
dantes, sous le nom même des divers sports pratiqués en Angleterre et aux
Etats-Unis.

(3) Pour la doctrine italienne la question est placée dans le problème d'ensemble auquel elle se rattache, dans l'étude d'Arturo Rocco, dans la *Rivista
pénale* de 1913 « *Illecito et lecito giuridico nel diritto penale* » p. 145 et suiv., et
281 et suiv., et notamment p. 296. — Pour la doctrine allemande, v. Von Listz,
Traité de Droit pénal allemand, traduit sur la dix-septième éd. allemande par
Lobstein, Paris, Giard, 1911, T. I. p. 226 à 228, notamment p. 227; et Ernst
Karding, *Straflose vorsatzliche Korperverletzungen bei Bewegungspielen*. (L'impunité des lésions corporelles volontaires dans l'exercice des sports violents),
dissertation inaugurale pour le doctorat de l'Université de Leipzig, 1902.

(4) Ainsi ni le *Code pénal annoté* de Garçon (dont le deuxième fascicule qui
comporte le commentaire des art. 309 à 311 a paru en 1904), ni le *Traité théorique et pratique de Droit Pénal*, de R. Garraud, deuxième éd. (le T. IV de cette
édition qui traite des coups et blessures volontaires est de 1900; le T. V. de la
troisième édition en cours, dans lequel cette même matière est reportée, n'est
pas encore paru à la date d'août 1924) ne traitent pas la question.

la littérature juridique française sur la matière (1); d'ailleurs cette doctrine a traité le sujet sans ampleur, se bornant d'abord à envisager la question du caractère licite ou illicite des coups et blessures dans l'exercice des sports violents, du seul point de vue de la boxe, rattachant ensuite d'une façon erronée et presqu'exclusive l'examen de cette étroite question au problème de l'influence du consentement de la victime sur la responsabilité pénale (2). Je crois qu'il faut attribuer l'insuffisance de notre littérature juridique sur ce point à une cause générale : les lacunes et les défauts de notre conception législative, et la médiocrité de notre doctrine, en ce qui concerne les principes d'ensemble sur l'élément injuste dans l'infraction et sur les faits justificatifs (3).

8. — J'étudierai la question de savoir si les coups portés et les blessures faites dans l'exercice d'un sport violent tombent sous le coup des art. 309 à 311 du C. P., du point de vue traditionnel de la doctrine française, c'est-à-dire en examinant si l'on trouve ou non réunis dans ces faits les quatre éléments de toute infraction, élément légal, élément matériel, élément moral et élément injuste, tels qu'ils sont prévus soit par les art. visés (légalité, matérialité, moralité), soit par les textes et principes généraux du droit pénal (élément injuste). Je me réserve seulement d'expliquer plus loin l'apparent défaut de méthode qui me fera commencer par l'examen de la question quant aux éléments matériel et moral, en laissant provisoirement de côté son étude en ce qui concerne

---

(1) C'est pourquoi il suffit d'ajouter aux commentaires de l'arrêt précités, Degois, *Traité élémentaire de Droit criminel*, deuxième édit. 1922, p. 142, n° 208, et Roux, *Cours de Droit Pénal et de Procédure Pénale*, 1920, n° 147, p. 147 à 149, notamment p. 148. Les dernières éditions du *Précis du Droit criminel* de R. Garraud (treizième édit. 1921) et du *Cours de Droit criminel* de Vidal et Magnol (sixième édit. 1921), n'examinent pas la question).

(2) Cf. spécialement sur ce vice de méthode, Degois, et **Roux**, *op.* et *loc.* cités à la note précédente. Une vue un peu plus générale de la question se rencontre dans la note de M. Roux au S., précitée.

(3) J'ajoute que la doctrine la plus récente s'efforce de s'élever à une conception à la fois plus compréhensive et plus scientifique de la théorie des faits justificatifs, v. par ex. R. Garraud, *Traité*, 3e éd., T. II, n°s 457 et suiv., Garçon, *Code Pénal annoté*, art. 64, n°s 131 et suiv., et Degois, *op. cit.*, n° 181.

l'élément légal, dont je discuterai l'existence ou l'absence en même temps que celle de l'élément injuste.

9. — Il est nécessaire de remarquer que, si l'on parvient à établir et à justifier l'impunité des blessures faites dans l'exercice des sports violents, la portée juridique et pratique de cette solution pourra être très différente, suivant les motifs qui l'appuieront. Si l'on considère que les lésions sportives doivent leur impunité au défaut d'intention de leurs auteurs (absence d'élément moral), ces coups et ces blessures ne sont pas à proprement parler des faits licites, mais des faits tantôt punissables et donc illicites, tant au point de vue civil qu'au point de vue pénal, tantôt impunis, selon l'état d'esprit de leurs auteurs, et par conséquent suivant les circonstances de chaque espèce. Est-ce l'élément matériel ou l'élément légal des art. 309 à 311 qu'on estime manquer ? Les coups et blessures sportifs seront bien des faits objectivement et toujours illicites sur le terrain du droit pénal, mais alors se posera la question de savoir s'ils sont licites au point de vue civil : c'est qu'en effet le domaine des faits pénalement licites, et des faits licites au regard de la loi civile ne coïncident pas, si bien qu'un fait pénalement licite peut être civilement sanctionné. Au contraire, si l'on pense que l'impunité des lésions corporelles, produites par l'exercice des sports violents, résulte du fait qu'elles ne sont pas « injustes », ces lésions corporelles, bénéficiant d'une cause de justification, ne pourront en aucune manière être considérées comme illicites au point de vue civil : le fait justificatif suppose en effet un ordre ou tout au moins une permission de la loi, et une permission qui autorise à enfreindre exceptionnellement un texte répressif, c'est-à-dire un texte assorti de la sanction juridique la plus énergique, il est par suite exclusif de toute responsabilité civile et de tout caractère illicite au point de vue civil (1).

____

(1) Je me rallie en effet à la doctrine qu'on peut considérer comme traditionnelle et comme consacrée par la juriprudence qui distingue nettement les faits justificatifs, et les simples causes de non-culpabilité, au point de vue notamment de leurs effets civils (par ex. R. Garraud, *op. cit*, 3ᵉ éd., T. II, n° 434, p. 3 et 4, Degois, *op. cit.*, n° 209 et 210, p. 143, Roux, *op. cit.*, n° 154 p. 160).

10. — Un premier point me semble incontestable : dans tous les coups, et dans toutes les blessures qui résultent de l'exercice des sports violents, l'élément matériel des crimes et des délits prévus par les art. 309 à 311 se rencontre (1). L'art. 309 emploie la formule « coups et blessures, violences et voies de fait », c'est là une formule extrêmement large et l'on sait d'ailleurs qu'une évolution jurisprudentielle qui se poursuit encore s'est efforcée de rendre la notion de « coups et blessures, violences et voies de fait » à la fois plus compréhensive et moins matérielle (2); c'est en outre un principe de cette jurisprudence qu'il importe peu au point de vue de l'incrimination que le résultat prévu par la loi ait été obtenu directement et immédiatement ou indirectement et médiatement (3): ainsi constitue *matériellement* l'infraction prévue par l'art. 309, non seulement le fait pour un joueur de foot-ball rugby de fracturer d'un violent coup de pied la jambe d'un adversaire, mais aussi le fait de le « plaquer » si brutalement que la chute qui résulte de ce « plaquage » entraîne une entorse. On peut même dire qu'étant donné le caractère compréhensif de la jurisprudence, tous les gestes des deux adversaires d'un match de lutte ou de boxe tombent matériellement sous le coup des art. 309 à 311. Aussi je ne juge pas à propos d'insister sur certaines théories allemandes imaginées à propos des soins médicaux et des interventions chirurgicales, mais de nature à être transposées dans le domaine des sports violents : je signale

---

(1) La constatation paraît si évidente que les commentateurs de l'arrêt de la Cour de Douai n'ont pas jugé bon de relever ce point, v. cependant la note anoyme au D. précitée. On observera que la jurisprudence anglo-américaine est très ferme sur ce point que les blessures sportives, dans les cas où elles ne sont pas licites, rentrent dans la conception *matérielle* des dispositions de common law, ou des dispositions statutaires réprimant les lésions corporelles (assault, félonie, etc...), v. les auteurs précités, et *adde* aux décisions qu'ils rapportent, pour la jurisprudence américaine, Cour suprême de New-York, Fitzsimons v. New-York State Athletic Commission, 1914, 146 N. Y. S. 117, décision confirmée 147, N. Y. S. 1111, sommaire au vol. 18 de la deuxième édition décennale de l'*American Digest.* v° *prize fighting*, n° 1.

(2) Evolution confirmée dans ses premières manifestations, et encouragée par la revision de 1863 qui a incriminé les simples « violences et voies de fait » à côté des coups et blessures, seuls visés par le Code pénal primitif. Sur cette évolution cf. Garçon, *op. cit.*, art. 309 à 311, n°s 9 et suiv.

(3) Cf. notamment Cass. crim. 15 juillet 1882 (D. 83. I. 45).

seulement celle qui, avec des formules diverses selon les auteurs, considère qu'objectivement le traitement médico-chirurgical (ici la culture physique, le développement corporel par le sport), poursuivant comme but essentiel une amélioration physique, est quelque chose d'autre que le dommage à la santé, le mauvais traitement (la *Behandlungstheorie* de Stoos) (1). Une grande partie des motifs de l'arrêt de la Cour de Douai traduit également une certaine répugnance à assimiler au point de vue matériel les violences sportives et les coups et blessures prévus par le C. P.; bien mieux l'idée du but de culture physique exclusif de l'élément matériel apparaît même dans cette décision (2).

11. — Dans les coups et blessures résultant de l'exercice des sports violents se rencontre, aussi bien que l'élément matériel, l'élément moral prévu par les art. 309 à 311. La Cour de Douai affirme cependant que ces violences diffèrent de celles prévues par le Code pénal et restent licites, parce que, en ce qui concerne les coups et blessures réprimés par les art. 309 et suiv., leurs auteurs obéissent à un « sentiment de haine, ou à un mouvement de colère », qui reste étranger aux boxeurs, dont « les coups n'ont d'autre but que de faire valoir leur adresse ». Du seul point de vue psychologique, le raisonnement de la Cour de Douai est à tout le moins développé en termes beaucoup trop généraux : un boxeur professionnel, luttant pour un grand championnat

---

(1) Sur ces théories v. Von Listz, *op. cit.*, p. 227, note 4, I; et surtout, pour l'exposé et la critique des divers systèmes qui pourraient être transposés du domaine des lésions chirurgicales à celui des lésions sportives, Karding, *op. cit.*, ch. I, p. 12 à 25; et Ottorino Vannini, *Della massima « Volenti non fit injuria » nel diritto penale, Rivista penale*, 1916, p. 279 et suiv., à la p. 285, texte et note 2.

(2) « La boxe n'a *en soi* rien d'immoral, ni d'illicite : elle est au contraire..., une manifestation de la force, de la souplesse et de l'endurance de ceux qui s'y livrent »... « attendu qu'à la différence des coups punis par le Code pénal... les coups que portent les *boxeurs n'ont d'autre but* que de faire valoir leur adresse dans l'attaque et dans la défense »... « que les boxeurs... cherchent avant tout par un jeu correct à réduire leur adversaire à l'impuissance et cessent de le presser dès que celui-ci s'avoue vaincu »... « que ces professionnels... se disqualifieraient s'ils se frappaient dans certaines parties du corps et usaient de procédés interdits ».

ou pour un enjeu important, sera bien souvent animé d'une véritable haine contre son adversaire, sans que cela l'empêche d'ailleurs de lutter loyalement; et la brutalité presque sauvage de certaines parties de football rugby permet de penser que de pareils sentiments ne restent pas toujours l'apanage des « professionnels », mais peuvent se rencontrer même chez des « amateurs ». Surtout l'affirmation de la Cour de Douai constitue une interprétation juridiquement insoutenable et certainement erronée des art. 309 à 311, en ce qui concerne la définition de l'élément moral des infractions qu'ils répriment. La doctrine s'accorde assez généralement (1) à penser que la loi, en employant l'expression « coups et blessures *volontaires* », a voulu surtout opposer les infractions qu'elle définit dans les art. 309 à 311 aux « blessures et coups involontaires », qu'elle prévoit dans les art. 319 et 320, et qu'en réalité l'épithète volontaire signifie simplement que l'élément moral s'y analyse dans le dol simple, la volonté de commettre le fait en tant qu'acte illicite, c'est-à-dire prévu et puni par la loi, sans qu'il y ait à tenir compte ni des mobiles, ni du but de l'agent. D'importantes décisions judiciaires, et notamment dans des matières bien voisines de celle qui est étudiée, ont appliqué ces principes : ainsi toute la jurisprudence qui réprime les coups et blessures portés en duel, en dépit des mobiles de leurs auteurs (2); ainsi le jugement du Tribunal Correctionnel de Lyon du 15 décembre 1859, qui a appliqué l'art. 311 à un interne et un médecin, coupables d'avoir inoculé à un malade une maladie contagieuse dans un but d'expérimentation scientifique (3). Or il est incontestable qu'un boxeur, en portant un coup

---

(1) Cependant Garçon, *op. cit.*, art. 309 à 311, nos 57 et suiv., soutient que ces textes exigent un *dolus specialis;* mais, à bien l'examiner, sa théorie, si on tient compte qu'il admet l'idée que l'agent doit être tenu de son dol éventuel (*ib.*, nos 65 et suiv.), ne m'a pas semblé devoir entraîner des conséquences pratiques relativement au problème étudié. Il faut aussi isoler dans la doctrine les affirmations inexactes de Chauveau et Faustin Hélie, sur lesquelles je m'explique au texte.

(2) Cass., Chambres réunies, 15 décembre 1837, cons. rapp. Bérenger, réq. Dupin, S. 38. 1. 5, et les nombreux arrêts des Chambres réunies et de la Chambre Criminelle qui ont suivi (cf. Garçon, art. 295, n° 171).

(3) D. 59.3.87.

de poing, un joueur de foot-ball, en « plaquant » son adversaire, savent, ou du moins sont censés savoir par application de l'adage *nemo censetur*, qu'ils accomplissent un acte de violence prévu et puni par un texte répressif. Il est utile de faire remarquer que les auteurs mêmes qui admettent que l'élément moral dans les coups et blessures comporte un *dolus specialis* et ceux notamment qui précisent que les art. 309 à 311 exigent non seulement la possibilité de prévision, mais la volonté du résultat, sont d'accord — le texte des art. 309 à 311 l'impose — pour affirmer que l'auteur doit être tenu de son dol éventuel : « dès que l'acte initial est intentionnel, c'est-à-dire que les violences ont été commises avec la connaissance qu'il en résulterait un préjudice quelconque, l'agent est responsable non seulement des conséquences qu'il a prévues et par conséquent voulues, mais de toutes celles qui peuvent se produire. Celui qui a frappé, sachant commettre l'action défendue par la loi, voit sa peine aggravée si la victime a été gravement blessée ou frappée d'une infirmité permanente, ou enfin vient à mourir, sans qu'il soit nécessaire de prouver qu'il a eu l'intention spéciale de causer ces résultats; bien plus, alors même qu'il serait établi qu'il n'avait pas cette intention » (1): ainsi le joueur de football qui a renversé son adversaire avec une telle violence que celui-ci, victime d'une grave fracture, a été immobilisé plus de vingt jours, réalise certainement dans ses éléments matématériel et intentionnel, non pas l'infraction prévue par l'art .311, mais bien celle punie par l'art. 309, 1er alinéa. Ces considérations justifient les critiques à peu près unanimes adressées à l'arrêt de Douai, au sujet de son raisonnement relatif à l'élément moral (2): je crois que l'explication de son erreur juridique se trouve dans une

---

(1) Garçon, *op. cit.*, art. 309 à 311, n° 65 et 94 et suiv. *Adde* les observations faites au point de vue de la signification des textes correspondants du droit pénal belge quant à l'élément moral dans les violences sportives, l'analyse de la circulaire Carton de Wiart, *Rev. Pén.*, 1913, *loc. cit.*

(2) V. particulièrement Roux, note au S. 1014, **2,217**, col. 1 et 2, et les notes anonymes précitées au D. et dans le *Rec. Gaz. Pal.* sous l'arrêt de Douai. D'après l'analyse donnée par la *Rev. Pén.*, la circulaire Carton de Wiart prend soin d'observer que les violences sportives sont marquées de la « volonté coupable » exigée par les art. 398 et suiv. du C. P. belge.

double influence : influence d'une tradition jurisprudentielle qui essaye de justifier l'impunité des corrections corporelles infligées par les parents et instituteurs aux enfants et élèves, en soutenant que l'intention des art. 309 à 311 consiste dans l'intention « méchante » (1); influence doctrinale d'auteurs isolés, mais ayant exercé une action essentielle sur la formation de notre jurisprudence répressive, Chauveau et Faustin Hélie, qui, pour écarter la répression, soit à l'égard du duel, soit à l'égard des corrections corporelles, soutiennent la même théorie (2).

12. — Il reste à examiner si les violences sportives comportent ou non un élément légal et un élément injuste rentrant dans les termes des art. 309 à 311. Pour cet examen, je dois préciser ma conception de ces deux éléments généraux de l'infraction; besogne nécessaire, puisque les théories les plus variées s'affrontent sur cette question (3). Une action ou une inaction humaine est pénalement licite dans deux cas : ou bien elle n'est contraire à *aucune règle légale pénalement sanctionnée*, (*légalité directe, absence d'élément légal*, c'est-à-dire inexistence d'un texte pénal prohibitif); ou bien, *contraire* à une règle légale pénalement sanctionné, elle est cependant *conforme à une règle juridique*, qui, à titre exceptionnel, commande ou permet l'acte habituellement défendu par la règle pénale (*légalité indirecte, absence d'élément injuste* et bénéfice d'une cause de justification). Cette notion du caractère pénalement licite ou illicite de l'acte humain concerne l'existence même du concept du délit, et non pas l'aspect des éléments divers dont se compose chaque délit; elle est ainsi très différente des deux notions de l'élément matériel et de l'élément moral : cependant, à condition d'associer l'examen

---

(1) V. par ex. Pau, 25 mars 1899, S. 99.2.165.

(2) Chauveau et Faustin Hélie, *Théorie de Code Pénal*, 5ᵉ éd., nᵒˢ 1238 et suiv., 1246 et suiv., 1354. Dans le même sens Faustin Hélie et Depeiges, *Pratique criminelle des Cours et Tribunaux*, 2ᵉ éd. nᵒˢ 638, et 675 ; *Rép.* D., *Sup.*, vᵒ Crimes et délits contre les personnes, nᵒ 190. L'absence d'intention a été invoquée également par certains auteurs allemands, pour justifier l'impunité des opérations chirurgicales, v. Von Liszt, *op. cit.*, p. 227, note 4, 1.

(3) V. sur la question dans son ensemble l'étude d'Arturo Rocco, précitée.

relatif à la légalité et celui relatif à l'injustice, je ne vois pas d'inconvénient pratique à conserver la terminologie et la technique traditionnelles qui admettent la nécessité, comme condition d'existence de chaque délit, de la réunior des quatre éléments légal, matériel, moral, injuste. Encore faut-il préciser ce qu'on entend par l'absence d'élément injuste, car l'expression est amphibologique (1) : il ne suffit pas, pour affirmer dans une action humaine l'absence d'élément injuste, de constater sa conformité soit au sentiment d'une justice absolue et isolée des textes législatifs, soit aux nécessités et aux buts de la vie sociale; il faut — mais cela suffit — constater sa conformité à un texte légal, ordonnant ou permettant, explicitement ou implicitement, l'accomplissement, dans un cas particulier, d'un acte normalement prohibé par une norme pénale. Il est logique que l'injustice d'un acte ne puisse disparaître que par sa conformité avec la loi, puisque le droit moderne, *pour éviter tout arbitraire,* considère la loi comme source unique du droit pénal; d'ailleurs toutes les législations qui contiennent une formule plus ou moins générale à ce sujet désignent comme fait justificatif « l'ordre ou la permission de *la loi* » (2). En réalité l'existence d'un ordre (devoir) ou d'une permission (droit) de la loi autorisant exceptionnellement à accomplir un acte normalement défendu, et sacrifiant ainsi dans un cas particulier les intérêts subjectifs ordinairement protégés par la règle pénale, s'explique le plus souvent par le caractère de cet acte conforme à des intérêts sociaux supérieurs aux intérêts individuels qui vont être lésés : la loi qui autorise à enfreindre une norme répressive constitue presque toujours l'expression législative de la justice intrinsèque ou du caractère social du but poursuivi par l'agent. Mais il faut affirmer qu'en l'absence d'un texte de cette sorte, aucun acte, contraire à une norme pénale, si juste, ou si conforme aux néces-

---

(1) Une expression meilleure, si elle ne constituait un barbarisme, serait « antijuridicité », qui correspond au terme allemand « Rechtswidrigkeit », et qu'emploie d'ailleurs Rocco, *op.* et *loc. cit.*

(2) Ainsi le C. P. français, art. 327 ; le C. P. italien, art. 49 : « n'est pas punissable l'individu qui a commis l'infraction... 1° en vertu d'une disposition de la loi... »

sités sociales qu'il puisse apparaître, ne peut être déclaré licite (1). Les inconvénients qui pourraient résulter d'une pareille situation sont d'autant moins à redouter que l'ordre ou la permission de la loi peuvent résulter de textes civils ou administratifs, comme de textes répressifs, et que ce fait justificatif peut être exprimé simplement sous une forme implicite : toutes les fois notamment qu'une loi autorise et organise une profession, une institution sociale, dont l'exercice comporte *nécessairement* l'accomplissement d'actes normalement prohibés par une. règle pénale, on doit considérer que cette loi rend par là-même exceptionnellement illicite la réalisation de ces actes. Ici encore la raison ne saurait admettre une autre solution : les diverses parties de la législation ne peuvent s'isoler, elles ont toutes le même but, l'organisation harmonique des rapports sociaux, on ne peut supposer un conflit entre elles, et lorsqu'en apparence il s'en élève un, il doit être résolu au profit de la branche de législation écartant l'application de la norme qui, de sa nature, a le caractère le plus exceptionnel, c'est-à-dire de la norme pénale; du reste, les diverses législations, soit par leurs textes généraux (2), soit par leurs textes spéciaux (3), fondent les causes de justification sur l'ordre ou la permission, explicite ou implicite, directe ou indirecte, de lois civiles ou administratives, comme de lois pénales. Les conceptions générales que je viens de rappeler sont d'ailleurs celles qui ressortent, sauf encore beaucoup de contradictions, de confusion, et d'empirisme, résultant des lacunes législatives, d'une partie de notre doctrine (4), et de notre juris-

---

(1) Une application jurisprudentielle remarquable de cette idée me paraît résulter de la décision solennelle du Reichsgericht du 6 mars 1883, déclarant que le combat à la rapière des étudiants allemands constituait un duel coupable au sens des textes réprimant le duel dans le C. P. Allemand. Et cependant, qu'il s'agisse bien là d'une pratique conforme aux croyances sociales de l'Allemagne et aux buts sociaux que se propose l'éducation germanique, la guerre s'est chargée de le démontrer.

(2) *Supra*, p. 227 texte et note 2.

(3) V. sur ce point Rocco, *op.* et *loc. cit.*, l'auteur procède pour établir ce point à une énumération de dispositions de la législation italienne, dont on établirait facilement l'équivalent dans chaque législation.

(4) V. R. Garraud, *Traité*, T. II ; 3ᵉ éd., nᵒˢ 457 et suiv. ; Garçon, *op. cit.*, art. 64, nᵒ 152; Degois, *op. cit.*, nᵒˢ 36 et 181 ; Roux, *op. cit.*, nᵒˢ 64, 65, 147. Cepen-

prudence (1); c'est sur elles notamment que doctrine et jurisprudence s'appuient de plus en plus pour expliquer l'impunité des traitements médicaux ou des interventions chirurgicales, et celle des corrections manuelles infligées aux enfants par les pères et instituteurs.

13. — Incontestablement, si les violences sportives sont licites, ce n'est pas par absence d'élément légal, c'est-à-dire par inexistence d'un texte les défendant sous menace d'une peine. Notre législation — et toutes les législations contiennent des dispositions analogues — réprime par le texte aussi compréhensif que possible des art. 309 à 311 les coups et blessures, violences et voies de fait; l'*espèce* violences sportives rentre certainement, on l'a montré, au point de vue matériel, dans *le genre* coups et blessures, violences et voies de fait, légalement prévu et prohibé par les art. 309 à 311; les coups et blessures résultant de l'exercice des sports violents constituent donc une violation de ces textes et contiennent ainsi l'élément légal des infractions par eux prévus : ils sont par suite *directement anti-légaux*. Et cependant la Cour de Douai, dans une formule qui laisse plutôt pressentir son opinion qu'elle ne l'exprime, et en mêlant d'ailleurs étroitement dans son raisonnement les considérations relatives à

---

dant plusieurs formules de R. Garraud (n° 457) et Roux (n°s 64 et 133) paraissent exprimer l'idée qu'une cause de justification peut résulter d'un principe tacite, c'est-à-dire non exprimé dans aucune loi, de l'ordre juridique.

(1) Cf. les formules remarquables d'arrêts de principe anciens rendus à propos de mutilations volontaires en vue d'échapper au service militaire : Cass. Crim., 13 août 1813 : « considérant que, d'après les art. 327, 328 et 329 précités C. P., les blessures faites volontairement ne sont réputées n'être ni crime ni délit que lorsqu'elles ont été commandées soit par l'autorité légitime, d'après l'ordre de la loi, soit par la nécessité de la légitime défense de soi-même ou d'autrui, que, hors ce cas et *ceux où la loi les autorise, à raison d'une utilité par elle reconnue*, les blessures volontaires sont crime ou délit, suivant les circonstances déterminées par les art. 309 et suiv. C. P... »; Cass. Crim., 2 juillet 1835 : « attendu qu'*aucun texte légal* n'autorise à regarder des blessures portées du consentement du blessé comme échappant à l'action de la loi pénale » ; ces arrêts sont rapportés au *Rép. D.*, v° *Crimes et délits contre les personnes*, n°s 155, 1° et 2°, et 157. Rap. les formules du jugement du Tr. Corr. de Lyon, 15 décembre 1859, précité; pour justifier les corrections manuelles des parents, un arrêt de Cass. Crim. du 17 décembre 1810 emploie les expressions suivantes : « la nature et *les lois civiles* donnent aux pères et mères sur leurs enfants une autorité de correction », *Rép., D., Crimes et délits contre les personnes*, n° 160.

l'inexistence de l'élément matériel à celles relatives à l'absence de l'élément légal, déclare que « les coups échangés par des boxeurs dans un match ne peuvent pas... être assimilés aux coups prévus par le législateur dans les art. 309 et suiv. C. P. »; cela revient à dire que les violences sportives ne sauraient être considérées comme une simple espèce du genre coups et blessures, et que l'absence d'un texte prévoyant spécialement ces violences d'une nature particulière équivaut à l'absence d'élément légal et par là rend ces blessures directement légales; argumentation inexacte, mais qui atteste les répugnances des Tribunaux à englober sous une même et trop large qualification des faits dont la nature leur semble différente : car l'arrêt de Douai doit être rapproché de la jurisprudence antérieure à 1837 sur le duel : cette jurisprudence, pour admettre l'impunité des homicides, et des coups et blessures commis en duel, se fondait notamment sur la différence entre ces faits et ceux prévus et réprimés par les art. 295, 309 à 311 C. P., et elle estimait que leur répression était légalement impossible en l'absence d'une disposition légale les prévoyant spécialement et formellement.

14. — Si les violences sportives, prohibées au point de vue légal, matériel, et moral par les art. 309 à 311, sont licites et doivent rester impunies, ce ne peut être que parce qu'elles manquent cependant de l'élément injuste et qu'elles constituent des coups et blessures *exceptionnellement permis par la loi, et par conséquent indirectement légaux*. L'absence d'élément injuste ne peut résulter que de l'ordre ou de la permission de la loi : je n'insiste pas dès lors sur les théories qui, plus ou moins explicitement, s'appuient simplement sur une idée de formation coutumière et de conformité à des croyances et des nécessités sociales, sans rechercher si elles ont été formulées dans des textes, pour reconnaître le caractère licite des violences sportives (1). Au contraire,

---

(1) C'est l'idée qui est développée dans toute la dissertation de Karding, précitée, et qui inspire certains passages de la note anonyme au D., sous l'arrêt de Douai ; une partie de la doctrine et de la jurisprudence française et étrangère s'appuie sur cette conception d'une formation coutumière pour admettre

et bien qu'ils soient inexacts, mais à cause de leur importance, j'expose et j'examine les systèmes qui font jouer, comme cause de justification des coups et blessures résultant de l'exercice des sports violents, le consentement de la victime.

15. — Cette idée que c'est le consentement de la victime qui rend licites les coups et blessures dans l'exercice des sports violents est exprimée dans la jurisprudence (1) et la doctrine (2) françaises; elle est surtout la base exclusive du système des arrêts et des auteurs anglo-américains relativement à l'attitude de la légis-

---

l'impunité des traitements médicaux et chirurgicaux (v. notamment Karding, qui souvent transpose purement et simplement les théories admises par certains auteurs allemands, en matière d'opérations chirurgicales, dans le domaine des sports); enfin on la voit apparaître dans les motifs de plusieurs des arrêts français qui justifient les corrections manuelles des parents et instituteurs, v. à ce point de vue les motifs des trois décisions (Cass. Crim., 18 janvier 1889, Tr. Cor. Seine, 1ᵉʳ mars 1886 et Tr. Pol. Amiens, 20 mars 1885) rapportées au *Rép. D. Sup.*, vᵒ *Crimes et délits contre les personnes*, nᵒ 191.

(1) Cour de Douai, 3 décembre 1912, précité, au moins implicitement ; je citerai ultérieurement les nombreux arrêts qui font jouer au consentement son véritable rôle.

(2) C'est l'opinion de M. Demogue à laquelle je veux faire allusion ; elle s'exprime par des formules qui ne vont pas sans offrir certaines contradictions et quelque obscurité : à propos de l'arrêt de Douai, *op. cit. loc. cit.* : « nous pensons qu'il faut surtout justifier l'arrêt de la Cour de Douai par l'idée de consentement de la personne lésée. Sans doute le consentement de la personne lésée ne justifie pas le meurtre... ni, en principe les coups et blessures. Mais il nous semble utile pour justifier les violences légères, ou même les coups lorsqu'ils se produisent dans certaines conditions, lorsque le but poursuivi est non pas purement et simplement le préjudice, mais un but sportif. Nous combinons ainsi les arguments donnés par la Cour de Douai avec la théorie du consentement de la victime. Nous ferons d'ailleurs remarquer que sur une question voisine, celle des opérations chirurgicales, ont tend à se placer sur un terrain analogue. Ici on reconnaît évidemment qu'il n'y a aucune intention mauvaise : mais on admet, en même temps, que le consentement de la personne opérée a une certaine importance, que le médecin doit l'obtenir si cela est matériellement et moralement possible » ; — à propos d'un jugement du Tribunal civil de Valence qui sera ultérieurement cité, dans la *Rev. Trim. de Droit civil* 1923, « nous dirions volontiers qu'il y a entre joueurs (de football rugby) une clause tacite de non-responsabilité pour des actes qui ailleurs seraient qualifiés fautes. Il y a plus qu'une acceptation des risques : on accepte de ne pas considérer certains actes comme fautifs. Il en serait de même dans la boxe, dans l'escrime. Ces actes deviennent non contraires à l'ordre public ». Sur ces dernières considérations, v. *infra*, nᵉ 21, p. 247, texte et note 1. — On rappelle que des auteurs français qui n'admettent pas que le consentement de la victime soit un fait justificatif traitent cependant la question des lésions sportives et les questions analogues à propos de l'influence du consentement.

lation pénale et civile à l'égard des sports (1). On ne
ne peut pas négliger en outre que cette conception du
consentement de la victime considéré comme fait justificatif a été soutenue dans les diverses doctrines et
jurisprudences à propos de problèmes très voisins de
celui des lésions sportives (2). Il est utile de préciser
d'abord ce qu'on entend par le consentement de la victime dans la question qui est étudiée ici : on veut en
réalité parler de l'acceptation de courir le risque sportif : cette acceptation aurait pour effet de faire disparaître
tout caractère pénalement et civilement illicite, lorsque
le risque se réalise sous forme d'une lésion corporelle.
Le boxeur, le joueur de football rugby ne consentent
nullement en réalité le premier à être frappé, le second
à être « plaqué » : mais ils acceptent cependant le risque de recevoir autant de coups, ou d'être « plaqué »
autant de fois que l'adversaire pourra y parvenir en res-
pectant les règles du jeu : c'est en ce sens que les coups
ou les « plaquages » sont consentis par la victime (3).
Cette précision donnée, j'indique les contours généraux
de système anglo-américain, non sans faire remarquer
que ces contours sont fuyants, et qu'il y a toujours
quelque danger d'erreur pour un juriste continental à

---

(1) V. les auteurs anglais et américains précités, et les arrêts qu'ils rapportent.

(2) Il suffit de renvoyer sur les diverses doctrines ou jurisprudences qui fondent totalement ou partiellement l'irresponsabilité des médecins et des chirurgiens sur le consentement du patient aux indications données par Garçon, *op.
cit.* art. 64, n° 126, et art. 309 à 311, n°s 80 et suiv. : von Liszt, *op. cit.*, p. 227 et
229 ; surtout Vannini, *op. cit.*. La jurisprudence antérieure à 1837 sur l'impunité du duel s'inspirait entre autres arguments de l'idée de consentement.

(3) V. La très fine analyse donnée par Pollock, *op. cit.*. p. 163 et 164 ; elle
est résumée dans Gérard, *op. cit.*, p. 95 et 96. V. aussi les nuances établies par
Burdick, *op. et loc. cit.*, entre trois notions « leave and license by Plaintiff »,
« volenti non fit injuria », « assumption of risk ». Dans le même sens toute
la jurisprudence anglo-américaine ; également les arrêts français, envisageant
l'acceptation des risques comme condition de l'absence de faute d'imprudence
ou de négligence, *infra*, n°s 20 et 21. On remarquera qu'ainsi le problème se
pose d'une manière originale vis-à-vis des lésions sportives, si on établit une
comparaison avec les situations voisines, à l'égard desquelles on examine
également le rôle joué par le consentement : s'agit-il de mutilations corporelles
qu'un individu se fait volontairement infliger par autrui, le consentement porte
directement sur la lésion ; s'agit-il d'une opération chirurgicale mutilante, le
consentement porte sur la lésion elle-même, mais aussi sur les suites éventuelles probables ou possibles de l'opération.

prétendre résumer et systématiser des conceptions juridiques anglo-saxones. Le consentement des joueurs rend licites (1), au point de vue pénal et civil, l'exercice des sports même violents (2), et par conséquent les lésions corporelles en résultant, par exemple des lésions susceptibles d'être qualifiées d'« assauts » (3). Mais le consentement est inopérant dans deux hypothèses (4): 1o on ne peut valablement consentir à supporter éventuellement un « mal corporel excessif équivalent par exemple à la mutilation » (5): dès lors l'homicide ou les coups et blessures résultant de l'exercice soit de sports en eux-mêmes particulièrement dangereux (6), soit surtout de l'exercice de sports en principe licites, mais pratiqués dans des conditions « dangereusement illégales », par exemple boxe à poings nus, ou même avec des gants trop légers, peut-être même match de boxe avec décision d'aller jusqu'au « knock-out » (7), restent générateurs de responsabilité pénale et civile, malgré le consentement de la victime; 2o le consentement ne rend pas licite une manifestation sportive, qui, par ses conditions d'exécution, constitue une infraction contre la paix publique, un « breach of the peace » : idée qui explique la répression par le droit commun anglais du « prize-

---

(1) Plus exactement, la nuance est intéressante quoique actuellement sans intérêt pratique, les lésions sportives sont « excusables » et non pas « justifiables », v. Kenny, *op. cit.*, sur ce point p. 137 et suiv., et sur la différence (historique) entre homicides justifiables et seulement excusables, p. 131 et suiv.

(2) « Boxe, lutte, foot-ball », Kenny, *op. cit.*, p. 139 et 140.

(3) Précision plusieurs fois donnée par Pollock, *op. cit.* et les autorités doctrinales et judiciaires par lui citées. Pour la définition de l'assault, v. Kenny, *op. cit.*, p. 192 et suiv.

(4) Cf. ici particulièrement Kenny, *op. cit.*, p. 139 à 141, et les diverses références données par Pollock, *op. cit.*, p. 160 à 163, notamment les opinions des juges Cave et Stephen dans Reg. v. Coney, L. R., 8 Q. B. D., 534.

(5) Kenny, *op. cit.*, p. 140. Un mal corporel grave constitue au point de vue pénal une félonie, *ib.*, p, 184 et suiv.

(6) C'est ainsi que Pollock se demande si le football rugby du moins avec ses règles anciennes (?) accordant aux joueurs le droit de frapper à coups de pied dans certaines circonstances est en lui-même légal, v. *op. cit.*, p. 162, note f.

(7) Sur cette question très délicate de la distinction de la boxe licite et illicite, cf. Kenny, *op. cit.*, p. 140 et les arrêts suivants : Reg. v. Young (1860) 10 Cox. C. C. 371; Reg. v. Bradshaw (1878) 14 Cox. C. 83; Reg. v. Orton (1878) 14 Cox. C. C. 226; Reg. v. Coney (1882) précité; *adde* Gérard, *op. cit.*, p. 98, note 45.

fighting » (1). Les principes qu'on vient d'exposer s'étendent du terrain de la responsabilité pénale à la responsabilité civile (2). On trouve même exprimée par certains auteurs anglais l'idée que l'acceptation du risque sportif, lorsqu'elle est efficace, aurait, en matière civile, une portée très grande en empêchant de poser la question d'imprudence ou de négligence : dans un assaut d'escrime, une lame se brise et va frapper un spectateur assistant volontairement au match : la question de responsabilité ne pourrait pas être soulevée (3). En résumé là théorie anglo-américaine fonde sur la valeur juridique limitée du consentement une double distinction entre sports licites au-dessous d'un certain degré de violence et sports violents illicites, et entre manifestations sportives contraires ou non contraires à la paix publique. S'expliquant par une conception probablement inexacte de la maxime romaine *volenti non fit injuria*, et par l'évolution d'une jurisprudence longtemps dominée par la distinction des délits publics et des délits privés, elle cadre en tout cas avec les procédés de formation coutumière du droit anglo-saxon : ce qui doit la faire critiquer, c'est sa complexité et sa subtilité. Au

---

(1) Sur le prize-fighting, v. Kenny, *op. cit.*, p. 141. note A ; c'est un combat de boxe fait en vue d'un enjeu, mais en outre dans des conditions particulièrement dangereuses et avec une publicité qui donne lieu à une réunion illégale : v. surtout, et spécialement en ce qui concerne une conception très large de la complicité en la matière (complicité par la simple présence sur le lieu du combat), Reg. v. Coney, précité (sur cet arrêt cf. Pollock. *op. cit.*, p. 162 et 163). Le droit commun aux Etats-Unis ne connaît pas la répression spéciale du prize-fighting, mais les auteurs et les arrêts américains (v. May, *op. cit.*, p. 19 et 20, et parmi les décisions citées p. 20, note I, les arrêts des Cours américaines) admettent la répression des manifestations sportives constituant des infractions contre la paix publique ; v. notamment l'arrêt de la Cour Suprême de l'Etat de New-York, précité p. 13, note 2, Fitzsimmons v. New-York State Athletic Commission (1914), qui déclare qu'en l'absence de dispositions de droit commun ou statutaire, des boxeurs prenant part à des matchs de cette sorte ont été condamnés pour assault, breach of peace ou riot (sur la définition du riot, cf. Kenny, *op. cit.*, p. 358 et suiv.). Du reste, pour les Etats-Unis, il faut tenir compte du mouvement législatif, qui, dans plusieurs Etats, a fait une infraction statutaire des matches publics de boxe avec enjeu, v. *supra* p. 5, texte et note 1.

(2) V. en ce sens Pollock, *op. cit.*, et Clerk et Lindsell, *op. cit.* Cependant Pollock signale les doutes exprimés sur l'extension des principes admis au pénal au domaine de la responsabilité civile par le juge Hawkins dans Reg. v. Coney, précité (v. Pollock, *op. cit.*, p. 163, note K).

(3) Cf. Pollock, *op. cit.*, p. 163 et 164 et Gérard, *op. cit.*, p. 96 et 97.

contraire, tous les systèmes continentaux, qui admettraient le consentement de la victime à jouer le rôle d'un fait justificatif vis-à-vis des blessures sportives, doivent être condamnés : il n'existe en effet aucune législation qui consacre par un texte formel ce rôle donné au consentement. Ainsi le veut d'ailleurs la logique (1) : la loi ne peut admettre que le consentement de la victime suffise à faire disparaître le caractère illicite de la violation d'un droit pénalement protégé, par conséquent protégé dans un intérêt social. Ce qui est vrai, et ce qui a longtemps faussé la position même du problème de consentement, c'est que, dans certaines hypothèses particulières, la loi subordonne la protection par une sanction pénale d'un bien privé, c'est-à-dire subordonne la qualification pénale, à la circonstance que l'intéressé n'ait pas valablement et consciemment renoncé à ce bien; mais alors l'absence de consentement devient *un élément matériel ou moral du délit* (ainsi le non consentement de la victime est un élément des attentats à la pudeur et des infractions contre la propriété). Rien de semblable en matière de lésions corporelles : celles-ci constituent des infractions, qu'elles aient été ou non consenties par la victime. Aussi comprend-on que la presqu'unanimité des doctrines et des jurisprudences continentales repoussent aujourd'hui cette notion du consentement considéré comme fait justificatif (2). Ce n'est pas à dire que le consentement de la victime soit, en matière de coups sportifs, sans jouer aucun rôle : mais ce rôle, remarquablement mis en lumière par les arrêts français, s'exerce sur le terrain de la faute d'imprudence ou de négligence; il sera ultérieurement expliqué.

---

(1) Sur l'ensemble du problème, v. l'article précité de Vannini.

(2) Cf., sur la question en général, les auteurs précédemment cités soit au n° 12, soit dans ce n°, p. 228, note 4 ; pour les arrêts de principe dans la jurisprudence française, *supra*, p. 224, note 2 (ces arrêts statuent sur des cas de mutilations corporelles effectuées sur la demande de la victime). En ce qui concerne plus spécialement la question au point de vue des sports, v. les dissertations sous l'arrêt précité de la Cour de Douai, notamment celle de M. Roux et celle du Rec. Dalloz, ainsi que les auteurs cités *supra*, p. 215, note 1 ; on exceptera M. Demorgue, cf. supra, p. 231, note 2. V. aussi circulaire Carton de Wiart, précitée.

16. — En réalité, le problème du caractère licite des coups et blessures résultant des sports violents se ramène à savoir si la législation contient des dispositions telles qu'on puisse indubitablement en inférer la reconnaissance de la valeur sociale de ces sports et par conséquent l'existence d'une autorisation légale de pouvoir s'y livrer sans encourir aucune sanction pénale, lors même que leur exercice entraînerait pour autrui des lésions corporelles. Un examen rapide de la législation française (1) permet d'abord d'affirmer que la loi reconnaît et organise, comme une institution socialement utile, les sports en général. Un texte du Code Civil, l'art. 1966, d'autant plus important qu'il est contemporain de la Codification, proclame le but social, légalement reconnu, des « jeux propres à exercer au fait des armes, des courses à pied ou à cheval, des courses de chariot, du jeu de paume et autres jeux de même nature qui tiennent à l'adresse et à l'exercice du corps », en affirmant le principe, dont il est superflu de souligner l'intérêt en ce qui concerne la démonstration qu'on a entreprise, qu'une règle générale et normale du droit civil (art. 1965 « la loi n'accorde aucune action pour une dette de jeu ou pour le payement d'un pari ») est exceptionnellement inapplicable en matière sportive, puisque les jeux ci-dessus spécifiés « sont exceptés de la disposition de l'art. 1965 ». A l'époque contemporaine, toute une série de textes législatifs ou réglementaires ont organisé l'instruction physique dans la nation et dans l'armée, la préparation militaire sanctionnée par des avantages en ce qui concerne le recrutement et même la durée du service, créé un Office National des Sports, et un Comité d'éducation physique et sportive dans l'enseignement au Ministère de l'Instruction Publique, et compris, dans l'organisation de plusieurs des gouvernements qui se sont succédé au pouvoir depuis

---

(1) On m'accordera facilement, en cette année même où presque toutes les nations civilisées ont délégué, la plupart officiellement, des représentants aux Jeux Olympiques, que l'étude faite de la législation française à une valeur démonstrative générale et qu'il pourrait être dressé son équivalent, au moins en ce qui concerne les traits essentiels, dans la plupart des législations étrangères.

quelques années, un parlementaire délégué comme « haut commissaire à l'éducation physique et aux sports ». Enfin je crois particulièrement significatif, étant donné les difficultés financières actuelles et l'esprit de fiscalité qui anime toute notre législation, qu'aient été établis (1) et maintenus (2), aux profits des manifestations sportives, des privilèges fiscaux (3), et ce, dans des conditions qui ne

---

(1) Loi de finances du 29 juin 1918, art. 36, et loi du 25 juin 1920, portant création de nouvelles ressources fiscales, art. 92 et 93. La première avait exempté de la taxe sur les spectacles, créée par l'art. 13 de la loi du 30 décembre 1916, « les associations sportives militaires ou scolaires appartenant à des fédérations reconnues d'utilité publique et poursuivant à l'exclusion de tout intérêt professionnel, un but d'éducation physique ou la préparation militaire..., à l'occasion des fêtes et réunions qu'elles organisent en vue de disputer des championnats ou de procéder à des épreuves publiques, à condition de justifier à l'Administration que les recettes réalisées sont intégralement affectées aux associations organisatrices ». La seconde remplace la loi de 1916 en frappant d'une taxe spéciale « les spectacles et autres attractions ou divertissements » suivant un tarif progressif par catégorie : dans la première (6 % des recettes) figure entres autres « tous autres spectacles, attractions, exhibitions, jeux et amusements assimilables » ; dans la seconde (10 %) les « courses vélocipédiques, pédestres, nautiques, matches d'escrime... » ; dans la quatrième (25 %) « les matches de lutte, courses de taureaux, tirs aux pigeons, combats de coqs. . » ; enfin les matches de boxe font l'objet d'une reglementation spéciale (25 % sur le prix des places supérieur à 20 fr., 10 % pour les places d'un prix inférieur). Mais la loi ajoute que la taxe ne s'applique pas aux représentations organisées au profit exclusif « ... 4° sur l'avis conforme de l'Office national des sports, des fédérations et des sociétés dont les recettes sont exclusivement réservées à leur propre fonctionnement, dans le but de contribuer au développement du sport, de l'éducation physique et de la préparation au service militaire... »

(2) Dans le projet gouvernemental qui est devenu la loi du 22 mars 1924 ayant pour objet la réalisation d'économies, la création de nouvelles ressources fiscales et diverses mesures d'ordre financier, il était prévu un article abrogeant les exemptions prévues par l'art. 93 de la loi de 1920, sous prétexte que ce texte constituait une source d'abus en ce qui concerne les établissements de bienfaisance et les sociétés de sport. Voté par le Sénat, ce texte fut supprimé par la Chambre et n'a trouvé aucune place dans la rédaction définitive, v. Ch. 2ᵉ séance du 21 mars, J. O. 22, p. 1402.

(3) On sait que, notamment à propos des textes susvisés en ce qui concerne leurs prévisions relatives aux courses de taureaux, on a soutenu que la taxation fiscale d'un fait délictueux le rendait désormais licite ; si l'on admet cette thèse, on dira en tout cas que les sports sont certainement licites puisque précisément la loi de 1920 frappe d'un taxe certaines de leurs manifestations ; mais, me ralliant entièrement aux décisions de la Cour de Cassation (pour les courses de taureaux, v. Cass. Crim, 8 avril 1922, S. 1922, 1. 393 et note Roux ; ch. réun., 13 juin 1923, D. 1923. 1. 119 ; *adde* en ce qui concerne les paris sur parties de billards, Tr. Cor. Seine, 6 juillet 1921, D. 1922. 2.171, et la vente de remèdes secrets, Tr. Cor. Seine, 17 novembre 1921 rapporté sous Paris. 24 février 1923, *Rec. Gaz. Trib.*, 1923. 2.312), je crois cette thèse inexacte particulièrement dans le domaine d'application de la loi de 1920, alors que le législateur, dans les travaux préparatoires, a formellement déclaré qu'il n'entendait

laissent aucun doute sur la volonté du législateur de marquer par eux, une fois de plus, sa reconnaissance de la valeur sociale des sports (1). La certitude qui se dégage de l'ensemble de ces textes, est l'existence d'une organisation légale des sports en général, considérés par la loi comme une institution socialement utile.

17. — Mais cette conception législative concerne-t-elle *tous les sports et même les sports violents*; vise-t-elle au contraire seulement les sports d'adresse et les sports exclusifs de toute idée de lutte, sports dont au surplus le caractère licite est certain ? Cette dernière discrimination, au point de vue pénal, entre deux catégories de sports, les uns licites, les autres tombant sous le coup de la loi pénale, est le résultat auquel aboutit, en fin de compte, la jurisprudence anglo-américaine (2); plus ou moins explicitement, et sans qu'on cherche d'ailleurs à la justifier sur le seul terrain solide, le terrain légal, elle est affirmée comme la véritable théorie juridique dans plusieurs des documents antérieurement cités (3). En réalité cette distinction, qui est d'une subtilité que révèle la jurisprudence anglo-américaine (4), est irrationnelle : les sports d'adresse et les sports de violence sont séparés par une frontière assez vague, si bien que, malgré leurs règles, certains sports d'adresse sont susceptibles de causer fréquemment des accidents

---

pas donner par la taxe un caractère licite à des faits pénalement prévus, v. D., lois annotées 1920, p. 345, col. 3, n° 24. Ce qui à mon sens est intéressant dans les lois précitées en ce qui concerne les sports, c'est le régime privilégié parmi les autres spectacles de certains spectacles sportifs.

(1) V. l'analyse des travaux préparatoires de l'art. 36 de la loi de 1918 au D., lois annotées p. 296, et des art. 02 et 03 de la loi de 1920 au D., lois annotées, p. 344 et suiv. Le législateur français a manifesté encore son sentiment à l'égard des sports en ouvrant au Ministère des affaires étrangères d'importants crédits pour l'organisation de la VIII* Olympiade (Jeux olympiques de 1924) par la loi du 21 juillet 1922.

(2) Sous réserve que les sports violents ne sont classés sports illicites que s'ils comportent une dose de violence et de danger assez élevée.

(3) Circulaire Carton de Wiart et note de M. Roux au S. sous l'arrêt de Douai.

(4) Rap. de la conception anglo-américaine, la conception analogue et aussi fuyante que se fait de la distinction entre sports particulièrement violents et illicites, et autres sports licites l'arrêtiste anonyme du D. sous l'arrêt de la Cour de Douai du 3 décembre 1912, *loc. cit.*

sérieux (1); surtout, et à condition que les joueurs ne versent pas dans une brutalité qui est d'ailleurs contraire au véritable esprit sportif, il faut constater que, parmi les jeux sportifs, ce sont les sports violents qui remplissent le mieux, précisément parce qu'ils exigent un plus grand effort, et qu'ils supposent de plus sérieux dangers, le rôle éducateur physique et même moral, à cause duquel on affirme le caractère social du sport. Du reste, et c'est là l'observation essentielle, la distinction proposée ne trouve, au moins en ce qui concerne la législation française, aucun appui dans la loi : ni l'art. 1966 du C. C., soit qu'on l'envisage dans son texte, qui vise globalement tous « les jeux qui tiennent à l'adresse et *à l'exercice* du corps », soit qu'on tienne compte de l'interprétation très large qu'en donne la doctrine la plus autorisée (2), ni les textes législatifs ou réglementaires qui consacrent une organisation sociale et administrative du sport, ne font aucune différence entre les sports violents et les autres; quant aux textes fiscaux, ils désignent nommément, parmi les sports qu'ils visent, la boxe et la lutte, et il n'y a aucune conséquence à tirer en faveur d'une attitude moins bienveillante de la loi, de cette circonstance qu'ils frappent les spectacles de boxe ou de lutte d'une taxe plus forte que celle dont sont frappés d'autres spectacles sportifs : les travaux préparatoires indiquent en effet que le législateur, notamment en ce qui concerne la boxe, s'est laissé uniquement guider, pour établir sa hiérarchie fiscale dans la loi de 1920, par des considérations relatives au rendement éventuel de la taxe des spectacles (3).

18. — Ainsi, on doit considérer que la législation admet la légalité des sports violents aussi bien que des autres.

---

(1) Par exemple le football association.

(2) Par exemple Frèrejouan du Saint, *Jeux et Paris*, n° 14, fait rentrer dans la règle établie par l'art. 1965 les paris faits à propos de matchs de boxe ou de parties de football.

(3) V. les travaux préparatoires de la loi de 1920 au D., lois annotées, 1920, p. 346 col. I, n° 26. On remarquera en outre que les Jeux Olympiques, subventionnés par la loi du 21 juillet 1922, comprennent dans leur programme des sports violents, lutte, boxe, football rugby.

Mais ne faut-il pas faire une réserve; la conception législative ne serait-elle pas différente suivant qu'il s'agit pour ces sports violents, de manifestations à esprit commercial et exécutées par des professionnels en tirant un bénéfice, lesquelles resteraient susceptibles de tomber sous le coup des textes ordinaires, et de manifestations désintéressées, pratiquées par des amateurs, lesquelles seraient pleinement licites ? A première vue une pareille distinction semble séduisante : les manifestations de professionnels, constituant une classe peu nombreuse, n'offrent pas d'intérêt général; ces spectacles sont souvent particulièrement brutaux et ils exercent un attrait incontestable sur les foules qui y sont attirées, non par véritable esprit sportif, mais par simple goût de la brutalité, si bien que cette curiosité peut avoir une influence néfaste au point de vue social, par la contagion qu'elle opère de mœurs de violence. On comprend, en présence de ces considérations, qu'ait été exprimé le souhait que la loi fasse pareille distinction (1); on s'explique également l'acte fédéral américain du 31 juillet 1912 prohibant l'importation aux Etats-Unis des représentations par l'image (« pictures »), et par conséquent notamment par le film cinématographique, des matchs publics de boxe (2). On a pu remarquer au surplus que des traces, à vrai dire assez faibles, de la différenciation proposée apparaissaient dans la législation et la jurisprudence en Angleterre et aux Etats-Unis (3). Elle n'est même pas totalement étrangère à notre jurisprudence sur

----

(1) V. la note de M. Roux au S. sous l'arrêt de Douai, *in fine*.

(2) Sur la signification juridique de cet acte fédéral, notamment au point de vue pénal, v. U. S. D. C. United States v. Johnston, 232, Federal Reporter, 970, sommaire à l'*American Digest annotated*, Key Number Series Vol. I A (1916) v^is *Conspiracy*, n° 43 (6), et *Commerce*, n°s 31, 55, 82.

(3) Il est en effet incontestable que la répression des sports violents, en Angleterre, soit par les principes ordinaires, soit comme prize fighting, dans certains Etats de l'Amérique du Nord, sous la forme des exhibitions publiques de boxe, est de nature à atteindre sinon dans le principe, mais du moins dans l'application pratique, surtout des manifestations professionnelles. Cependant il ne faut pas oublier que ce sont précisément ces nations qui accordent une importance sociale essentielle au sport professionnel, suivant une conception à laquelle en France nous avons toujours répugné, au moins vis-à-vis de certains sports comme le football.

le terrain civil (1). Cependant, en se plaçant uniquement au point de vue de l'intérêt social bien entendu, il importe de considérer la valeur d'exemple et de propagande des spectacles sportifs commerciaux et professionnels : c'est en partie par eux — grands matchs professionnels de boxe, tournées d'exhibitions de sociétés professionnelles étrangères de joueurs de football, — que le goût des sports s'est heureusement répandu en France dans toutes les classes sociales; c'est en partie à cause des exhibitions commerciales et professionnelles d'aviation que l'aviation a dû non seulement nombre de ses progrès techniques, mais encore de devenir peu à peu un mode de transport couramment employé (2). Et dès lors on doit approuver la législation française de ne pas admettre la distinction proposée par certains : il ne s'en rencontre aucune trace ni dans l'art. 1966 du C. C. (3), ni dans les textes établissant le statut légal des sports; seules les lois fiscales de 1918 et de 1920 sont précisément faites pour distinguer, au point de vue fiscal, les exhibitions commerciales et professionnelles, frappées d'une taxe,

---

(1) En ce sens qu'en ce qui concerne l'appréciation de la responsabilité, soit délictuelle, soit légale, certains arrêts marquent qu'ils admettent plus facilement la responsabilité quand il s'agit d'une manifestation sportive à esprit commercial, v. Cass. req. 16 janvier 1914, D. 1917.1.194; Paris 3 juillet 1912, *Rec. Gaz. Pal.*, 1913, 1er sem., 542.

(2) Il existe d'ailleurs des textes et des décisions judiciaire qui expriment formellement cette utilité sociale de favoriser notamment au point de vue fiscal et dans un but de propagande certaines manifestations sportives cependant professionnelles et commerciales, v. décret du 31 août 1023 fixant les conditions d'attributions de primes d'achat aux avions de propagande (baptêmes de l'air, raids, meetings, manifestations aéronautiques), J. O. du 13 septembre, et Trib. Civ. Seine, 11 octobre 1923, *Rec. Gaz. Trib.*, 1924. 2.185, déclarant la taxe sur les spectacles inapplicable aux promenades en avions dites « baptêmes de l'air ». Rap. Cass. crim., 19 avril 1923, *Rec. Gaz. Trib.*, 1923.1.256, où la cour suprême évite de se prononcer sur les limites de la distinction entre manifestations sportives commerciales et manifestations sportives désintéressées au sens de la loi de 1920.

(3) L'art. 1966 est si étranger à toute distinction entre manifestations professionnelles et manifestations d'amateurs qu'il a servi de première base juridique pour la réglementation du pari mutuel aux courses de chevaux, auxquelles prennent part presqu'uniquement des professionnels salariés pour les profits pécuniaires des propriétaires et éleveurs; l'exemple de la réglementation du jeu à l'occasion de ces courses est d'autant plus typique qu'en les favorisant au bénéfice de l'élevage national et aussi des œuvres charitables à qui vont les prélévements sur les paris, le législateur a fait bon marché d'un danger social sérieux, le développement de l'habitude du jeu.

des manifestations désintéressées d'amateurs, qui en sont
exemptes. Qu'en opérant cette distinction, la loi ait voulu
montrer qu'elle attribuait une valeur sociale particulière à l'amateurisme sportif, cela est incontestable (1).
Qu'on puisse tirer du système légal un argument sérieux en faveur de la discrimination entre manifestations
de sports violents commerciales et professionnelles, qui
seraient illicites, et manifestations désintéressées qui seraient licites, je le crois d'autant moins que la loi ne
vise pas spécialement les sports violents, mais frappe
d'une taxe les manifestations professionnelles et commerciales de tous les sports : cette attitude prouve que
le législateur s'est placé avant tout au point de vue fiscal,
sauf à l'atténuer en faveur de l'amateurisme, mais de
l'amateurisme dans tous les sports.

19. — L'état actuel de la législation française permet
donc d'affirmer la légalité de tous les sports, et notamment, sans aucune réserve, celle des sports violents,
ceux qui comportent comme moyen de lutte sportive, qui
même admettent éventuellement comme résultat quelques-
uns des faits visés par les art. 309 et suiv. du C. P. (2).
Cette légalité suffit *en thèse générale*, et d'un point de
vue social, d'abord à écarter dans les cas ordinaires la
responsabilité pénale et civile des auteurs de lésions
volontaires résultant de l'exercice des sports même violents, ensuite à faire admettre le caractère pleinement
valable de tout contrat ayant pour cause ou pour objet
l'exercice d'un jeu sportif même violent. Mais il faut
réserver la protection des intérêts individuels : ceux-
ci, ordinairement protégés par les normes pénales, ne
sauraient en effet être sacrifiés que si, en fait, les cir-

---

(1) V. les expressions mêmes de ces lois et leurs travaux préparatoires, précités.

(2) Je crois avoir montré que c'est là une conséquence indéniable des dispositions législatives que j'ai analysées ; malgré les résistances que manifestent
à l'adopter d'excellents esprits, j'estime qu'elle est d'autant moins regrettable,
que d'une part des mesures de police préventive restent toujours susceptibles
d'éviter utilement des abus (la Cour de Douai dans son arrêt du 3 décembre
1912 a déjà fait cette remarque) et que d'autre part toute solution totalement ou
partiellement contraire constituerait un exemple de désharmonie entre les institutions et le sentiment juridique populaire.

constances d'espèce montrent qu'ont été respectées toutes
les conditions auxquelles l'esprit de la législation, en matière sportive, comme dans des hypothèses voisines, subordonne le sacrifice d'un intérêt subjectif à l'intérêt
social; et par suite l'irresponsabilité des auteurs de lésions sportives n'existe qu'à la triple condition : 1o qu'ils
se soient conformés aux règles essentielles du sport
en question; 2o qu'ils n'aient à se reprocher ni imprudence ni négligence; et 3o que le consentement à subir
éventuellement les risques du jeu ait été valablement
donné par la victime. *L'absence de l'une quelconque
de ces trois conditions* suffit à entraîner la responsabilité pénale et civile, sous forme de délit d'imprudence
ou de négligence. Et ces conditions d'espèce de la légalité des sports existent *vis à vis de tous les sports*,
sports individuels et sports d'adresse, aussi bien que
sports de violence.

20. — L'irresponsabilité pour lésions corporelles infligées à autrui dans l'exercice d'un sport suppose d'abord
qu'en les réalisant, leurs auteurs ne se sont pas écartés de certaines des règles essentielles du sport qu'ils
pratiquaient. C'est là un principe unanime dans la doctrine et la jurisprudence; les arrêts le proclament aussi
bien en matière de sports d'adresse, ou de sports individuels, qu'en matière de sports violents; aussi bien sur
le terrain de la responsabilité civile que sur celui de la
responsabilité pénale (1). Ce principe par le double caractère que présentent les règles sportives : 1o elles sont
établies en fonction du but sportif, et donc social, pour
obtenir le résultat cherché, c'est-à-dire la manifestation
et le développement de l'adresse ou de la force corpo-

---

(1) V. plus spécialement les arrêts suivants : Douai, 3 décembre 1912, précité
(boxe) ; Rouen, 18 octobre 1911, *Rec. Gaz. Trib.*, 1912. 2.27 ; D. 1912.5.13 (football association) ; Tr. cor. Gray 6 mai 1913, *Rec. Gaz. Pal.*, 1913, 2e sem., 436
(meeting d'aviation), Trib. civ. Valence, 20 mars 1923, *Rec. Gaz. Pal.*, 1923,
2e sem., 7 (football rubgy) Il faut rapprocher ces arrêts de ceux qui font du
respect des règles de leur profession, une des conditions de l'irresponsabilité
des médecins et chirurgiens, en même temps que du principe constant dans
la jurisprudence antérieure à 1837, par lequel l'impunité du duel n'existait
qu'au cas de duel loyal, c'est-à-dire quand les combattants avaient respecté les
lois du duel.

relle (1); 2° elles sont instituées, dans un esprit de prudence, pour exclure, par exemple par l'interdiction de toute violence dans l'exercice des sports d'adresse, ou limiter, par exemple par la défense de porter des coups « bas » dans le sport violent de la boxe, les risques du jeu (2). Cette deuxième signification des règles sportives fait comprendre le rôle que joue leur respect, au point de vue de la responsabilité : dans une lutte sportive les joueurs consentent à supporter les risques du jeu, c'est-à-dire à sacrifier leurs droits et leurs intérêts individuels, dans la proportion seulement où ces risques ne sont pas exclus par la règle : un joueur, en sortant des règles, inflige-t-il à son adversaire une lésion corporelle, celle-ci ne rentre plus dans les limites du risque volontairement accepté, et par conséquent dans la limite des droits subjectifs volontairement abandonnés (3). Encore faut-il préciser le domaine du principe qu'on vient d'établir : d'abord et par application d'une jurisprudence à caractère général et constante, il ne pourra y avoir de res-

---

(1) Cette idée qui me semble essentielle, encore qu'elle ne se dégage nettement ni des auteurs ni des arrêts (v. cependant certaines des formules de l'arrêt de Douai, précitées p. 15, note 1, qu'on peut considérer comme s'y rattachant) m'a amené à ne pas transposer ici une idée qui est couramment exprimée relativement au problème de l'irresponsabilité médicale et chirurgicale : cette idée c'est qu'en outre du respect des règles de la profession, il faut encore, comme condition de cette irresponsabilité, le but curatif (but social), ce qui amène à déclarer illicites les expériences sans but curatif et les opérations de luxe ; au fond la distinction est d'une subtilité qui frise l'inexactitude, le but curatif n'est autre qu'une règle de la profession médicale et chirurgicale ; en tout cas la distinction est inutile en matière sportive, car si on peut concevoir à la rigueur l'idée d'une opération selon les règles, mais sans but curatif, il est absurde d'imaginer un jeu sportif, conduit suivant les règles, sans but sportif.

(2) Sur cette signification de la règle sportive, cf. les arrêts de Douai, de Rouen, et de Valence, précités. Rap. les expressions de Kenny, *op. cit.*, note 1 de la page 141 « le fait que l'accusé observait strictement les règles traditionnelles du jeu contribue à prouver qu'il ne cédait pas à la colère et que sa manière de jouer n'était pas manifestement dangereuse au point d'être illégale ».

(3) Rap. les formules de la note de M. Roux, sous l'arrêt de Douai, au S., *loc. cit.*, 217, col. 2. Ce sens de la règle sportive amène a entendre très largement l'expression règle sportive et par exemple à considérer comme une condition de l'irresponsabilité, notamment en ce qui concerne l'irresponsabilité civile des directeurs de sociétés, capitaines d'équipes, le respect d'usages traditionnels, quoique non écrits dans les règlements des grandes associations sportives, relatifs à la composition et à l'égalité des équipes adverses, etc... ; cf. en ce sens, Rouen, 18 octobre 1911, précité.

ponsabilité pénale et civile que s'il est démontré un rapport direct, de cause à effet, entre la violation de la règle sportive et la lésion réalisée; ensuite j'ai pris soin d'indiquer que la faute ne saurait résulter que de la violation de règles sportives « essentielles »; j'entends par là des règles qui ont précisément pour but de limiter le risque sportif, ainsi de la défense de frapper « au-dessous de la ceinture » dans la boxe anglaise. Au contraire, pour celles des règles sportives, qui prétendent seulement établir pour tel jeu donné sa discipline et sa technique spéciales, leur violation, même si elle est la cause directe d'une lésion corporelle, ne sera pas automatiquement génératrice d'une faute d'imprudence ou de négligence; il faudra examiner, dans l'espèce, et indépendamment de l'idée de violation de la règle, si le fait constitue une imprudence : dans une partie de football association, un joueur, autre que le gardien de but, saisit le ballon avec les mains : c'est là un procédé interdit et dont l'interdiction est précisément une des règles caractéristiques du football association, qui se joue uniquement à coups de pieds, au regard du rugby, qui admet également coups de pieds et transport du ballon; c'est donc et dans tous les cas une faute sportive susceptible d'une sanction disciplinaire; mais qu'on suppose qu'en voulant saisir le ballon, le joueur frappe au visage, et si malencontreusement qu'il blesse un de ses adversaires, ce joueur ne sera pas tenu responsable d'une blessure par imprudence, que s'il a commis, en faisant son geste malheureux, une maladresse ou une imprudence fautive (1).

21. — Ce qu'il faut entendre en matière de blessures sportives par le consentement de la victime, et quelle

---

(1) V. sur la question les intéressantes développements de Karding, *op. cit.*, p. 48 à 58, sous la double réserve que son analyse tombe dans un excès de subtilité, et qu'il se place uniquement sur le terrain de la qualification coups et blessures intentionnels que je crois inexacte. Rap. Kenny, *op. cit.*, note I, 1, p. 141 « la violation des règles n'est pas nécessairement délictuelle ». On observera que dans la pratique, et par suite du régime d'indifférence du Ministère Public et des parties lésées, qui constitue le *plerumque fit*, la plupart des violations des règles sportives, lors même qu'il s'agit de règles ayant pour objet de limiter le risque, ne font l'objet que de sanctions disciplinaires.

est la signification juridique de ce consentement, on l'a presqu'entièrement indiqué par avance (1). Le consentement c'est l'acceptation du risque sportif dans les limites où le laisse subsister la règle du jeu; et c'est non pas l'élément qui rend à lui seul légaux, d'un point de vue général, les sports et particulièrement les sports violents, mais seulement une des circonstances qui, dans chaque espèce, permettent d'écarter la responsabilité d'imprudence ou de négligence. En fait la question du consentement est peu importante; le consentement existera toujours au moins sous une forme implicite par la participation même au sport, ou par la présence volontaire comme spectateur sur le terrain du jeu. Seules pourraient s'élever pratiquement des questions délicates, sur la valeur juridique de ce consentement formel ou implicite, lorsqu'il émane d'un incapable, non autorisé par ses représentants légaux. Ces difficultés devraient être résolues en appliquant *mutatis mutandis* les solutions arrêtées dans la matière voisine du traitement médical, et de l'opération chirurgicale (2). En fait, l'absence d'espèces indique le peu d'intérêt pratique de la question. C'est qu'aussi bien, lors même que serait prouvée l'inefficacité juridique du consentement, faudrait-il établir — *ce qui est impossible, si on ne relève aucune autre circonstance* — le rapport direct de cause à effet entre l'absence ou l'inefficacité du consentement et la lésion (3). En réalité c'est d'un point de vue négatif que joue en jurisprudence la circonstance du consentement — acception du risque sportif : les arrêts tirent de son existence cette conséquence qu'ils peuvent se montrer relativement très difficiles à admettre une responsabilité pénale ou civile, s'agissant de faits survenus dans l'exercice d'un jeu dangereux et dont

---

(1) *Supra*, n° 15 ; et n° 20 en ce qui concerne les rapports du consentement et du respect de la règle sportive.

(2) V. notamment deux thèses : Guénot, *Du consentement nécessaire au médecin pour pratiquer une opération chirurgicale*, et Lasnier, *Du droit du malade ou du blessé au refus d'un traitement ou d'une intervention chirurgicale*.

(3) En matière d'opération chirurgicale, on voit les arrêts proclamer tous la nécessité du consentement, mais en fait et pour la raison technique exposée au texte aucun d'eux ne fait résulter de la seule inefficacité de consentement une responsabilité, v. d'ailleurs et s'expliquant par ces considérations, Alger, 17 mars 1894, D. 95.2.69 ; S. 95.2.237.

la victime avait accepté de courir les risques; l'appréciation de la responsabilité en matière d'accident sportif est dominée dans la jurisprudence par l'idée de risque consenti (1). Du moins, on va le voir, les arrêts français ne vont pas jusqu'à adopter la théorie soutenue par certains auteurs anglais (2) ou français (3) : le consentement de la victime, même combiné avec le respect des règles sportives, ne suffit pas à couper court à la question d'imprudence ou de négligence.

22. — Un examen superficiel amènerait peut-être en effet à considérer comme une superfétation le fait d'indiquer, à côté du respect des règles du jeu et du consentement de la victime, et comme une condition spéciale de l'irresponsabilité pénale et civile en matière de blessures sportives, l'absence d'imprudence et de négligence; car l'inobservation des règles, le fait de ne pas s'être procuré auprès de la victime un consentement valable à courir les risques sportifs sont générateurs d'une responsabilité pénale et civile, précisément parce qu'ils constituent des manifestations d'imprudence ou de négligence : point de vue incontestable et au sujet duquel j'observe-

---

(1) V. parmi les arrêts précités Douai 3 décembre 1912, et surtout Rouen 18 octobre 1911, et Tr. civ. Valence 20 mars 1923. V. aussi Rouen, 30 décembre 1913, S. 1914. 2.223. Cette idée déborde en jurisprudence le terrain de la responsabilité délictuelle, pour s'étendre à des hypothèses de responsabilité contractuelle ou légale ; ainsi on la trouve dans les motifs par lesquels d'assez nombreuses décisions judiciaires refusent le bénéfice soit de l'art. 1385 C. c. (responsabilité du propriétaire du cheval), soit de la loi sur les accidents du travail de 1898, aux jockeys (v. notamment Cour de Bruxelles, 5 avril 1907, Lois et Sports, 1902.2.15, et Rec. Gaz. Pal. 1913. 1er sem., p. 149 en note sous Trib. civ. Seine, 14 novembre 1912 ; Poitiers 13 juillet 1914, D. 1917.2.80) et aux gentlemen riders (Trib. civ. Seine, 14 novembre 1912, Rec. Gaz. Pal. 1913, 1er sem. p. 148), victimes d'accidents de courses. Ici il faudrait encore rapprocher les nombreux arrêts qui en, matière médicale et chirurgicale, mettent en rapport la question de responsabilité, avec l'idée de consentement aux dangers courus.

(2) *Supra*, p. 431, note. 1.

(3) V. les observations faites par M. Demogue à propos du jugement du trib. civ. de Valence, 20 mars 1923, précité, dans la Rev. trim. de droit civ., 1923, rapportées, *supra*, p. 230, note 2. Ce système est impossible à soutenir si l'on se rappelle, ce que M. Demogue, commentant un arrêt civil, paraît oublier, qu'il s'agit d'actes qui par leur caractère (imprudence ou négligence) et leur résultat (élément matériel des art. 319 et 320 C. P.) sont des *infractions pénales* : la convention des parties est impuissante, sauf hypothèses exceptionnelles, à écarter le caractère pénalement illicite et la répression.

rai même que ces faits constituent, en matière sportive, les manifestations typiques de la faute d'imprudence ou de négligence (1). Mais ce que j'ai voulu exprimer, avec la jurisprudence, en proclamant comme troisième condition nécessaire de l'irresponsabilité civile et pénale l'absence de toute imprudence ou négligence, c'est que certaines lésions sportives, intervenues dans des espèces, où les règles sportives ont été respectées, et où existait un consentement valable de la victime au risque du jeu, doivent être cependant considérées comme illicites, parce qu'ayant pour cause un fait fautif par imprudence ou négligence : il suffit d'illustrer cette formule d'un exemple caractéristique emprunté à la jurisprudence (Trib. civ. de Valence, précité), qui montre qu'un procédé de lutte sportive violente peut être mis en jeu d'une façon tellement imprudente qu'elle engage la responsabilité pénale et civile de son auteur, si elle produit une lésion corporelle : dans un match de football rugby, il est incontestablement permis par les règles du jeu « d'attendre en position immobile un équipier adverse et de le saisir même de face, en vue de le faire basculer et de lui faire ainsi abandonner le ballon », ce n'est là que l'application pure et simple du procédé dit de « plaquage » ; et cependant si « au lieu de pencher la tête de côté, afin d'éviter un choc dangereux, ainsi que le prescrit la prudence élémentaire, le joueur heurte de la tête l'abdomen de l'adversaire qui tombe à la renverse sous l'extrême violence du choc » (et dans des conditions telles dans l'espèce citée que la mort s'ensuivit), ce fait constitue une imprudence engageant la responsabilité pénale et civile de son auteur, parce qu'« il ne saurait être admis qu'on puisse, en vue d'arrêter un adversaire en pleine course, lui planter la tête dans l'abdomen de telle manière que, par l'effet de la vitesse acquise, cette partie vitale du corps subisse un choc aussi violent que dangereux » (2).

_____

(1) La jurisprudence en matière de responsabilité médico-chirurgicale relève au contraire le plus souvent des faits d'imprudence ou de négligence, autres que l'irrespect des règles ; cela parce qu'elle s'interdit toute intrusion dans le domaine proprement scientifique et technique.

(2) Rap. avec une nuance intéressante un arrêt de la Cour d'Appel de Liége

23. — La question de savoir qui peut être tenu pour responsable pénalement ou civilement des blessures sportives d'imprudence ou de négligence doit être résolue d'après les principes généraux de la législation pénale et civile : la conséquence essentielle de ces principes, proclamée par de nombreux arrêts, c'est que les directeurs ou présidents de sociétés sportives, organisateurs d'exhibitions sportives, capitaines d'équipes, arbitres, ne sauraient être tenus pour responsables pénalement et civilement que s'il leur est reproché une faute d'imprudence *personnelle* et directe, indépendante de la faute du joueur auteur de l'accident (1) : par exemple ils n'encourront aucune responsabilité si la faute est intervenue en dehors du jeu, ou si elle est absolument personnelle à un ou plusieurs joueurs (2). Les mêmes principes restrictifs doivent être appliqués en ce qui concerne la responsabilité civile de l'association sportive assignée sur le terrain de l'art. 1382 C. C. (3). En outre les arrêts ont établi, par une exacte application des principes de l'art. 1384 C. C., que ni une société sportive, ni son président, ni son directeur ne peuvent être considérés comme civilement responsables du fait personnel des joueurs : ceux-ci ne sont pas des préposés de la personne morale et d'un autre côté les présidents ou directeurs ne peuvent pas être assimilés à aucune des catégories (maîtres et commettants, ou instituteurs) visés par

---

du 8 avril 1908, rendu sur poursuite pour blessure par imprudence, *Rec. Gaz. Trib.*, 1909.2.354 : si l'excès de vitesse, dans une course d'automobiles, régulièrement autorisée par l'autorité administrative, n'est pas en elle-même une infraction, du moins « l'assentiment (de l'autorité), déterminé par des considérations d'intérêt public qui échappent par essence au contrôle des Tribunaux n'est qu'une mesure de police qui laisse subsister le droit du particulier et qui laisse entière la répression pénale », lorsque, de cet excès de vitesse, apparaissant comme imprudent, résulte au détriment d'un tiers une lésion corporelle.

(1) Trib. de paix de Bordeaux, 23 novembre 1909, Bordeaux, 29 juillet 1910, **D**. 1912.2.385, note Léonce Thomas; Rouen, 18 octobre 1911, précité; Trib. civ. Seine, 8 janvier 1912, **D**. 1912.2.312; *Rec. Gaz. Trib.*, 1912.2.299; Trib. cor. Gray, 6 mai 1913, *Rec, Gaz. Pal*, 1913, 2ᵉ sem. 436 ; Trib. civ. Valence, 20 mars 1923, précité. Le jugement du Trib. cor. de Gray offre l'exemple d'une hypothèse dans laquelle coexistent la faute personnelle d'un pilote aviateur, et celle de l'organisateur du meeting.

(2) Cf. Trib. civ. Seine, 8 janvier 1912, précité.

(3) Cf. Rouen, 18 octobre 1911, précité.

l'art. 1384 (1). Au contraire le père reste, même si l'accident se produit en son absence, responsable de l'accident sportif causé par son enfant, s'il lui a permis de se livrer au sport, au cours duquel l'accident survient (2).

24. — Il me semble utile de signaler, pour conclure cette étude, dont je n'ignore pas les lacunes (3), ce qui à mon sens constitue l'intérêt essentiel des travaux de son genre : l'attitude du droit pénal à l'égard des sports est un de ces problèmes qui se posent dans des conditions presqu'identiques, et presqu'à la même heure, dans toutes les législations, et dans toutes les jurisprudences : il me paraît indispensable dès lors, et c'est ce que je me suis efforcé de faire, dans les limites d'une documentation évidemment insuffisante, de les examiner d'un point de vue comparatif; c'est la seule méthode qui puisse faire ressortir, avec les éléments déjà nombreux d'une solution commune aux diverses jurisprudences, les résistances opposées par les techniques particulières et les nuances d'idées nationales; c'est en tout cas la seule de nature à contribuer à la tâche difficile, mais très haute, que s'est assignée l'Association Internationale de Droit Pénal « d'arriver à la conception d'un Droit pénal universel ».

---

(1) V. Trib. de Paix de Bordeaux, 23 novembre 1909, Cour de Bordeaux, 20 juillet 1910, et Trib. civ. de Valence, 20 mars 1923, précités.

(2) Cf. Rouen, 30 décembre 1913, précité p. 247, note 1.

(3) Je me borne à signaler la question suivante : le sport reste-t-il licite, lorsqu'il a pour but médiat d'enseigner ou d'apprendre des procédés de réalisation d'actes certainement délictueux ? L'escrime et le tir à la cible sont licites, le duel est puni soit en lui-même, soit dans ses conséquences : doit-on considérer comme licite l'enseignement (qui est le but unique de certaines salles d'armes, ou de certains stands) de l'escrime à l'épée ou du tir au pistolet pratiqués en vue de l'exclusive préparation au duel.

L'UNIFICATION DE LA LÉGISLATION PÉNALE DANS LE ROYAUME DES SERBES, CROATES ET SLOVÈNES (YOUGOSLAVIE)

Par J. M. PÉRITCH,

Professeur de Droit à l'Université de Belgrade.

§ I. — 1º Dans le désir de faire connaître aux juristes étrangers les réformes législatives qui s'accomplissent dans le nouvel Etat du Sud-Est européen, c'est-à-dire le Royaume des Serbes, Croates et Slovènes, et espérant que nos comptes rendus sur ces réformes constitueraient, peut-être, une contribution à la Science générale de Droit, nous avons publié en Suisse, grâce à l'aimable hospitalité du *Journal des juristes suisses (Schweizerische Juristen-Zeitung*, Zurich, nº du 15 novembre 1922) (1), un exposé succinct sur l'unification du *Droit civil* yougoslave (2). Qu'il nous soit à présent permis de donner ici un **résumé** analogue dans le dómaine du *Droit pénal.* Tout **nouveau** travail d'unification législative, où qu'il ait lieu, doit attirer l'attention commune, car il peut et doit être considéré comme une preuve de plus qu'en matière de législation les peuples ne vont pas en se *différenciant* mais au contraire en se *ressemblant*, ce qui, à son tour, est incontestablement un symptôme que l'Humanité marche de plus en plus vers la solidarité et la paix et non vers des dissensions et des luttes.

2º En droit pénal, comme en droit civil, la Yougoslavie ne se présente pas encore comme un Etat unitaire. Le pacte d'union (du 1er décembre 1918, n. s.) entre les an-

---

(1) Rédacteur en chef: M. Dr H. Leemann, prof. de Droit civil à l'Ecole Polytechnique de Zurich.

(2) Le même article, augmenté seulement de quelques notes explicatives, a paru aussi dans la *Revue internationale de Sociologie* de Paris (rédacteur en chef: M. le prof. R. Worms), nº de juillet-août 1922.

ciens Royaumes de Serbie et de Monténégro d'un côté et
les pays sud-slaves ayant appartenu à la ci-devant Monarchie austro-hongroise de l'autre côté, a maintenu, en
matière de législation, dans les différents pays réunis,
le même état de choses qui y existait lors de leur union,
et cette situation dure toujours : il y a donc autant de
lois diverses qu'il y a de provinces. Il en résulte qu'à ce
point de vue, la Yougoslavie constitue non pas un *Etat
centralisé*, comme le proclame sa Constitution de 1921,
mais bien un *Etat fédéré*; ou, si on la considère néanmoins comme un Etat centralisé, elle ressemble alors à
un Etat du Moyen-Age où de province à province on
rencontrait des lois différentes, où, en d'autres termes, il
régnait, en fait de législation, une véritable anarchie.

3o Voici maintenant les principales *législations pénales*
qui ont force de loi en Yougoslavie : *a*o) **Serbie :** le Code
pénal du 29 mars 1860 (a. st.) (1) ; la loi sur la presse
du 13 janvier 1904 (a. st.); le Code d'instruction criminelle du 10 avril 1865 (a. st.) ; la loi du jury du
31 mars 1892 (a. st.); le Règlement du 18 mai 1850 (a. st.)
relatif à l'instruction pénale en matière de contraventions.
*b*o) **Monténégro** (2): le Code pénal du 23 février 1906 (a. st.)
(c'est le Code pénal serbe avec des modifications insigni-
fiantes); le Code d'instruction criminelle du 20 janvier 1910
a. st. (c'est le Code d'instruction pénale serbe de 1865).
*c*o) **Croatie-Slavonie** (3) : le Code pénal autrichien du

---

(1) Le Code pénal serbe a été rédigé principalement d'après le Code pénal
prussien du 14 avril 1851 (n. st.) : aussi les commentaires de ce dernier
Code ont-ils une très grande importance pour l'explication du Code pénal
serbe lui-même [v. les ouvrages sur le Code pénal prussien de : Goltdammer,
1851., Berner, 1851., Beseler, 1851, Köstlin, 1855, Hälschner, 1858., Oppen-
hof. 1858., cités par M. le D' Thomas Givanovitch, prof. de Droit pénal à l'Université de Belgrade (Serbie), dans ses *Eléments du Droit pénal*, Partie générale, 2e éd., Belgrade 1922 (en serbe)].

(2) Le Monténégro avait été, avant la grande guerre, un Etat indépendant
et souverain (sous la dynastie Petrović-Njegos). Après la guerre il a été
réuni à la Serbie (au mois de novembre 1918.).

(3) Le Royaume de Croatie-Slavonie, avant les Traités de paix de 1919, (de
Versailles : 28 juin, de Saint-Germain : 10 septembre) et de 1920, (de Trianon,
4 juin). Voir les textes de ces Traités dans la collection du D' Karl Strupp :
Documents pour servir à l'histoire du droit des gens, 2e édition considérablement augmentée des «Urkunden zur Geschichte des Völkerrechts, »
t. iv. 1re partie et v, F. Hermann Sack, Berlin, 1923.), faisait partie du Royaume-
Uni de Hongrie en vertu du compromis magyaro-croate de 1868, (survenu

27 mai 1852 (n. st.); le Code d'instruction criminelle du 17 mai 1875 (n. st.) (c'est le Code d'instruction pénale autrichien de 1873, un peu modifié, spécialement en ce qui concerne l'organisation judiciaire : ainsi il n'y a pas de jury en Croatie-Slavonie, tandis que le jury existe en Autriche); la loi sur la presse du 17 mai 1875 (n. st.), avec la *Novelle* du 14 mai 1907 (n. st.); le Règlement du Ban de la Croatie-Slavonie du 13 décembre 1918 (n. st.) sur la punition de la jeunesse, Règlement devenu *loi* en vertu de l'art. 130 de la Constitution Yougoslave du 28 juin 1921 (1). *d°)* Les territoires du **Banat,** de la **Batchka,** de la **Baragna** et du **Mour** (2), nommés collectivement la *Voïvodina* (duché). Ce sont les lois pénales hongroises qui y sont toujours appliquées, notamment : le Code pénal hongrois relatif aux crimes et délits (v. le V° article de loi de l'année 1878); le Code d'instruction criminelle hongrois (v. le XXXIV° article de loi de l'année 1896); le Code pénal hongrois relatif aux contraventions (le XL° article de loi de l'année 1879); le XXXVI° article de loi de l'année 1908 concernant les compléments et les modifications dans les Codes pénal et d'instruction criminelle; le VII° article de loi de l'année 1913 sur la procédure judiciaire pour les mineurs. *e°)* **La Slovénie et la Dalmatie** (3) : la Patente impériale du 17 mai 1852 (n. st.) sur le Code pénal; la loi sur la presse du 17 décembre 1862 (n. st.);

---

après le compromis de 1867 entre l'Autriche et la Hongrie par lequel fut créé l'état dualiste (fédération austro-hongroise.). V. G. Horn, *Le Compromis de 1868 entre la Hongrie et la Croatie et celui de 1867 entre l'Autriche et la Hongrie,* Paris, 1907.; J. Pliverié, *Das rechtliche Verhältniss Kroatiens zu Ungarn,* Agram, 1855, et *Beiträge zum ungarisch-kroatishen Bundesrechte,* Agram, 1886.

(1) L'article 130 de ladite Constitution donne force de *loi* à tous les *Règlements* rendus dans l'intervalle entre le pacte d'union du 1er décembre 1918 (n. st.) et la promulgation de la Constitution.

(2) Ces territoires appartenaient avant le Traité de paix de Trianon (4 juin 1920.) au Royaume de Hongrie (Transleithanie) *stricto-sensu* (c'est-à-dire sans le Royaume de Croatie-Slavonie). On les nomme *Voïvodina* (duché), parce que les Habsbourg en avaient formé, après la Révolution magyare de 1848, un *duché serbe* qui, du reste, ne subsista pas longtemps et fut aboli.

(3. La Slovénie (chef-lieu Ljubljana, en allemand Laibach) faisait avant i. xii. 1918, partie de l'ancienne Autriche (Cisleithanie). Quant à la Dalmatie, (chef-lieu : Spljet ou Split, en italien Spalato), elle appartenait avant ladite date *de jure* au Royaume croato-slavon (Hongrie : v. G. Horn, *op. cit.,* p. 149 et 150.) mais *de fait* ce fut l'Autriche qui y avait gouverné jusques et pendant la grande guerre 1914-1918).

la loi du 23 mai 1873 (n. st.) sur le Code d'instruction pénale; la *Novelle* de 1912 (loi du 20 juillet 1912, n. st.) et la *Novelle* de 1913 (loi du 11 juillet 1913 n. st.) sur les modifications dans le Code d'instruction pénale; la loi du 21 mars 1918 (n. st.) sur l'indemnité due aux personnes injustement condamnées; la loi du 18 août 1918 (n. st.) relative à l'indemnité à raison de la détention préventive.

fo) **Bosnie-Herzégovine** (1) : le Code pénal pour la Bosnie-Herzégovine du 17 juillet 1879 (n. st.) concernant les crimes et les délits (c'est le Code pénal autrichien de 1852, avec quelques petites retouches); le Code d'instruction pénale pour les mêmes pays du 26 mai 1891 (n. st.); la *Novelle* du 24 mars 1910 (n. st.) sur le Code pénal; le Règlement du gouvernement bosno-herzégovinien du 16 septembre 1917 (n. st.) modifiant le Code pénal bosno-herzégovinien; Règlement du 22 juin 1921 rendu par le Ministère de la Justice yougoslave relativement aux modifications et compléments du Code d'instruction criminelle pour la Bosnie-Herzégovine (2) (3).

4° On conçoit facilement les difficultés qui découlent de cette diversité de législations pénales en Yougoslavie pour l'organisation définitive et la consolidation du nouvel Etat (4). Aussi, pour y obvier, a-t-on entrepris, dès 1919,

---

(1) La Bosnie-Herzégovine avait appartenu, avant et pendant la grande guerre, à la monarchie *habsbourgeoise* sans avoir fait spécialement partie d'aucune des deux moitiés de la monarchie, Autriche ou Hongrie. Depuis 1908, époque à laquelle elle fut *annexée* à la monarchie des Habsbourg, la Bosnie-Herzégovine avait une certaine autonomie avec une constitution particulière (de 1910).

(2) Conf. Eduard Eichler, *Das Justizwesen Bosniens und der Herzegovina*, *Wien*, 1889.

(3) Voir sur la situation actuelle de la législation pénale en Yougoslavie l'étude substantielle de M. Dr Metod Dolenc, prof. de Droit pénal à l'Université de Ljubljana (Laibach): *La position actuelle de la Législation pénale du Royaume des Serbes, Croates et Slovènes*, Ljubljana, 1923. (en slovène), étude dont nous nous sommes aussi servis pour les détails ci-dessus.

(4) Grâce à cette diversité de législations (tant pénales que civiles), la Yougoslavie nous donne l'exemple curieux d'un Etat dans le sein duquel surgissent très souvent des conflits de droit analogues à ceux dont s'occupe le Droit international privé. Ce point a été très bien développé, en ce qui concerne le Droit civil, dans les études de M. Dr Stanko Lapajne, prof. de Droit à l'Université de Ljubljana (Laibach), dont nous ne citerons ici que la plus importante : *Des règles de collision en matière de Droit civil inter-provincial dans le Royaume des Serbes, Croates et Slovènes*, étude publiée par le « Recueil d'études scientifiques » de la Faculté de Droit de Ljubljana, t. I., 1921. (en slovène).

de faire disparaître toutes ces distinctions législatives en donnant au jeune Royaume une législation pénale uniforme (1). Ce travail, de même qu'en matière civile, a été confié à un *Conseil de législation permanent* institué par un Règlement royal du 14 décembre 1919, auprès du Ministère de la Justice. La section pénale de ce Conseil, composée de membres serbes, croates et slovènes (2), avait d'abord proposé au Ministère de la Justice de prendre comme base du travail d'unification le Code pénal serbe et le Code d'instruction pénale croate (autrichien)

---

(1) Faisons remarquer qu'une unité *partielle* a déjà été accomplie dans la branche de la législation pénale. En effet, les chapitres IX et X du Code pénal serbe ont été, par des Règlements du 25 février 1919 et du 16 mars 1921 (ces Règlements sont devenus *lois* d'après l'art. 130 de la Constitution de 1921), étendus à tout le territoire du nouvel Etat. Parmi les prescriptions contenues dans ces chapitres les principales sont celles qui se rapportent à la sûreté intérieure et extérieure de l'Etat. Sans doute le législateur yougoslave devait-il se hâter d'assurer cette sécurité par des mesures légales appropriées à cette fin, et ces mesures on eût pu, bien entendu, les trouver aussi dans les lois austro-hongroises pénales régissant les provinces yougoslaves : comment un Etat créé, du moins partiellement, sur les ruines de la monarchie austro-hongroise pouvait-il chercher des garanties intérieures et extérieures pour son existence dans la législation pénale de cette monarchie même ?

Mais on ne s'est pas arrêté là — et on ne pouvait pas s'y arrêter du moment qu'on avait fait l'extension mentionnée plus haut — : le législateur yougoslave a également décidé de faire appliquer aussi, dans toute l'étendue de la Yougoslavie, la *partie générale* du Code pénal serbe. Faisons observer toutefois qu'une pareille solution n'était pas irréprochable, attendu que les *parties spéciales*, relatives aux crimes, délits et contraventions, des codes et législations pénales des différents pays yougoslaves de l'ancienne monarchie habsbourgeoise étaient restées et sont toujours en vigueur : entre la partie générale et la partie spéciale d'un Code pénal il y a, cela va sans dire, trop de rapports et de dépendance pour qu'on eût pu, en matière pénale, faire régner simultanément dans le Royaume la partie générale d'un Code (serbe) et les parties spéciales d'autres codes et législations (austro-hongrois). A cet effet voir les critiques bien fondées, dirigées ici contre le législateur yougoslave, par M. le Prof. Dr Metod Dolenc, dans son article : *La législation pénale après la Révolution et les Slovènes*, paru dans le « Slovenski Pravnik (le « Juriste slovène ») de Ljubljana, année 1921 (en slovène).

Enfin, les Codes pénal et d'instruction criminelle militaires de l'Ancien Royaume de Serbie reçoivent également application dans toute la Yougoslavie, décision à laquelle on n'a rien à dire, attendu qu'en fait d'organisation et de discipline de la force militaire l'unification de la législation ne pouvait être ajournée sans danger pour la paix intérieure et extérieure du nouvel Etat.

(2) Ce sont pour la plupart des professeurs des Universités yougoslaves (Belgrade : M. Dr B. Markovitch et M. Dr Th. Givanovitch; Zagreb-Agram : M. Dr J. Silovicé ; Ljubljana-Laibach : M. Dr M. Dolenc.)

en les mettant en accord avec les nouvelles acquisitions de la Science de Droit pénal, et ceci pour aboutir plus vite à une unification législative, mais le Ministère n'avait pas adopté cette proposition : il décida, au contraire, de prendre comme point de départ, en ce qui concerne la législation pénale *matérielle*, le *projet de Code serbe* de 1910-1911 et, pour ce qui est de la législation pénale *formelle*, de rédiger un *nouveau projet de Code d'instruction criminelle* (Arrêté du Ministère de la Justice du 30 juillet 1920). En vertu de cette décision ministérielle, la Section pénale du Conseil de législation s'était mise de suite à l'œuvre et elle arriva, au cours de l'année suivante, 1921, à reviser ledit projet de Code pénal serbe (1) et à remettre entre les mains du Ministre de la Justice une rédaction *définitive* de ce projet (partie générale et partie spéciale). Les motifs de ce projet revisé (le projet serbe de 1910-1911 avait, lui aussi, été accompagné d'un exposé de motifs) joints au projet ont été, avec celui-ci, publiés en serbe et distribués en 1922 (2). Quant au projet de Code d'instruction criminelle yougoslave, il a été également terminé dès le mois de juin 1921 (dans les séances de la commission tenues à Ljubljana à cette époque) (3).

---

(1) Ce projet, traduit en allemand par MM. G. Topalovitch (Belgrade) et Landsberg (Berlin), a été publié en Allemagne comme Nº 32 du recueil « Sammlung Aussordeutscher Strafgesetzbücher » sous le titre : « Vor entwurf zu einem Strafgesetzbuch für das Königreich Serbien nach der amtlichen Ausgabe des Justizministeriums », Berlin, 1911. (Guttentag) : voir Dr Th. Givanovitch, *op. cit.*, p. 48.

. Une étude sur ce projet écrite par M. Dr N. F. Neubecker (actuellement professeur de droit à l'Université d'Heidelberg) a paru (intitulé : « Der Entrwurf eines Strafgesetzbuches für das Königreich Serbien. Eine Kritische Skizze ») dans le livre : « Festgabe für Martitz », 1911. (v. Dr Th. Givanovich, *op. cit.*, p. 48.).

(2) Il est à regretter qu'on n'en ait pas donné aussi une traduction allemande et française : de cette façon on aurait pu s'assurer, peut-être, l'opinion, sur ce projet de Code, de savants étrangers, ce qui, certes, n'eût pas été inutile pour cette œuvre législative. Notons que M. le Prof. Dr F. N. Neubecker (Heidelberg) est néanmoins parvenu à présenter ses observations sur le même projet grâce à sa connaissance de la langue russe et serbe.

(3) Faisons remarquer que l'existence de plusieurs projets de Code pénal étrangers, comme le projet allemand (de 1913 et 1919, Gegenentwurf de v. Liszt, v. Lilienthal, Kahl, Goldschmidt de 1911), italien, norvégien (traduit aussi en serbe en 1912, avec ses motifs, de l'édition allemande de Mr. le Dr H. Bittl), russe, suisse [V. « Botschaft des Bundesrates an die Bundesversam-

§ II. — Qu'il nous soit permis maintenant de faire ressortir ici les *idées dirigeantes* de la partie générale de ce projet (1), en nous arrêtant seulement à celles qui se présentent, plus ou moins, comme *nouvelles* par rapport aux législations pénales qu'il est destiné à remplacer (2).

a°) Le projet adopte l'idée qu'en matière de délits il y a *trois* notions à distinguer, soit : le délit, le délinquant et la peine, au lieu de *deux* seulement : le délit et la peine, comme on l'avait fait généralement jusqu'à présent : l'ancienne théorie faisait donc rentrer dans la *notion de délit* aussi celle de *délinquant*, tandis que la

---

mlung zum Entwurf eines schweizerischen Strafgesetzbuches. (Vom 23. Juli 1918) ; Entwurf eines Militärstrafgesetzbuches de M. le Prof. Dr Hafter, 1916] avait, naturellement, facilité le travail de la commission instituée en vue de la confection d'un projet de code pénal yougoslave. En effet, les législations pénales des différents pays civilisés sont sinon identiques, du moins très semblables entre elles, par cette simple raison que les notions fondamentales se rattachant au Droit pénal sont, elles aussi, plus ou moins les mêmes chez tous les peuples civilisés : ces notions ne changent pas d'Etat à Etat, et il ne saurait être question d'un Droit pénal *national*. Tel n'est pas le cas p. ex. du Droit civil. Sans doute certaines parties de ce Droit, comme la partie générale (Allgemeiner Teil) et le Droit de patrimoine (Vermögensrecht) des différents Codes civils ne s'écartent-elles pas en principe les unes des autres, mais il n'en est pas de même du Droit de famille (Familienrecht) et du Droit de succession : ici nous rencontrons très souvent des distinctions profondes en allant de peuple à peuple, de telle sorte qu'on peut parfaitement, en ce qui concerne ces parties du Droit civil, parler d'une législation *nationale* Ainsi, pour ne citer qu'un exemple, l'organisation de la famille connue sous le nom de *Zadrouga* (communauté de famille, Familiengenossenschaft) n'existe, on peut bien le dire, que chez les peuples yougoslaves, Bulgares, Croates, Serbes, en y comprenant aussi les Monténégrins (mais non pas chez les Slovènes); en Serbie et au Monténégro, les hommes sont, par rapport aux femmes, privilégiés en matière de succession *ab intestat*, etc... Il est concevable dès lors qu'une commission chargée de rédiger un projet de code civil (une telle commission, disons-le incidemment, est instituée et travaille à présent en Yougoslavie) ne puisse tirer profit de codes civils (ou de projets de code civil) étrangers dans une mesure aussi large qu'une commission ayant le devoir de faire un projet de code pénal.

(1) Cette partie générale est divisée en XIII chapitres, notamment : ch I. : Dispositions introductives ; ch. II. : Délit et Délinquant ; ch III. : Tentative ; ch. IV. : complicité ; ch. V. : Peines ; ch. VI. : Mesures de sûreté ; ch. VII. : Punition ; ch. VIII. : Délits commis par des condamnés ; ch IX. Cumul ; ch. X. : Condamnation conditionnelle (avec bénéfice de sursis, bedingte Verurteilung) ; ch XI : Prescription ; ch. XII. : Approbation, proposition, plainte privée ; ch. XIII. : Réhabilitation.

(2) Cet aperçu nous le donnons, en principe, d'après l'exposé des motifs relatif à cette partie du projet, exposé rédigé (en serbe) par le membre de la section pénale du Conseil législatif permanent, M. le prof. D^r Th. Givanovitch.

nouvelle conception sépare la notion de délit de celle de délinquant (v. l'intitulé du ch. II du projet) (1). Le § 14 divise les délits en ceux qui ont été *commis* avec le *dolus* (al. 1) et ceux qui ont été commis avec la *culpa* (al. 2). Mais il y a le *dolus* (al. 1 du § 14) non seulement lorsque le délinquant a entrepris *intentionnellement* (absichtlich) l'acte délictueux mais aussi lorsque le délinquant, qui avait prévu les *suites* de son acte, en a *accepté l'arrivée éventuelle* (le dolus eventualis), bien qu'il ne l'eût pas voulue ni désirée (2).

---

(1) Nous croyons que c'est M. le prof. D^r Th. Givanovitch (de Belgrade) qui, le premier, avait émis cette idée [voir son étude]: « De l'élément subjectif (« moral ») dans la notion du délit « parue dans la « Schweizerische Zeitschrift für Strafrecht » (Revue pénale suisse), Berne, 1909 : v. aussi de M. le D^r Th. Givanovitch les études : « De la notion du délit », et « De la notion du délinquant », même Revue, 1910]. Elle a été depuis admise par le projet de Code pénal italien de 1921. (v. le ch. I : « Il delitto », et le ch. II : » Il delinquente » ; le ch. III. : « Le sanzioni »). Néanmoins, cela nous semble-t-il du moins, la question reste ouverte. Car le délit est une action ou une omission de l'*homme*, ce qui veut dire qu'on ne peut concevoir le délit sans le délinquant. Le délit c'est l'*addition* de l'*action* (omission) et de l'*auteur* de l'action (omission), et de même que la seconde moitié (l'élément subjectif) ne constitue pas à elle seule cette addition (le délit), de même la première moitié (l'élément objectif) ne forme pas non plus à elle seule l'addition (le délit) Comme, p. ex., il n'y a pas de voleur (d'auteur) sans une *chose*, il n'y a pas également de *vol* sans un *auteur*. D'ailleurs, le délit c'est une notion juridique, et il n'y a pas de notion juridique en dehors de la notion de *personne*. (Dans une île inhabitée, p. ex., il ne pourrait y avoir de délits parce qu'il n'y a pas là d'hommes). Le cas de légitime défense n'est pas non plus convaincant, selon nous, dans le sens de la division tripartite. En conséquence, nous croyons plus logique et plus exact de s'en tenir à la conception classique d'après laquelle l'idée de délit embrasse aussi celle de délinquant, c'est-à-dire la conception qui divise la partie générale du Code pénal seulement en deux : délit et peine, en *subdivisant* le délit en élément objectif et élément subjectif.

(2) Comme on le voit, dans ce dernier cas les rédacteurs du projet se sont arrêtés à un compromis entre la théorie de la volonté (Willenstheorie) et la théorie de la représentation (Vorstellungstheorie). En effet, considérer comme *dolus* le fait que le délinquant a seulement eu *conscience* des suites que son acte *pouvait* produire et sans qu'il ait *voulu* ces suites, c'est une application de la théorie de la représentation ; mais, d'un autre côté, poser comme condition de la responsabilité de l'auteur, en ce cas, l'*acceptation*, de la part de l'auteur, de l'arrivée éventuelle des suites prévues comme possibles — formule du criminaliste allemand Dr R. Franck (v. son ouvrage : *Das Strafgesetzbuch für das Deutsche Reich*, S. 132.) — c'est certainement une concession à la théorie de la volonté.

Mais si le délinquant, qui avait prévu les suites *possibles* (éventuelles) de son acte, avait *voulu* et *désiré* que ces suites survinssent ? Est-ce la *première* ou la *seconde* des deux hypothèses de *dolus* contenues dans l'alinéa 1 du § 14 du projet ? Ensuite, si les suites avaient été prévues comme *certaines*

Le second alinéa du § 14 qualifie comme délit perpétré par *culpa* le cas où l'auteur avait prévu la suite de son acte mais il avait cru *par légèreté* (leichtsinnig) qu'elle ne surviendrait pas ainsi que le cas où l'auteur, bien qu'en fait il n'eût pas prévu la suite de son acte, il aurait, vu les *contingences* et ses *qualités personnelles*, dû la prévoir (1).

b°) Au point de vue de la responsabilité pénale, les §§ 20 à 24 du projet classent les particuliers en **quatre** catégories. Ce sont : les *enfants*, c'est-à-dire les personnes n'ayant pas encore 14 ans révolus; les *jeunes mineurs* ou ceux qui ont plus de 14 ans, mais moins de 18 ans; les *mineurs adultes* ou les personnes entre la 18e et la 21e années et enfin les *majeurs*, ceux qui ont accompli la 21e année. Les personnes de la première catégorie, étant réputées légalement irresponsables, ne peuvent jamais être l'objet de poursuites pénales (2); celles de la

---

sans que le délinquant les eût voulues ni désirées — il les a simplement *acceptées* —, faut-il y voir la seconde ou la première des deux hypothèses de l'alinéa cité du § 14 ? La question n'est pas indifférente, puisque, indubitablement, la responsabilité pénale du délinquant est *moins grave* dans la seconde que dans la première hypothèse. M. le Dr Th. Givanovitch pense que le premier cas constitue un *délit intentionnel* (v. son ouvrage déjà cité ici : *Eléments du Droit pénal.* Partie générale, 2e édition, Belgrade, 1922., p. 227), tandis que le second cas il ne le traite pas explicitement (*op. cit.*, p. 227). Peut-être ce dernier cas est-il identique avec celui où le délinquant avait prévu *les suites* comme *certaines* mais il lui avait été *indifférent* qu'elles arrivassent ou non, cas que M. Givanovitch note expressément en le considérant comme le cas d'un *dolus affaibli* (*op. cit.*, p. 227).

Cette question est de celles qui, dans le Droit pénal matériel, divisent le plus les auteurs. Les principaux représentants de la *Vorstellungstheorie* (« Also die Vorstellung, nicht das Wollen des Erfolges » : Dr F. v. Liszt, *Lehrbuch des Deutschen Strafrechts*, 21. und 22, Auflage, Berlin und Leipzig, 1919., S. 164., Ann. 2), sont : Bekker, Zitelmann, Frank, Klee, Kohler, Lilienthal, Lucas, Wachenfeld... : Dr F. v. Liszt, *op. cit. loc. cit.* « Unter den Anhängern des *Willenstheorie*, die zum Vorsatz das *Wollen* der samtlichen Merkmale, insbesondere des Erfolges verlangt, zind zu nennen : Alfeld, v. Bar, Beling, Bierling, Binding, v. Birkmeyer, v. Hippel, Lammasch, v. Roland, Rosenfeld, Schwarz » : Dr F. v. Liszt, *op. cit. loc. cit.* Ajoutons ici encore, comme adhérent de cette dernière théorie : Olshausen (*Kommentar*, 1905).

(1) Il s'ensuit qu'il n'y a même pas délit par imprudence (culpa), quand l'auteur de l'acte non seulement n'en avait pas prévu les suites, mais encore il n'avait commis aucune *faute* en ne les prévoyant pas. Dans ce cas, il ne peut être question que d'un *casus fortuitus* (le hasard) qui exclut toute punition, attendu qu'un *délit manque* ici.

(2) Tout au plus peuvent-elles être soumises à une *éducation forcée*, mesure qui doit être *prononcée* par le tribunal pupillaire et qui ne peut durer au delà de la 18e année de l'enfant.

seconde catégorie sont considérées comme pénalement *responsables* mais à la condition qu'elles aient agi avec *discernement*. Néanmoins ces mineurs ne pourront pas non plus être condamnés à une *vraie peine* : ils ne seront condamnés qu'à un *séjour*, plus ou moins prolongé, dans une maison d'*éducation* ou dans une maison de *correction*, et ceci seulement dans les cas où il est question de mineurs moralement dévoyés et déchus (1) : autrement le mineur de 14 à 18 ans, bien qu'ayant agi avec discernement, sera renvoyé des poursuites et relâché (2). Les mineurs de 14 à 18 ans qui n'ont pas agi avec discernement peuvent être, bien que pénalement irresponsables, renvoyés dans une maison d'éducation, s'ils sont moralement dévoyés et déchus (3). Les mineurs de 18 à 21 ans (mineurs adultes) sont toujours réputés avoir agi avec discernement et en conséquence pénalement responsables. Seulement, on tiendra compte de *leur âge :* ils seront condamnés à une peine moindre que celle à laquelle serait condamné un majeur. Ainsi, la peine de mort ne peut jamais être prononcée contre ces mineurs. Les personnes âgées au-delà de 21 ans sont *pleinement* responsables en Droit pénal.

c°) Le § 19 al. 1 dispose que toute responsabilité est exclue, si l'auteur de l'acte n'avait pu se rendre compte de la nature et de la signification de son acte soit à cause d'une *maladie mentale* soit à cause de son état d'*inconscience* ou de *faiblesse d'esprit*. Le second alinéa du même paragraphe sanctionne la doctrine longtemps contestée d'une *demi-responsabilité :* entre une *pleine responsabilité* et une *pleine irresponsabilité* il y a donc des *nuances* dont le Droit pénal objectif doit tenir compte, contraire-

---

(1) Les alinéas 5 et 6 du § 22 déterminent dans quels cas il y aura à prononcer la première (maison d'éducation) et dans quels autres la seconde (maison de correction) punition (mesure).

(2) Les alinéas 2 et 3 du § 23 disposent que l'autorité judiciaire peut prononcer dans ce cas contre le mineur la peine de *réprimande* ou lui rendre la liberté afin de le soumettre à *une épreuve de conduite*.

(3) Comme nous voyons, le projet de code pénal traite, en dernière analyse, à peu près de la même manière *tous les mineurs âgés de moins de 18 ans* (v. l'exposé des motifs de M. Th. Givanovitch): sans égard s'ils ont ou non agi avec discernement, ils seront ou non renvoyés dans une maison d'éducation resp. de correction, suivant *leur état de moralité*.

ment à la conception antérieure suivant laquelle l'auteur
d'un acte prévu et puni par la loi pouvait être ou totalement responsable ou totalement irresponsable. En effet,
de même qu'entre la santé et la maladie physiques il existe
des degrés, il en existe également entre la santé et la
maladie spirituelles (1).

d°) Ce projet de Code pénal ne contient que les dispositions relatives aux *crimes* et aux *délits*. Quant aux
contraventions, on les a réservées pour une autre loi. Du
reste, on a, du moins en principe, fait disparaître, dans
le projet, l'anomalie du Code pénal serbe suivant lequel
même certains cas de vols, d'abus de confiance et d'escroquerie figurent parmi les contraventions (notamment
s'ils ne s'élèvent pas au-dessus d'une valeur matérielle
déterminée et s'ils ne sont pas commis en récidive) : le
projet du nouveau Code pénal a fait rentrer, bien entendu,
aussi ces contraventions dans la classe de délits. En
effet, lorsqu'il s'agit d'un délit où l'élément *moral* joue
un rôle capital, et tels sont aussi le vol, l'abus de confiance et l'escroquerie, la valeur pécuniaire du dommage
causé doit être, en principe, sans aucune importance
pour la question de la responsabilité pénale. Il en résulte que les contraventions ne peuvent être que des infractions où l'élément moral est indifférent, comme par
exemple les prescriptions relatives à la police sanitaire,
de roulement, de sûreté, etc... (2).

---

(1) Comment faudrait-il traiter, d'après le § 19 de ce projet, *le cas d'ivresse?*
On connaît la discussion concernant ce point : l'état d'ivresse peut-il être
invoqué comme une cause d'irresponsabilité pénale plus ou moins complète
ou bien ne faut-il pas, même, au contraire, qu'il figure parmi les circonstances
aggravantes? En France la question est fort discutée. M. R. Garraud (*Précis
de Droit criminel,* 11° éd., Paris, 1912, p. 226 et 227), en se basant sur l'art. 64
du Code pénal français, se prononce pour le premier système. Pour le Droit
allemand v. D' F. von Liszt, *Lehrbuch des Deutschen Strafrechts,* S. 163.
Quant au projet de code pénal suisse v. les art. 10, 11, 63. D'après le § 55 du
projet de Code pénal yougoslave, l'état d'ivresse *n'exclut pas* la responsabilité
pénale. Pour ce qui est de savoir si l'état d'ivresse est une circonstance
aggravante ou atténuante, le § 57 du même projet qui parle de ces circonstances n'est pas suffisamment explicite à cet égard.

(2) Néanmoins, le projet de loi sur les contraventions (droit matériel et
procédure) de novembre 1923 qualifie comme *contraventions* et punit comme
telles (§ 120) : les vols, escroqueries et abus de confiance jusqu'à une somme
de 50 dinars. (Le Code pénal serbe actuel punit comme contraventions les vols
d'une valeur pécuniaire de 200 dinars au plus et les escroqueries et les abus de

262 REVUE INTERNATIONALE

e⁰) Les peines sont les suivantes : la mort, les travaux forcés ou la réclusion, l'emprisonnement sévère ou l'emprisonnement simple, l'amende (§§ 33, 34, 35 et 39). Il est à regretter, selon nous, que la peine de mort soit maintenue. Suivant le § 32 elle est exécutée par la strangulation au moyen de la pendaison (1). L'exposé des motifs signale que c'est l'exécution « la plus humaine » de la peine de mort. On voulait sans doute dire que c'est l'exécution « la moins inhumaine ». Quant aux autres peines privatives de liberté, l'exposé des motifs dit que les travaux forcés et l'emprisonnement sévère seront prononcés contre les délinquants ayant agi *par motifs déshonorants* ou par suite d'un *méchant caractère*, tandis que la réclusion et l'emprisonnement simple seront appliqués aux autres délinquants. En ce qui concerne l'amende, elle sera plus ou moins forte suivant la fortune du condamné (§ 39, al. 2). Comme nous voyons, le système des peines est, et à bon droit, combiné de façon à permettre l'*individualisation de la peine :* on a donc abandonné l'ancienne conception d'un délinquant *abstrait* qui ne tenait, ou peu s'en faut, aucun compte des qualités personnelles de l'auteur du délit pas plus que des circonstances dans lesquelles celui-ci avait été commis. Il faut donc qu'il y ait une *graduation* dans la peine dès qu'il y a une graduation dans la responsabilité.

f⁰) Le projet de code institue, à côté des peines, des *mesures de sûreté* (§§ 52 à 56 du projet), nouveauté qui se trouve généralement dans tous les projets de code pénal étrangers (suisse, allemand, italien). Ces mesures ont pour but soit la *correction* (l'amélioration) soit le *traitement* (médical) de l'auteur de l'acte délictueux et consistent dans le renvoi de l'auteur dans un *établissement* ou dans une *section de prison* spécialement organisés pour cette fin. Elles s'appliquent aux personnes considérées

<hr>

confiance jusqu'à 300 dinars. Les vols de bétail et d'instruments aratoires sont traités comme contraventions, s'ils s'élèvent jusqu'à une somme de 100 dinars. Ces chiffres ont été fixés par un Règlement du 22 juin 1921, devenu plus tard loi en vertu de l'art. 130 de la Constitution du 28 juin 1921. D'après l'ancien texte du Code pénal serbe, ces chiffres avaient été bien moindres).

(1) D'après le Code d'instruction criminelle serbe c'est par la fusillade (§ 287). La strangulation par la pendaison a été empruntée à la législation pénale autrichienne.

comme dangereuses pour la sécurité publique à cause de leur état moral ou mental. Ce sont nommément : les *récidivistes* (dans les cas prévus par le projet), les individus soit *totalement* soit à *demi* irresponsables et les *alcooliques*. Les récidivistes sont passibles de mesures de sûreté *après* avoir subi leur peine et les demi-responsables *avant* l'exécution de la peine mais, dans ce dernier cas, le temps passé dans l'établissement de correction *resp.* de traitement **rentre** dans la peine prononcée contre le demi-responsable (1).

9°) La condamnation conditionnelle ou avec bénéfice de sursis (§§ 69 à 72) (2). C'est aussi une innovation, au moins en ce qui touche le Code pénal serbe actuel : le délinquant est bien condamné mais le tribunal ordonne qu'il sera *sursis* à l'exécution de la peine pendant le temps indiqué par la loi, et si, au cours de ce délai, le condamné ne commet pas un nouveau délit (de l'ordre de ceux prévus par la loi, § 70 du projet), la peine prononcée ne sera pas exécutée et le condamné sera réputé n'avoir jamais été l'objet d'une punition (3).

10) L'exécution de la peine. Le § 36 al. 1 dispose que les peines privatives de liberté sont exécutées d'une façon spéciale, suivant la nature et la durée de la peine, le sexe et l'âge ainsi que suivant les particularités personnelles du condamné. Comme nous voyons, le principe de l'individualisation de la peine est également appliqué lors de l'exécution de la peine : ici aussi le projet de Code

---

(1) La durée de séjour dans un établissement de correction ou de traitement fait l'objet des dispositions du § 57 du projet. — Notons ici la belle étude, et si suggestive, de M. J. A. Roux. prof. de Droit à l'Université de Strasbourg (France) : *La méthode préventive est-elle utilisable pratiquement ?* publiée, tout récemment, dans cette même revue (1er numéro 1924) il y : a, croyons-nous, un rapport étroit entre l'étude de M. Roux et la question relative aux mesures de sûreté dont il s'agit plus haut.

(2) Dans le Droit pénal serbe actuel il n'existe pas de condamnation conditionnelle mais seulement l'institution de *libération conditionnelle* (v. la loi du 22 mai 1869., a. st.).

(3) La Justice peut poser comme condition du sursis aussi l'acquittement, de la part du délinquant, des dommages causés par lui dans un délai qui ne peut aller au-delà d'une année (§ 70 *in fine* du projet). Pour la condamnation conditionnelle en Droit français, v. R. Garraud, *op. cit.*, p. 514, et suiv. (Loi du 26 mars 1891), en Droit allemand, Dr F. v. Liszt, *op. cit.* S. 14, 25, 273. (bedingte Verurteilung), le projet de code pénal suisse, art. 39.

pénal yougoslave a abandonné l'ancienne doctrine de délinquant abstrait en la remplaçant par celle de délinquant *réel* et en dosant tant la peine que son exécution d'après l'individualité du délinquant. Cette façon de concevoir l'exécution de la peine provient de l'idée fondamentale des rédacteurs du projet que, par la punition du délinquant, l'Etat ne vise pas uniquement à donner une satisfaction à la *Justice* violée par l'acte du délinquant (1), mais encore à *défendre* l'ordre social contre la criminalité, de même qu'à *corriger* le condamné (défense sociale).

Ajoutons encore que les rédacteurs du projet n'ont pas aussi non plus adopté la *théorie anthropologique* de Lombroso suivant laquelle, comme on sait, les criminels naissent comme tels (2) (delinquente nato) : cette théorie est une négation du Droit pénal, attendu qu'on ne peut être puni pour ses défauts *psychiques* pas plus que pour ses défauts *physiques*, les défauts naturels étant absolument indépendants de notre *volonté*. Mais ils n'ont pas également admis la *théorie d'indéterminisme* qui professe, au contraire, la liberté *absolue* de la volonté de l'homme en matière pénale (3), ce qui aurait pour résultat de considérer les délinquants, dans tous les cas, comme uniquement et complètement responsables de leurs actes et, en outre, de les considérer tous comme responsables au même degré. Tout en admettant *en principe* le *libre arbitre* de l'homme, le projet estime qu'il y a encore *d'autres facteurs* dont on doit tenir compte en Droit pénal, attendu qu'ils sont de nature à *influencer* plus ou moins cet arbitre de l'homme et de diminuer de la sorte l'imputabilité de l'auteur du délit. Ces facteurs sont : les qualités *individuelles* des *délinquants* (une certaine concession à l'école anthropologique) ainsi que les facteurs *physiques* et *sociaux* — comme le professent l'école posi-

---

(1) La doctrine classique de la *peine du talion*, Vergeltunsstrafe, de Birkmeyer (v. surtout sa polémique avec Dʳ F. v. Liszt : « Was lässt v. Liszt vom Strafrecht übrig ? Eine Warnung vor der modernen Richtung im Strafrecht », 1906) et de ses adhérents.

(2) V. son ouvrage : *il uomo delinquente*.

(3) De même que dans les autres domaines de l'activité humaine.

tiviste (italienne) (1) et l'école sociologique. Les rédacteurs du projet ont donc procédé d'une façon *éclectique :* ils ont pris quelque chose dans chacune des écoles mentionnées, ils ont pris ce qui leur y paraissait *fondé* et *utile* pour combiner un système plus exact parce que *mixte :* l'*exactitude* (relative, bien entendu) et le *mélange* marchent de pair, paraît-il, en ces matières. Et, peut-être, avaient-ils raison de le faire : les causes qui déterminent les actions des hommes sont si nombreuses et si diverses que c'eût été donner au problème pénal une solution erronnée que de considérer et juger ces actions sous le point de vue d'une seule catégorie de facteurs. Sans nous arrêter à la question, toujours débattue et jamais résolue, concernant la liberté de la volonté de l'homme, il est certain que le libre arbitre, en admettant qu'il existe au fond, ressemble à un jonc que les vents font plier de tous côtés. L'homme est un être si *faible,* dans toute la complexité de la nature et des phénomènes, qu'on pourrait presque le considérer comme un *substratum* des lois physiques et sociales, et dès lors on ne saurait refuser toute attention à la philosophie qui doute

---

(1) L'école positiviste ou école italienne (Ferri, Garofalo) se distingue de l'école sociologique en ce qu'elle accepte le point de vue de Lombroso, avec cette correction qu'outre les défauts de naissance il y a encore d'autres facteurs qui dirigent la volonté du délinquant (facteurs physiques et sociaux). Dans la commission italienne nommée (v. il Decreto Reale del 14 settembre 1919) par le Ministre de la Justice, M. Mortara, pour rédiger un projet de code pénal pour le Royaume d'Italie la majorité des membres, avec E. Ferri et Garofalo à la tête, se prononça pour la doctrine anthropologique (Lombroso) complétée par la doctrine relative à l'influence des causes physiques et sociales sur la criminalité, ce qui décida les professeurs Stoppato et Carnevale, membres de la commission, adversaires de l'école positiviste de E. Ferri et Garofalo, à donner leur démission [Voir : Relazione sul progetto preliminare di codice penale italiano (libro I). Édition du : Ministero della Giustizia, Rome, 1921, p. 3. Le projet de code pénal italien a été aussi traduit, avec les motifs, en français, anglais, allemand] . Lire dans la « Revue pénitentiaire et de Droit pénal » (Paris) l'étude si substantielle de M. Paul Cuche, prof. de Droit criminel, sur le projet de Code pénal italien où M. Cuche essaie de démontrer que ce projet de code pénal ne consacre pas autant « le triomphe des doctrines de l'anthropologie criminelle » qu'on pourrait le conclure « du ton général de son (de M. Ferri) rapport ». « J'y ai vainement cherché, dit M. Cuche, quelque chose qui correspondît aux promesses du début » (p. 301 du numéro avril-juin 1921 de la Revue). V. aussi sur les divers systèmes en matière pénale : Dr Josef Kohler, *Lehrbuch der Rechtsphilosophie,* Dritte Auflage, von Dr Arthur Kohler, Berlin-Grunewald, Dr Walther Rothschild, 1923, S. 265. ff.

que la Société ait le droit de *punir* ceux qu'on appelle
délinquants. Est-ce qu'on peut infliger une punition aux
pauvres *substrata* des lois physiques et sociales ? (1).

§ III. — Disons maintenant, à la fin de notre compte
rendu, quelques mots aussi sur le *projet de code d'instruction criminelle* pour la Yougoslavie.

Parmi les innovations les plus importantes du projet
du nouveau code d'instruction criminelle, du moins par
rapport au *Code d'instruction criminelle serbe* (2), figure
celle concernant le *système des preuves*. Le dernier Code
consacre le *système des preuves légal*. Ce système, comme
on sait, signifie que la loi ne laisse pas au juge, en matière de culpabilité *resp.* de non-culpabilité de l'accusé,
une entière liberté d'appréciation mais limite, au contraire, cette liberté de façon à faire ici du juge, plus ou
moins, un *automate*. Ainsi, d'après le code d'instruction
pénale serbe, s'il s'agit de preuves par *indices* (le Code
serbe dit : « fondement de suspicion »), le juge ne peut

---

(1) On dit, à l'encontre du droit de l'état de *punir*, que ce droit aboutit à
ce que les hommes (les organes publics) jugent et condamnent les hommes
(les délinquants), les *pareils* jugent et condamnent leurs *pareils*. Le droit de
punir ne saurait appartenir qu'à quelqu'un *au-dessus* des hommes, à un Etre
supérieur, c'est-à-dire à Dieu. On ajoute ensuite que le droit de punir de
l'Etat revient à dire que la *majorité* (le collegium de juges) juge et condamne la *minorité* (le délinquant), et ce droit de la majorité, comme les
autres droits dont elle se prévaut, c'est tout simplement la prédominance du
nombre et de la *force*, mais ni le nombre ni la force ne supposent pas nécessairement le droit.

Dans la philosophie tolstoïenne (qui a sa source dans le Bouddhisme), on
conseille comme *utile* de ne pas punir les délinquants, car punir le *mal* c'est
lutter avec lui, or, la lutte est la négation de la *paix* à laquelle doit tendre
l'Humanité, si elle veut se perfectionner. En ne punissant pas le délit, c'est-
à-dire en ne résistant pas au mal, on rend la lutte impossible et par là on
assure la paix *dans laquelle* le mal disparaît, attendu que le mal c'est la
lutte. La Grande Guerre, la Grande Catastrophe de l'Humanité, du moins de
l'Europe, issue du principe de résistance au mal ou du principe de la lutte,
a ravivé la discussion relative à cette question. V. à cet effet l'excellente
étude de M. le prof. D' E. Zürcher (prof. de Droit à l'Université de Zurich) :
Die *Verneinung des Strafrechts* (Zürich, 1922), où l'auteur combat le point de
vue de Tolstoï concernant le droit de punir de l'Etat.

(2) Nous ajoutons cette remarque parce que le Code d'instruction criminelle autrichien (de 1873) qui a encore force de loi dans une grande partie
de la Yougoslavie, avait déjà mis en pratique bien des idées avancées en
matière d'instruction pénale et pour cette raison se montre supérieur au
Code d'instruction criminelle serbe du 10-22 avril 1865, toujours en vigueur
en Serbie.

considérer l'accusé comme coupable que s'il existe autant
d'indices que la loi en exige (il en faut, en principe, *trois :*
§ 237, al. 1 du Code d'instruction criminelle serbe) (1) :
dans le cas contraire (s'il y a donc *un* ou *deux* indices
seulement, là où la loi en demande trois), le juge est
tenu d'absoudre l'accusé, bien que, peut-être, le juge soit
convaincu que l'accusé est coupable. (De même qu'il est
obligé de condamner l'accusé, si *trois* indices s'élèvent
contre lui, alors même qu'il serait persuadé de l'in-
nocence de l'accusé.) Comme nous voyons, le législateur serbe s'est, presque, adjugé ici un rôle de *juge* en
transformant le tribunal en une simple machine : c'est
le législateur qui, pour tous les cas à venir où il serait
question de preuves reposant sur des indices, a formulé
son jugement de libération ou de punition, jugement que
le tribunal n'a qu'à *prononcer* (2).

Que le législateur serbe de 1865 ait adopté ce système,

---

(1) Le Code d'instruction pénale serbe se contente de *deux* indices seulement, si les conditions qu'il prévoit et règle pour l'admission de cette exception sont remplies : § 238.

(2) Le Code d'instruction criminelle serbe de 1865 avait été rédigé d'après
le Code d'instruction criminelle autrichien de 1853. Mais, bien entendu, il y
a entre ces deux Codes des différences et, parmi elles, une des plus importantes est celle qui se rapporte à la théorie des preuves. Sans doute, le Code
autrichien avait-il, lui aussi, adopté la théorie des preuves légales mais
c'est la théorie *négative* qu'il avait admise (v. le §. 260. al. **2** de ce Code),
tandis que le Code serbe avait admis, au contraire, la *théorie positive*, telle
que nous l'avons exposée plus haut (§ 221). Un projet de code d'instruction
serbe antérieur (de 1860.) s'était, à l'inverse, rallié au système autrichien
(théorie négative), de même qu'un projet de loi de 1863 relatif au même point.
Le Code d'instruction criminelle autrichien actuel (du 24 mai 1873 : en Croatie-Slavonie introduit en 1875) a consacré le système de la libre conviction
du juge. V., à ce propos, sur la question des systèmes des preuves en Droit
pénal : Rulf, *Commentar zur Strafprocessordnung*, B. II., S. 58 : Ullmann,
Lehrbuch des deutschen Strafprocessrechts, S. 323 ; Ullmann, *Lehrbuch des
oesterreichischen Strafprocessrechts*, S. 572. ff ; Zachariae von Lingenthal,
Handbuch des deutschen Strafprocesses, B. II., S. 400 und 409; Glaser,
Handbuch des deutschen Strafprocessrechts, B. I. s. 346 ff. ; Glaser, *Bei-
träge von Lehre zum Beweis*, S. 4. ff.; Birkmeyer, *Deutsches Strafprocessrecht*,
S. 83. ff.; Von Hye, *Die leitende Grundsätze des oesterreichischen Strafpro-
cessordnung*, S 280 ff.: Dr Ernest Lohsing, *Oesterreichisches Strafprocessrecht*, II. Auflage, Graz und Wien, 1920., S. 311. ff.; Geyer, dans Holtzendorffs
Handbuch des deutschen Strafprocesses, I, S. 193, ff. ; Dr Aug. v. Kries,
Lerhbuch des deutschen Strafprocessrechts, 1892., S. 342 ff.; R. Garraud,
Précis de Droit criminel, 11ᵉ éd., Paris, 1912, p. 681 et suiv. ; Maurice Travers, *Le Droit pénal international*, t. III., Paris, 1921, p. 302 et suiv. ; pour
le Droit serbe : Dr B. Markovitch, *Des preuves dans le Code d'instruction
criminelle*, Belgrade, 1908 (en serbe), p. 102 à 112.

il n'est pas difficile de l'expliquer. En ce temps-là, les juges serbes, en ce qui touche leur instruction et leur indépendance, n'avaient pas encore été à la hauteur des juges actuels, de telle sorte que le législateur avait considéré comme très risquant, voire dangereux, de laisser intact en cette matière l'*arbitrium* judiciaire. Il craignait qu'une complète liberté d'appréciation conférée ici aux juges ne conduisît à ce résultat qu'il y eût des affranchissements *resp.* des condamnations trop *faciles*, suivant que les juges auraient été enclins à voir dans les accusés des innocents ou des coupables. Sans doute le système de preuves légales présentait-il beaucoup de défauts mais, eu égard à l'état social et culturel de la Serbie dans les soixantièmes années du siècle dernier, il y avait moins de péril à adopter et à appliquer ce système que d'accorder aux juges un pouvoir, celui d'un *arbitrium* complet, pour l'exercice duquel ils ne donnaient pas encore toutes les garanties désirables.

Mais au fur et à mesure que l'éducation civique et le savoir des juges avançaient en Serbie, le législateur serbe s'acheminait également vers le système de la liberté judiciaire en matière de preuves : déjà, la loi sur le jury du 21 octobre 1871 (loi précédant la loi actuelle sur le jury, du 31 mars 1892) avait admis ce système. Seulement, comme la compétence du jury était restée exceptionnelle (sa compétence est aussi aujourd'hui limitée aux *six* cas énumérés dans l'art. 12 de la loi de 1892), le système de preuves légales est, en principe, toujours en vigueur sur le territoire de Serbie.

D'après le nouveau projet de Code d'instruction criminelle le juge ne doit prononcer sa sentence que selon *sa conviction intime* basée sur les résultats de l'instruction, et cette conviction, qu'elle soit négative (dans le sens de la libération de l'accusé) ou positive (dans le sens de la condamnation de l'accusé) est indépendante du *nombre* d'indices : elle sera plutôt en rapport avec la *force* des indices. En conséquence le tribunal aura le pouvoir de relâcher un accusé encore que plusieurs indices aient été relevés et indiqués contre lui dans l'acte d'accusation, et notamment dans le cas où il estimerait que la *force probante* de l'ensemble des indices n'est pas suffisante pour le persuader de la culpabilité de l'accusé. Et, à l'inverse, le juge serait autorisé à prononcer une pénalité contre l'accusé à la charge de qui il ne serait prouvé qu'un *seul* indice, à la condition que cet indice fût si grave qu'il pût déterminer la conviction du juge dans le sens de la culpabilité de l'accusé. C'est donc le système du *poids* et non celui du *nombre des arguments* qui a, et avec raison, trouvé ici son application (1).

Les autres principes les plus importants du projet de code d'instruction criminelle sont les suivants : 1° Le *système d'accusation* ou *système accusatoire*, à la place de l'ancien système d'inquisition ou système inquisitorial (déjà abandonné par le Code d'instruction pénale serbe actuel) : le système d'accusation a trouvé dans le projet son application depuis le début jusqu'à la fin du procès criminel. D'où les conséquences suivantes : *a°)* L'instruction criminelle ne doit être entreprise qu'en vertu d'une plainte du *ministère public*. Les cas dans lesquels l'instruction a lieu seulement sur une *plainte privée* constituent une exception. *b°)* Le ministère public ne dirige pas l'instruction, comme il ne prend pas part non plus au jugement de l'accusé, mais il garde son caractère de *partie au procès*, c'est-à-dire de *plaideur*, pendant tout le procès, avec le devoir toutefois de faire, tant au *juge instructeur* qu'au tribunal, même des propositions tendant à démontrer la non-culpabilité de l'accusé et non seulement celles qui seraient dirigées contre lui. *c°)* Vis-à-vis du ministère public se trouve, devant le juge d'instruction et devant le tribunal, comme partie *adverse*, le deuxième plaideur, l'inculpé, qui a le droit d'être assisté d'un défenseur dès le commencement de l'instruction (à partir de la mise en accusation de l'inculpé ce droit se transforme en un *devoir* pour l'autorité judiciaire) : le but de la défense ne consiste qu'à rassembler des faits à *décharge*. 2° Puisqu'il s'agit, dans un procès criminel, de rechercher et de découvrir la *vérité matérielle* (c'est là une différence entre les procès criminels et les pro-

---

(1) On *ne compte pas* les arguments, dit M. G. Baudry-Lacantinerie, doyen de la Faculté de Droit de Bordeaux, dans son *Précis de Droit civil*, mais on *les pèse*.

cès civils où on se contente, en principe, d'une vérité *formelle*), il incombe au juge d'instruction ainsi qu'au tribunal le devoir d'ordonner, même en l'absence de propositions des parties, toutes investigations de nature à faciliter l'obtention dudit but. 3º L'instruction devant le tribunal, au jour du jugement, est publique, orale, directe et contradictoire (1).

---

(1) Voir, pour plus de détails sur les points concernant les principes généraux du projet de code d'instruction criminelle pour la Yougoslavie, l'exposé des motifs rédigé par M. Michel Yovanovitch, premier président de la Cour de cassation de Serbie (Belgrade), juge suppléant à la Cour Permanente de Justice Internationale (La Haye), dans le fascicule II de la « Revue juridique » (organe de l'Association des Juristes du Royaume des Serbes, Croates et Slovènes), Belgrade, 1922, en serbe. (Dans la même Revue, même numéro, a été aussi publié l'exposé des motifs du projet entier dudit Code, de la part des autres membres-rédacteurs).

Ajoutons à la fin de cette note de notre compte-rendu que l'art. 133 de la Constitution Yougoslave du 28 juin 1921, a prescrit une procédure spéciale — *procédure abrégée* — pour le vote de projets d'unifications législatives de la part de l'Assemblée Nationale : ces projets doivent être, en une *seule* lecture, adoptés ou rejetés en *bloc*, en séance de l'Assemblée, ce qui veut dire que le *droit d'amendement* y est *supprimé*. Ce droit n'est conservé, pour ces projets, qu'en faveur de la commission législative de l'Assemblée. Néanmoins cette procédure ne peut être employée que pendant *cinq ans* à partir de la mise en vigueur de la Constitution, mais ce délai est susceptible de *prorogation* (par une loi). Les projets de code pénal et de code d'instruction criminelle dont il s'agit dans notre compte-rendu bénéficieront donc, eux aussi, de l'art. 133 de la Constitution (pourvu, bien entendu, qu'ils arrivent devant l'Assemblée Nationale pendant le temps de durée de l'art. 133), ce qui hâtera et facilitera notablement leur adoption par le Parlement.

CHRONIQUE LÉGISLATIVE

ESPAGNE
(13 Septembre 1923 — 18 Juin 1924)

Par le Dr Jaime MASAVEU,
Assistant à la Chaire d'anthropologie criminelle de l'Université de Madrid.

Le 15 septembre 1923, la situation politique déjà réglée en fait par le soulèvement de l'armée, fut légalisée par un décret royal de même date, décret supprimant les charges de Président du Conseil des Ministres et de Ministres de Cabinet, et établissant comme gouvernement un Directoire militaire, à la tête duquel se trouvait le Général Don Miguel Primo de Rivera.

La première réforme du nouveau Directoire fut de déclarer dissoutes (d'après décret royal du 15 sept. 1923) la Chambre des Députés et la partie élective du Sénat. De cette façon il se donna le droit de suspendre pour un temps (circulaire de même date) les garanties exprimées dans les articles 4 (1), 5 (2), 6 (3) et 9 (4) et les paragraphes 1 (5), 2 (6), 3 (7) de l'article 13 de notre Constitution (8).

Ainsi l'on s'explique la série ininterrompue de Décrets-Lois qui ont été promulgués jusqu'à ce jour. Je vais indiquer brièvement ceux qui ont un caractère pénal.

---

(1) La détention ne peut avoir lieu que pour un délit. La détention administrative ne peut durer plus de 24 heures et la détention judiciaire plus de 72.

(2) Droit à la liberté personnelle.

(3) Inviolabilité de domicile.

(4) Liberté de résidence.

(5) Droit à la libre expression de la pensée.

(6) Droit de réunion.

(7) Droit d'association·

(8) Ce sont les seuls droits ou garanties individuelles que la Constitution autorise à suspendre temporairement lorsque la sécurité de l'Etat l'exige — (article 17 de la Constitution).

I

Le problème du séparatisme en Espagne, problème aggravé dans ces derniers temps par la passion et l'attitude équivoque de quelques minorités régionales, fut abordé par notre gouvernement. Il décida d'enrayer rapidement le danger par la mise en vigueur de rigoureux décrets. C'est ainsi qu'apparut le 18 septembre un décret royal dans lequel il était ordonné (quant à la procédure) que seraient jugés par les tribunaux militaires les délits contre la sécurité et l'unité de la patrie et ceux qui tendent à la désagréger, à diminuer sa puissance, à affaiblir son prestige au moyen de paroles, écrits ou d'autres manifestations quelconques.

Quant à la partie purement pénale, les infractions à ce décret sont punies de peines allant de 6 mois de prison et 500 pesetas d'amende, à la peine de mort et 10.000 pesetas d'amende (1).

Comme particularité il est à noter que dans ces délits, seront punies des mêmes peines la conspiration manquée et celle qui est arrivée à ses fins.

Suivant notre rôle de simple chroniqueur, nous n'avons pas à juger ici, à un point de vue technique, la valeur positive ou négative de ce décret. Nous invoquerons seulement, en vue d'expliquer des solutions que beaucoup de personnes pourraient juger trop rigoureuses, la né-

---

(1) ART. 2. — Les infractions aux dispositions de ce décret seront punies de la façon suivante :

Port d'un drapeau autre que l'étendard national : — 6 mois de prison et amende de 500 à 5.000 pesetas infligée au porteur de ce drapeau ou au propriétaire de l'établissement, du bateau, etc.

Délit pour paroles ou écrits délictueux : Prison correctionnelle de 6 mois et un jour à 1 an, et amende de 500 à 5.000 pesetas.

La diffusion d'idées séparatistes au moyen de l'enseignement ou de la prédication des doctrines, mentionnés dans l'article 1° : Prison correctionnelle de 1 à 2 ans.

Complot, manifestations publiques ou privées se rapportant à ces délits : 3 ans de prison et amende de 1000 à 10.000 pesetas.

Soulèvement de forces armées : Réclusion de 6 à 12 ans pour le chef et prison correctionnelle de 3 à 6 ans pour ceux qui le suivraient, formant un ou plusieurs partis, si l'acte ne constitue pas un autre délit plus grave.

Résistance à la force publique dans l'exercice de ses fonctions : Peine de mort pour le chef, et 6 à 12 ans de réclusion pour tous ceux qui formeraient le parti ou les partis.

On punira des peines indiquées ci-dessus les délits manqués, et les conspirations en vue de les commettre.

cessité politique. Il s'agit de dispositions qui répondaient à un état d'irritation de l'opinion publique. Elles tendaient à combattre un délit dont la fréquence pouvait avoir des résultats redoutables.

II

Le 21 septembre 1923, le fonctionnement du jury fut suspendu dans toutes les provinces du royaume (1). Déjà, dans différentes occasions antérieures, et en se fondant précisément, comme on l'a fait en cette occasion, sur la première des dispositions spéciales de la loi du 20 avril 1888 qui l'autorise — on avait suspendu le fonctionnement du jury. Mais, jamais cette mesure n'avait atteint un tel caractère de généralité. Cette disposition se justifie par la conduite du Jury qui jamais n'a fortifié, ni simplifié l'administration de la justice, n'a augmenté son prestige ni garanti son indépendance. On pouvait alléguer encore la négligence des Jurés désignés dans l'accomplissement de leurs devoirs, les inconvénients de l'institution au point de vue économique, le désordre qui régnait dans l'attribution des émoluments aux employés de l'administration judiciaire.

III

La loi du 23 juillet 1914, établissant la libération conditionnelle en Espagne, décidait que la Commission qui en accordait le bénéfice serait présidée par le sous-secrétaire de la Justice. Cette charge ayant été supprimée (Décret royal 15 septembre dernier), il fut nécessaire d'y suppléer; c'est l'objet de l'article 1er du décret royal du 23 octobre 1923.

ARTICLE 1er. — *Sera nommé par décret Royal Président de la Commission de la libération conditionnelle un magistrat du Tribunal suprême.*

La dite commission, sous cette présidence, aura la même

---

(1) Article unique : « Le jugement au moyen de jurés est suspendu dans toutes les provinces du royaume »

*organisation qu'auparavant, sauf en ce qui concerne le
secrétaire qui sera le chef de la section des Indultos.*

La loi du 23 juillet 1914 prononçait :

*La libération conditionnelle est établie pour les indivi-
dus condamnés à plus d'un an de privation de liberté qui
sont dans la 4° période de l'exécution de leur peine, et
qui ayant accompli les 3/4 de cette peine sont jugés dignes
de cette faveur comme ayant observé une conduite
exemplaire et à condition qu'il promettent de mener une
vie honnête en liberté, comme citoyens pacifiques et travailleurs consciencieux.*

On signalera aussi, comme digne d'approbation, la disposition de l'art. 5 du décret de 1923.

ART. 5. — *Les condamnés a qui l'on a accordé la libération conditionnelle et qui ont subi, ensuite, une ou plusieurs autres condamnations, les purgeront dans la prison où cette faveur leur fut accordée, sauf dans le cas où
eux-mêmes solliciteraient de la commission leur transfert
dans un autre établissement pénitentiaire.*

Il est bien clair que quiconque est resté un certain
temps dans une prison se consacrant au travail et acqué-
rant des relations industrielles dans la localité, a le
moyen d'y trouver plus tard une occupation. Ailleurs il
lui sera plus difficile de trouver du travail, et il sera plus
souvent exposé à de nouvelles récidives. Il faut considérer aussi les charges de caractère économique qu'entraîne
pour l'Etat le transfert du détenu d'une prison dans une
autre.

IV

Les décrets royaux du 8 octobre et du 31 décembre 1923
accordèrent aux tribunaux d'enfants de Pampelune et
d'Almeria l'autorisation de commencer à fonctionner.

Conformément à ces décrets, le tribunal d'Almeria com-
mença ses fonctions le 7 décembre de la même année
et celui de Pampelune le 1er janvier 1924. Le premier
présidé par Don Andres Castillo, et le second par Don

Pedro Uranga Esnaola. En y comprenant ces deux derniers, il y a actuellement dix tribunaux pour enfants qui fonctionnent en Espagne. Ils comprennent : un président, un président suppléant, deux « vocales », deux « vocales » suppléants et un secrétaire comptable. Il existe une cour d'appel présidée par son Excellence Don Eldemiro Trillo y Señorans, et ayant la même constitution interne que les tribunaux.

Le premier tribunal pour enfants que nous ayons eu en Espagne fut celui de *Bilbao* (1er mai 1920 (1). Président : Senor Don Gabriel Maria de Thaua). Il fut suivi dans l'ordre chronologique par ceux de : *Tarragone* (octobre 1920. Président : D. Rafael Vives Gargallo). *Barcelone* (4 mai 1921). Président : Son Excellence D. Ramon Albo). *Sarragosse* (11 octobre 1921. Président : Son Excellence D. Patricio Borolio). *Valence* (12 juillet 1922. Président Son Excellence D. Ramon Gomez Ferrer) (2). *Saint-Sébastien* (26 octobre 1922. Président Sr Don Joaquin Pavia). *Murcie* (1er janvier 1923. Président : Son Excellence D. Emilio Diez de Revenga) et enfin *Vitoria* (5 mars 1923. Président : Sr Don Guillermo Montoya Espinosa).

V

Le conseil supérieur des prisons institué dans le but d'améliorer le régime de nos établissements pénitentiaires avait eu une tâche très difficile. Son travail n'avait guère abouti, malgré les excellents plans de réforme conçus par ses fondateurs. De là les différentes modifications dont il a été l'objet, et qui ont abouti à sa suppression. Reconstitué en avril 1923, il n'a tenu que deux séances dans le courant de l'année. Cependant, la formation, si délicate, du personnel pénitentiaire, l'aménagement et l'entretien des édifices appelaient une réforme. La présidence du Directoire ordonna sa suppression par Décret Royal du 5 avril 1924, arrêtant que ses attributions seraient dévo-

---

(1) Les dates entre parenthèses indiquent le commencement du fonction.
nement du dit tribunal.
(2) Décédé le 11 juin de l'année en cours.

lues au ministère de la Justice ou au Gouvernement selon les cas (1). Mesure justifiée, aux points de vue économique et technique, par les difficultés de toute nature qu'avait rencontrées le fonctionnement du Conseil.

VI

La répétition, dans une période très courte, de délits de même nature, délits consistant en des vols à main armée au préjudice d'établissements de banque et de commerce, délits fréquents surtout dans les provinces riches et de grand trafic industriel et commercial — Asturies, Viscaye et Barcelone — et fréquemment suivis de meurtres, fut la cause du Décret royal du 13 avril 1924, décret d'une telle importance que nous allons en donner le texte intégral.

ART. 1ᵉʳ. — §1. *Tous les délits de vol à main armée commis soit contre les établissements de commerce ou les banques, soit contre les bureaux de ces établissements, soit contre les agents commissionnés ou personnes chargées de valeurs, seront considérés comme délits d'ordre militaire et jugés très sommairement quel qu'en soit l'auteur.*

Le paragraphe relatif aux délits « contre les agents commissionnés ou personnes chargées de valeurs », fut motivé par le crime de l'express d'Andalousie, commis dans la nuit du 11 avril 1923, et où trouvèrent la mort les deux employés chargés de l'expédition. Par les circonstances qui l'accompagnèrent, par la position sociale de quelques-uns de ses auteurs, ce crime eut, dans une certaine mesure, un caractère politique. Il devait avoir les conséquences les plus graves.

ART. 1ᵉʳ § 2. « *Le délit manqué sera puni comme le délit consommé, et les complices subiront le même châtiment que les auteurs.* »

On sait que d'après notre Code (art. 66) : *Les auteurs d'un délit manqué sont punis de la peine immédiatement*

---

(1) ART. 1ᵉʳ}. — *Le conseil supérieur pénitentiaire créé par Décret royal du 6 avril 1923 est supprimé.*

ART. 2). — *Les attributions et prérogatives concédées au dit conseil sont dévolues au ministère de Justice ou au Gouvernement selon les cas.*

inférieure à celle infligée par la loi au délit consommé.
Quant au châtiment des complices, notre code ajoute :
« *Les complices d'un délit consommé* sont punis de la
peine immédiatement inférieure *à celle infligée par la loi
à l'auteur du délit consommé* (Art. 68).

Le châtiment que le nouveau décret inflige aux complices, les traitant comme les auteurs ,est, au point de vue
pénal, une absurdité. Déjà la solution de notre code est
surannée puisque d'accord avec les conquêtes de la
science pénale les tendances législatives nouvelles séparent, désolidarisent, quant à la peine, les participants au
même délit, chacun d'eux contracte une responsabilité
distincte. En particulier, pour les receleurs, dont la participation consiste en des *actes postérieurs* à la commission du délit, il n'existe aucune raison de faire dépendre
le traitement pénal, en ce qui les concerne, de celui des
auteurs principaux.

Art. 2. — *Lorsque, comme conséquence du délit, il y
aura mort ou blessures, le châtiment variera de la réclusion perpétuelle à la peine de mort. Dans le cas contraire
la peine encourue sera la réclusion temporaire.*

Par cet article, les peines qu'établit notre code son
considérablement aggravées. En effet l'art. 516 dudit
code énonce : *Le coupable de vol avec violence ou intimidation contre personnes sera puni de la chaîne perpétuelle ou de la mort lorsqu'il y aura homicide en vue ou
à l'occasion d'un vol. — L'homicide simple sera puni de
réclusion temporaire* (Art. 419).

Il est nécessaire que l'homicide constitue un assassinat
(par suite de l'une des circonstances aggravantes prévues
à l'art. 418) pour que notre codé prononce alternativement la peine de mort ou celle de la chaîne perpétuelle
à son degré le plus élevé. Dans notre législation, la peine
de mort n'est jamais prononcée seule. Lorsque, en vue
ou à l'occasion d'un vol, il y a eu blessures, notre code
établit des peines variant de la réclusion temporaire à
la chaîne perpétuelle (art. 516 paragraphes 2, 3, et 4) selon
la gravité des blessures (1).

---

(1) Le Code espagnol traite des blessures considérées comme délit distinct
dans les articles 429 à 437 inclus.

Enfin, le décret punit de la peine évidemment disproportionnée de *arresto mayor* à la prison correctionnelle, et d'amendes de 100 à 1.000 pesetas le port d'armes à feu non autorisé (1).

VII

Je terminerai cette Chronique législative en mentionnant le Décret Royal du 25 avril 1924 par lequel ont été modifiés quelques articles de la loi sur la contrebande et la fraude du 3 sept. 1903 (réformée par la loi du 18 juillet 1922 et par le D. R. de février 1924).

Nous nous bornerons à signaler la modification de l'article 56. Il résulte du texte nouveau que seront compris dans la saisie, lorsqu'ils ont pu aider la commission des délits de contrebande, les montures, équipages ou embarcations au moyen desquels se transportent les articles de contrebande, chaque fois que leur valeur justifie cette mesure.

FRANCE

La chronique de M. Pierre Hugueney sur le Droit pénal et l'Aviation *(Rev. int. dr. pén. 1924, p. 147 et suiv.) était déjà à l'impression lorsqu'a paru à l'Officiel (J.O. 3 juin 1924) la loi du 31 mai 1924 sur la navigation aérienne. Le texte de cette loi se borne à reproduire littéralement le projet voté par le Sénat dans sa séance du 27 novembre 1923, projet sur lequel avait précisément porté l'étude de M. Pierre Hugueney. La promulgation de la loi nouvelle n'enlève donc rien de son actualité au travail de notre distingué collaborateur.*

(Note de la Rédaction)

---

(1) Art. 3. — « *L'emploi ou port d'armes à feu non autorisé sera puni de l'arresto mayor à la prison correctionnelle et d'amende de 100 à 1.000 pesetas.* »

« *Sont exceptés de cette disposition : les officiers de l'armée, les agents de l'autorité, et les personnes chargées du service de police, abstraction faite de la responsabilité disciplinaire qui leur incombe pour toutes infractions aux règlements.*

Gérant : M. Lavaud, 14, place Dauphine, Paris.

SOCIÉTÉ GÉNÉRALE D'IMPRIMERIE ET D'ÉDITION

1, RUE DE LA BERTAUCHE. — SENS. — 10-24.

1re Année. — No 2   2me Trimestre 1924

Association internationale de Droit pénal

Revue internationale de Droit pénal

DIRIGÉE PAR MM.

J. A. ROUX

Professeur à l'Université de Strasbourg

L. HUGUENEY   **H. DONNEDIEU DE VABRES**

Professeur à l'Université   Professeur à l'Université
de Paris   de Paris

PREMIÈRE ANNÉE

DEUXIÈME NUMÉRO

MARCHAL ET BILLARD
GODDE, successeur, 27, place Dauphine, Paris

Toutes les communications relatives à l'Administration de l'Association et de la Revue (adhésions, abonnements, etc.) doivent être adressées à l'Institut de Criminologie, 10, Place du Panthéon, Paris.

Toutes celles qui concernent la Rédaction *doivent être adressées à M. J. A.* Roux, *professeur à l'Université de Strasbourg, 7a, rue Stœber, Strasbourg.*

1re Année. — Nos 3-4   3me-4me Trimestres 1924

Association internationale de Droit pénal

Revue internationale de Droit pénal

DIRIGÉE PAR MM.

J. A. ROUX
Professeur à l'Université de Strasbourg

L. HUGUENEY
Professeur à l'Université
de Paris

H. DONNEDIEU DE VABRES
Professeur à l'Université
de Paris

PREMIÈRE ANNÉE
::: TROISIÈME ET :::
QUATRIÈME NUMÉROS

MARCHAL ET BILLARD
GODDE, successeur, 27, place Dauphine, Paris

SOMMAIRE DES N°s 3-4